交通版高等职业教育规划教材

Marine Electrical and Control Equipments
船舶电气与控制

高兴斌　主编
张均东　主审

人民交通出版社

内 容 提 要

本书按照2011版《中华人民共和国海船船员船舶电气与自动化(轮机员)适任考试大纲》、《中华人民共和国海船船员船舶电气(电子电气员)适任考试大纲》,中国船级社《钢质海船入级规范》(第4分册)的要求和内容,在作者多年从事船舶电气与控制系统教学、科研和实船工作经验的基础上进行编写。

全书共12章,主要内容包括直流电机、变压器、异步电动机、同步电机、控制电机、电力拖动基础、电力拖动的继电—接触器控制、机舱辅机电力拖动及控制系统、甲板机械电力拖动及控制系统、舵机电力拖动及控制系统、船舶照明及航行信号灯系统、船舶电气安全与管理以及附录。

本书适合作为轮机工程、船舶电子电气技术、船舶工程等专业的教材,或轮机员、电子电气员适任考证教材,也可作为该领域教师、工程技术人员的参考书。

图书在版编目(CIP)数据

船舶电气与控制/高兴斌主编.—北京:人民交通出版社,2013.12
ISBN 978-7-114-10956-0

Ⅰ.①船… Ⅱ.①高… Ⅲ.①船用电气设备—电气控制 Ⅳ.①U665

中国版本图书馆CIP数据核字(2013)第252317号

书　　名	船舶电气与控制
著　作　者	高兴斌
责任编辑	赵瑞琴
出版发行	人民交通出版社股份有限公司
地　　址	(100011)北京市朝阳区安定门外外馆斜街3号
网　　址	http://www.ccpcl.com.cn
销售电话	(010)59757973
总 经 销	人民交通出版社发行部
经　　销	各地新华书店
印　　刷	北京市密东印刷有限公司
开　　本	787×1092　1/16
印　　张	16
字　　数	360千
版　　次	2013年12月　第1版
印　　次	2023年9月　第3次印刷
书　　号	ISBN 978-7-114-10956-0
定　　价	38.00元

(有印刷、装订质量问题的图书由本社负责调换)

前　言

《船舶电气与控制》按照青岛远洋船员职业学院技能型人才培养特色名校建设方案中轮机工程技术和船舶电子电气技术重点专业建设要求进行编写，是优质核心课程建设的重要内容，且获批为学院特色教材。本教材按照国家海事局轮机员（包括二、三管轮及大管轮）、电子电气员适任考试大纲中"船舶电气与控制系统"部分的要求进行编写，适用于轮机工程、船舶电子电气技术、船舶工程等专业的"船舶电机"、"电力拖动及控制系统"课程，也可作为三管轮、电子电气员适任考试的相关培训教材。由于在海事局新的考试大纲中，大管轮的"船舶电气与自动化"科目中增加了较多的船舶电气内容，本教材也可作为大管轮适任考试的相关培训教材。

本教材中部分只针对船舶电子电气员的内容均在标题前标有 * 号。

本教材在满足传统教学内容的基础上，另有以下特点：

1. 增加了部分新技术的内容：如异步电动机的软起动、大型电力变压器的预充磁、电动机的起动控制模块、LED 照明技术等，以适应船舶电气及控制的新发展。

2. 强调对船舶实际电气管理工作的学习及解决实际问题能力的培养，在电机、控制电路、照明系统等部分，都有详细的维护保养和故障处理内容。

3. 针对电子电气员，增加了部分液压及控制系统的内容，以符合其考试大纲的要求。

4. 将船舶照明系统独立作为一章，还重点介绍了重要的照明控制电路，如船舶信号灯电路。

5. 在船舶电气管理中，介绍了重要的电工仪表、电气材料、电缆等内容，突出了对具体电气管理工作方法的学习。

随着 STCW 公约马尼拉修正案的履约，为我国从船员大国向船员强国的转变提供了新的契机。为适应船员教育培养高技能型人才的要求，需要海事院校、海事管理部门、航运公司加强合作，紧跟现代船舶的发展趋势，强化教育培训中的理论实践结合、工学结合。本教材在此方面进行了大胆的尝试，在编写过程中，中国海事服务中心、山东省海事局提供了重要参考资料和指导，中远集团青岛远洋运输公司安监部、香港航运有限公司机务部、中远船务提供最新实船资料,并参与了部分章节的编写,特在此表示衷心感谢!

本书由青岛远洋船员职业学院高兴斌主编,并负责各章节的编写和全书的修改与统稿。另外,青岛远洋运输公司安监部王日亭轮机长、电机员参与第八章第一节的编写,香港航运有限公司机务部付继武电机员参与了第九章第三节的编写。

本书由大连海事大学轮机工程学院张均东教授主审。张均东博导对许多内容的编写提出了宝贵意见,并提供了一些最新的技术资料,特在此也表示衷心感谢!

另外,还要感谢大连海事大学林叶锦教授,上海海事大学林叶春老师,以及青岛远洋船员职业学院孙旭清、张桂臣、韩加卓老师等对本教材编写进行的指导及提供的资料,感谢孙成明、张冬梅、马玉丽、殷志飞等老师参与教材的校稿。由于新大纲的实施尚处在起步阶段,没有足够的教学和考试经验,并且用一本书覆盖多门考试大纲也有很大的困难,以及本人水平有限,编写时间仓促,对本教材中的错误及不足之处,恳请大家在使用中提出宝贵意见。

编　者

2013 年 8 月

目 录

第一章 直流电机 ··· 1
  第一节 直流电机的工作原理与构造 ·· 1
  第二节 直流电机的励磁方式和运行特性 ··· 4
  第三节 直流电机的维护保养 ··· 10
第二章 变压器 ·· 12
  第一节 变压器的结构及工作原理 ·· 12
  第二节 变压器的同名端 ·· 16
  第三节 特殊变压器 ··· 17
  第四节 三相电力变压器 ·· 19
第三章 异步电动机 ··· 23
  第一节 三相异步电动机的结构 ·· 23
  第二节 三相异步电动机的铭牌参数 ··· 25
  第三节 三相异步电动机的工作原理及机械特性 ··································· 29
  第四节 单相异步电动机 ·· 39
  第五节 交流电机的维护保养与故障修复 ··· 42
第四章 同步电机 ·· 51
  第一节 同步电机的种类与结构 ·· 51
  第二节 同步发电机的基本特性及电枢反应 ·· 54
  第三节 同步电动机 ··· 58
第五章 控制电机 ·· 60
  第一节 测速发电机的种类和用途 ·· 60
  第二节 伺服电机 ·· 66

*第三节	步进电机	71
第四节	自整角机	74

第六章　电力拖动基础

第一节	电力拖动系统负荷性质及典型生产机械	77
第二节	鼠笼式交流异步电动机的起动	80
第三节	交流电动机的制动	84
第四节	交流电动机的调速	89
第五节	船舶电站对直接起动电动机的容量要求	92

第七章　电力拖动的继电-接触器控制

第一节	常用控制电器	95
第二节	电气控制线路图	108
第三节	三相异步电动机基本控制环节	109
第四节	三相异步电动机典型控制电路	114
第五节	电动机保护环节	118
第六节	电动机控制线路故障查找与维护	120

第八章　机舱辅机电力拖动及控制系统

第一节	泵的控制	127
第二节	压缩机的控制	135
第三节	自清洗滤器的自动控制	140

第九章　甲板机械电力拖动及控制系统

第一节	起货机的电力拖动与控制要求	145
第二节	交流恒转矩变极调速起货机的控制	147
第三节	电动液压起货机	152
第四节	锚机、绞缆机的电力拖动与控制	164
第五节	交流变极调速电动锚机控制线路	168
*第六节	船用电梯系统的安全保护	171

第十章　舵机电力拖动及控制系统

第一节	舵机装置概述	176
第二节	舵机拖动与控制系统的工作原理	179

＊第三节	自适应自动舵	188
＊第四节	液压舵机的控制	191
第五节	舵机拖动与控制系统故障处理	195

第十一章 船舶照明及航行信号灯系统 198
  第一节 船舶照明系统的分类及特点 198
  第二节 船舶常用灯具与电光源 200
  第三节 船舶照明系统供电及控制 206
  第四节 船舶照明系统的维护保养及故障处理 210

第十二章 船舶电气安全与管理 213
  第一节 船舶电气安全 213
  第二节 船舶电气管理与检验 218
  第三节 常用电工仪表 224
  第四节 船用电缆 228

附录一 海船轮机员（二、三管轮及大管轮）《船舶电气与自动化考试大纲》中船舶
    电气与控制系统的相关内容 231

附录二 海船电子电气员《船舶电气考试大纲》中船舶电气与控制系统的相关内容 234

附录三 常用控制电器图形符号 237

参考文献 246

第一章 直流电机

直流电机是电机的主要类型之一,是可实现机械能和直流电能互相转换的一种很重要的旋转机械装置。在作为电动机使用时,它将电能转换为机械能,并具有调速设备简单,调速性能良好,起动、制动转矩大以及过载能力强等优点,被广泛应用于电车、轧钢机和起重设备中。直流电机与交流电机比较,其缺点是直流电压不能变换以及结构复杂、造价高和维修工作量大等。

20 世纪 80 年代以来,由于大功率电力电子技术的发展,交流变频技术已经在很多领域取代了直流调速的应用,因此直流电机的应用逐渐减少,但在小功率控制电机的领域仍有大量的使用。

第一节 直流电机的工作原理与构造

一、直流电机的工作原理

1. 直流电机模型

图 1-1 是最简单的直流电机模型。N、S 是一对静止不动的主磁极,它们之间有一转动的圆柱形电枢铁芯,其上有一电枢线圈,线圈两端 a,d 分别接到彼此绝缘的两个半圆形换向片上。两个位置固定的电刷分别压在两换向器片上。电刷与转动的换向器片形成滑动接触的导电机构。

当直流电机接通直流电源时,则成为直流电动机。在电源电压的作用下电枢线圈中产生了电流。假设电流由图 1-1 中的"+"流入,从"-"流出,通过换向器的作用,使转到 N 极下的线圈边中的电流方向总是流出,S 极下的总是流入。电流的方向总是 d—c—b—a;这样电枢电流与磁场相作用所产生的电磁转矩方向始终保持不变,因而驱动转子向一个顺时针方向转动。电动机的电磁转矩是拖动负载的转矩。刚开始时由于电流较大,电磁转矩高于负载转矩,电动机加速旋转。电动机在旋转的过程中,电枢线圈也切割磁场而产生电动势,根据右手定则,该电动势的方向总是与电流方向相反,故称电动机的电动势为反

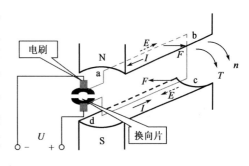

图 1-1 直流电机原理图

电动势。假如外加电枢电压 U 不变,随着转速的提高,反电动势 E 增加,电枢电流 I_a 减小,三者之间的关系为

$$U = E + I_a R_a \tag{1-1}$$

式中:R_a——电枢绕组的电阻。

可见,随着电枢电流 I_a 的减小,电动机的电磁转矩也同步减小,当与负载转矩一致时,电动机进入恒定转速旋转,从而使系统进入平衡稳定状态。

2. 直流电机的电枢电动势和电磁转矩

直流发电机和直流电动机是直流电机的两种运行状态。在两种运行状态下,当电枢以一定的转速向一个方向旋转时,嵌在电枢槽内的电枢绕组便切割磁通产生感应电势。在直流发电机中,感应电势的方向和电枢电流相同,向外输出功率;而在电动机中,感应电势的方向和电枢电流相反,从外加电源吸收功率。根据电磁感应定律,感应电势的大小正比于每极的磁通 Φ 及电枢转速 n,其计算公式可以表示为

$$E = C_e \Phi n \tag{1-2}$$

式中:C_e——与电机结构有关的比例常数,称为电势常数。

同样,在直流发电机和直流电动机中,电枢绕组中的电流与气隙磁场相互作用产生电磁转矩。根据左手定则判断,在直流电动机中电磁力矩的方向和转向相同,是拖动负载的转矩;而在发电机中,电磁力矩的方向和转向相反,与拖动转矩也相反,为制动转矩;而拖动转矩与转向相同方向,是原动机的驱动输出,发电机的电磁转矩相当于原动机的负载。直流发电机将机械能转换为电能,直流电动机则将电能转换为机械能。无论是发电机还是电动机,电磁转矩 T 正比于电枢电流 I_a 及每极磁通 Φ,其计算公式为

$$T = C_T \Phi I_a \tag{1-3}$$

式中:C_T——与电机结构有关的常数,称为转矩常数。

电磁转矩所对应的功率称为电磁功率,根据功率的计算公式和电磁感应的公式可以推导出电磁功率,即由电磁转矩和角速度相乘,也可以是感应电势和电枢电流的乘积,所以电磁功率是机械能转换为电能的转换环节。

在能量转换的过程中必然有损耗。直流电机的损耗有以下几种:机械损耗、铁芯损耗、励磁和电枢绕组的铜损耗等。当直流发电机带负载时,输入的机械功率 P_1 应与输出的电功率 P_2 和电机内部各种损耗 $\sum p$ 相平衡,即

$$P_1 = P_2 + \sum p \tag{1-4}$$

同样,当直流电动机带负载时,输入的电功率 P_1 应与轴上输出的机械功率 P_2 和电机内部的各种损耗相平衡 $\sum p$,这与式(1-4)相同。

二、直流电机的构造

直流电机是由定子和转子两大部分组成:定子是由主磁极、换向极、机座、端盖和电刷装置等组成;转子是由电枢铁芯、电枢绕组、换向器、转轴和风扇等组成。图 1-2 为直流电机的解体图。

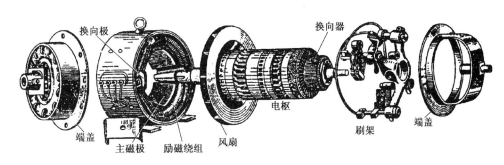

图 1-2 直流电机解体图

1. 定子主要部件

1）主磁极

主极铁芯由薄钢板冲片叠成，其上套有励磁绕组，并用螺栓固定在机座上。励磁绕组中通入直流励磁电流产生主磁场。

2）换向极

其铁芯一般是由整块钢制成的，尺寸比主极小，也用螺钉固定在机座上；在定子机座圆周上的安装位置与主磁极相间分布。换向极用于改善换向，以减少因电磁原因而引起的电刷下的火花。换向极绕组与电枢电路串联，由电枢电流所产生的换向极磁场与电枢绕组电流所产生的交轴电枢反应磁场方向相反。它不仅用来抵消电枢反应磁场，而且使处于换向的绕组切割换向极磁场以产生可抵消电流换向引起的感应电动势，达到减少换向火花的目的。

3）机座

它是直流电机的固定支撑和防护的部件，又是磁路的一部分。有磁通经过的部分称为磁轭。机座通常是由铸钢制成或由钢板卷焊而成。

4）电刷装置

主要由刷架、刷杆、刷握、炭刷及压紧弹簧等组成。中小型电机刷架装在端盖或轴承内盖上，大中型电机刷杆座固定在机座上。电刷装置将装在刷架的刷杆上。为减少由机械原因而引起的电火花，炭刷插在刷握中应既能上下自由移动又不晃动，而且随着炭刷的磨短应及时调整压紧弹簧，以保持与换向器适当的接触压力。对于多对磁极多对电刷的直流电机，正、负电刷分别并联在一起，然后只引出两个接线端。

2. 转子主要部件

1）电枢铁芯

由硅钢片叠成，固定在转子支架或转轴上。铁芯圆周上均匀分布的槽内嵌放电枢绕组。电枢铁芯是磁路的一部分。

2）电枢绕组

电枢绕组用以产生电动势和通过电流，是实现机电能量转换的重要部件。电枢绕组由绝缘铜线绕制而成，各绕组线圈的两个出线端按一定的规律焊接到换向器片上，形成一闭合回路。

3）换向器

换向器的作用是将电枢线圈中的交流变为直流或相反。图1-3为换向器的外形及剖面图，它是由许多楔形铜片（换向片）叠成圆筒形，片间用云母绝缘。换向器片放置在套筒上；用

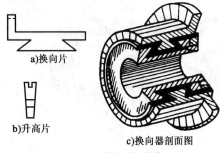

图 1-3 换向器的结构
a) 换向片
b) 升高片
c) 换向器剖面图

压圈固定,压圈本身又用螺帽固紧。换向器装在轴上。电枢线圈的出线端就焊接在换向器片端部的升高片的小槽中。换向器是直流电机的特征,易于识别。

3. 直流电机的电枢绕组和电刷的正确位置

为了获得平滑恒定的直流电动势和电磁转矩,实际直流电机的电枢绕组是由许多分布的线圈构成的,每个线圈有两个边,分别置之于相距一个磁极极距的位置,即这些线圈沿电枢铁芯圆周均匀分布,并通过相应数量的换向器片依次串联构成一个闭合回路(图1-4)。电枢线圈越多、相邻线圈边的分布间隔越小,则电刷间的电动势越高,越平滑恒定。电刷间的电动势,等于任一支路各线圈电动势之和。

电刷的位置正确与否,将影响到正负电刷间的电动势 E,从而影响到发电机的电压和电动机的转速,同时电刷的位置也影响到电刷下的火花。两个磁极间的平分线称为磁场几何中性线。确定电刷正确位置的原则是,使正负电刷间能获得最大电动势。根据实际电枢绕组元件对称的几何形状,只有当电刷分别与位于磁场几何中心线的线圈所接的换向片相接触时,才能使被电刷分割的每一并联支路中各线圈感应电动势的方向一致,串联电动势之和最大。同时当任一线圈转到磁场几何中性线($\Phi=0$)处时,它将被电刷短路,由于此时线圈切割的电动势为零,故线圈中不会产生通过电刷的短路环流,因而空载运行时,也就没有电刷火花产生。

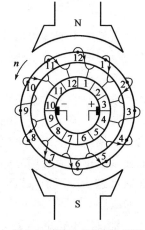

图 1-4 直流电机绕组示意图

若电刷位置不正确,将产生去磁性或增磁性电枢反应,使 E 减小或增大,从而影响发电机的电压和电动机的转速。为了保证电刷的正确位置,通常在刷架与端盖或刷架与定子之间都有正确装配的"标记"。在运行管理中应经常注意检查,若发现刷架松动或移位,应按"标记"加以校正和固定。

电机有载运行时,各电枢线圈不断地从一条支路经电刷短路进入另一条支路。在被电刷短路期间线圈中的电流也要反向,这种电流反向的变化过程称为换向。当电流从 $+I$ 变化到 $-I$ 的过程中,在换向线圈中必然引起感应电动势以反抗电流的变化,这种电动势是引起火花的原因之一。特别是当电枢电流过大时,由于磁路的饱和,换向极磁通的作用不能完全抵消引起火花的电动势,从而使火花变大,严重时甚至形成环弧而烧损换向器。

第二节 直流电机的励磁方式和运行特性

一、直流电机的励磁方式

定子上的主磁极和转子上的电枢绕组是直流电机最基本的两个组成部分,它们之间的连接方法不同,则电机的运行特性往往有较大的差别。电刷引出的转子上的绕组称为电枢回路,流过电枢回路的电流为 I_a。主磁极的励磁绕组称为励磁回路,流过励磁回路的电流为 I_f(图 1-5 表示直流电机的励磁和电枢回路)。电源供给电动机或者发电机发出到负载的电流为 I。直流电机主磁极的励磁电流有几种不同的供给方式。励磁方式不同,电机的运行特性不同,图 1-6 表示不同励磁方式时,励磁绕组和电枢绕组的连接方式(图中标出的电流方向是以发电机为例,若是电动机需将 I_a 和 I_f 的方向反向)。

图 1-5 直流电机各回路的表示符号

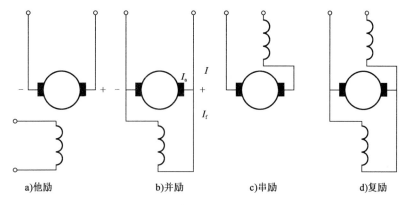

图 1-6 直流电机的励磁方式

按励磁绕组与电枢绕组的连接关系,可统一将直流电机分为他励、并励、串励和复励四种。

1. 他励电机

励磁绕组电路不与电枢电路连接,励磁电流可由独立电源供给。

2. 并励电机

励磁绕组电路与电枢电路并联。并励绕组导线细、匝数多、电阻大,励磁电流远小于电枢电流。

3. 串励电机

串励绕组与电枢绕组串联,电枢电流即为励磁电流。因此串励绕组导线粗、匝数少、电阻极小。

4. 复励电机

主磁极上既有并励绕组又有串励绕组。

对于发电机而言,还可以分类为他励和自励两大类。他励发电机的励磁电流是由独立的电源供给,不受发电机电压和电流的影响;自励发电机的励磁电流是由发电机的电枢电路提供,因而励磁电流受电枢电流和电压的影响。直流电动机的励磁电流都是由外电源供给。

二、直流电机的运行特性

发电机由原动机拖动,一般转速是保持不变的。除转速外,由外部可测的量有三个,即端电压、负载电流和励磁电流。下面要讨论的是当发电机正常稳态运行时,三个物理量中有一个保持不变,另外两个物理量之间的关系,这些关系可以表征发电机的性能,称之为发电机的运行特性。发电机的特性曲线,随着励磁方式的不同而不同,不同励磁方式的发电机适用于不同的用途。

1. 直流发电机的运行特性

1)空载特性

空载特性(亦可称为开路特性)是当发电机空载($I=0$)及保持额定转速不变时,电枢电动势(或空载电压U_0)与励磁电流I_f之间的关系:$E=f(I_f)$(或表示为$U_0=f(I_f)$)。因为$E=K_e\Phi n$,而Φ与I_f之间为磁化曲线关系,所以空载特性曲线与磁化曲线相似(图1-7)。空载特性只与电机磁路的磁化特性有关,而与电机的励磁方式无关。各种励磁方式的发电机的空载特性都可用他励的方法来测取。励磁电流等于零时的开路电压即为剩磁电压,约为额定电压的2%~5%。空载特性表明通过改变励磁电流可调节发电机的电压,同时也表明励磁电流对电机磁路饱和程度的影响。

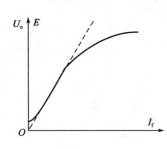

图1-7 直流发电机的空载特性

2)外特性

直流发电机的外特性是在保持额定转速不变和并励总电阻不变的条件下,改变负载大小时,发电机的端电压随负载电流而变化的关系$U=f(I)$;引起发电机端电压随负载电流而变化的程度不仅与电枢内阻压降有关,而且与励磁方式有关。

图1-8分别为他励发电机、并励和复励发电机的接线图。图中R_a表示电枢电路的电阻,I_a表示电枢电路的电流。

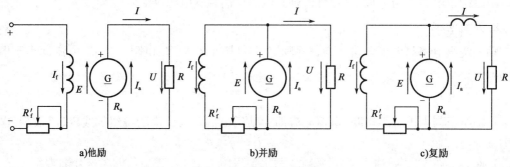

a)他励   b)并励   c)复励

图1-8 直流发电机的接线图

从图示电路可以看出,直流发电机电枢电路的电压平衡方程为

$$U = E - I_a R_a \quad (1-5)$$

他励发电机(图1-8a))的电枢电流I_a等于负载电流I,而并励和复励(图1-8b)和c))的电枢电流等于负载电流和励磁电流之和,即

$$I_a = I + I_f \quad (1-6)$$

由于I_f远小于额定负载电流I,因此他励和自励发电机的电枢电阻压降$I_a R_a$随负载的增加而使电压下降的情况差别不大,而它们的电动势E受负载电流影响的情况则不相同。

他励发电机的励磁电流I_f与电枢电流无关,故电动势E基本保持不变,因此只有很小的电枢电阻引起端电压的微小变化,其外特性曲线如图 1-9 曲线 1 所示。而并励发电机则不然,电枢电阻引起端电压的下降将进一步引起并励电流及感应电动势的减小,电动势的减小又使电压进一步下降,故并励发电机的外特性曲线(曲线 2)比他励的低。

复励发电机根据串励绕组励磁电流方向与并励磁场方向的关系可分为积复励发电机和差复励发电机。串励与并励磁场方向一致的复励发电机称为积复励发电机。因为主磁极上的串励绕组的励磁电流将随负载电流的增加而增加,主磁通和电动势都将随负载电流的增加而增加,这样就可以补偿由于电枢电阻等所引起的端电压的下降,可使负载端电压基本保持不变。根据串励绕组对端电压的补偿程度又分为平复励、欠复励和过复励发电机,其外特性曲线分别如图 1-10 中的各相应曲线所示。当供电线路较长时通常采用过复励发电机,而船舶主电源直流发电机多为平复励发电机。

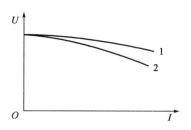
图 1-9 他励、并励发电机的外特性曲线

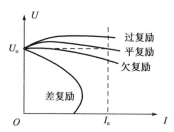
图 1-10 复励发电机的外特性曲线

串励与并励磁场方向相反的复励发电机称为差复励发电机,当负载电流较大时它的端电压随负载电流的增加而急剧下降。这种发电机一般是作为特殊用途的专用电源,例如直流电焊发电机,船舶电动舵机、某种起货机的专用电源发电机。

2. 直流电动机的运行特性

直流电动机接直流电源,输入电功率,轴上输出机械功率。图 1-11 中 a)、b)、c)分别为并励、串励和复励电动机的接线图。由于他励和并励电动机的励磁电路都是接到外电源上,励磁电流不受电枢电流变化的影响。因此,他励和并励电动机的特性基本相同。图中 R 表示可能串入电枢电路的起动或调速用的电阻;R'_f 表示调节励磁电流的外串电阻。由图示电路可知,当电动机稳定运行时电枢电路的电压平衡方程式为

$$U = E + I_a(R_a + R) \tag{1-7}$$

并励和复励电动机的输入线路电流 I 与电枢电流 I_a、励磁电流 I_f 的关系分别为

$$\begin{cases} I = I_a + I_f \\ I_f = U/R_f \end{cases} \tag{1-8}$$

式中:R_f——并励电路的总电阻。

当励磁电流比负载电流小得多时,常可忽略,这时可认为 $I \approx I_a$。直流电动机产生的电磁转矩 T 与负载转矩 T_L 和空载转矩 T_0 相平衡,即:$T = T_L + T_0$。

1)直流电动机的起动

一台电动机要带动生产机械工作,首先要接上电源从静止状态转动起来到达稳态运行,这就是电动机的起动过程。对于电动机的起动要求,主要有两条:一是起动转矩要足够大,要能够克服起动时的摩擦转矩和负载转矩,否则电动机就转不起来;二是起动电流不要太大,因起

动电流太大会对电源及电机产生有害的影响。

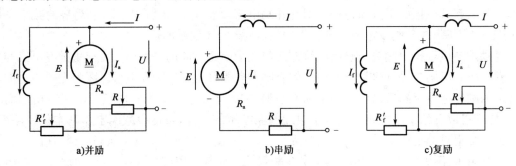

图1-11 直流电动机的接线图

除了小容量的直流电动机,一般直流电动机是不允许直接接到额定电压的电源上起动的。这是因为在刚起动的一瞬间,转速为零,反电势为零,起动电流(忽略电刷接触压降)为

$$I_a = \frac{U}{R_a} \tag{1-9}$$

而电枢电阻 R_a 是一个很小的数值,故起动电流很大,将达到额定电流的10~20倍。这样大的起动电流将引起电机换向困难,供电线路上产生很大的压降等很多问题。因此,必须采用一些适当的方法来起动直流电动机。直流电动机的常用起动方法有电枢回路串电阻起动及降压起动。例如,图1-11a)并励电动机的电枢回路串电阻起动,就是在电枢回路串入电阻 R,电动机接到电源后,起动电流为

$$I_a = \frac{U}{R_a + R} \tag{1-10}$$

可见这时起动电流将减小,串的电阻越大,起动电流越小。当起动转矩大于负载转矩,电动机开始转动后 $E \neq 0$,则

$$I_a = \frac{U - E}{R_a + R} \tag{1-11}$$

随着转速升高,反电势 E 不断增大,起动电流逐步减小,起动转矩也逐步减小,为了在整个起动过程中保持一定的起动转矩,加速电动机起动过程,可以将起动电阻一段一段地逐步切除,最后电动机进入稳态运行。在电动机完成起动过程后,因起动电阻继续接在电枢回路中要消耗电能,起动完成后应将电阻全部切除。

2)直流电动机的机械特性

电动机的转速与转矩之间的关系 $n = f(T)$ 称为机械特性,它表明了直流电动机在一定的条件下,转速与电磁转矩两个机械量之间的对应关系。直流电动机的机械特性是根据电动机的三个基本关系式推导出来的,即:$U = E + I_a(R_a + R)$,$E = K_e \Phi n$,$T = K_T \Phi I_a$。

先将反电动势 $E = K_e \Phi n$ 代入 $U = E + I_a(R_a + R)$ 的电压方程中,并当电枢电路的外串电阻 $R = 0$ 时,可得直流电动机的转速特性 $n = f(I_a)$ 的表示式,即

$$n = \frac{U - I_a R_a}{K_e \Phi} \tag{1-12}$$

当直流电动机空载运行时,电动机只产生很小的电磁转矩以克服空载转矩;当轴上加上负

载转矩时,首先引起电动机转速 n 和相应的反电动势 E 的下降,从而引起电枢电流 I_a 和电磁转矩 $T=K_T\Phi I$ 的增加。当转矩达到新的平衡时,电动机将在较低的转速下稳定运行。可见直流电动机的转速随负载而变。

若将 $I_a=T/(K_T\Phi)$ 代入上式(1-12)中,则得到自然机械特性关系式(或称为固有机械特性,此时端电压等于额定电压,磁通等于额定磁通,电枢回路未串接任何电阻),即

$$n=\frac{U}{K_e\Phi}-\frac{R_a}{K_eK_T\Phi^2}T=n_0-kT \qquad (1-13)$$

式中,当转矩 $T=0$ 时的转速 $n_0=U/K_e\Phi$ 称为理想空载转速;系数 $k=R_a/K_eK_T\Phi^2$ 表明特性曲线的斜率。当电枢的外串电阻 $R\neq 0$ 时,斜率 k 变大,这时的机械特性称为人为机械特性。直流电动机的机械特性与励磁方式有关。

(1)并(他)励电动机:由于每极磁通、理想空载转速和系数 k 均为常数,故转速 n 随转矩的增加而降低,如图 1-12 所示;但由于电枢电阻很小,转速随负载的变化不大,其转速变化率仅为 3%~8%,故为硬机械特性。适于拖动要求恒转速的生产机械。

(2)串励电动机:由于串励磁通随负载的增加而增加,从而使转速随负载的增加而迅速下降,如图 1-12 所示。可以看出,该特性曲线的特点是:空载转速非常高,机械特性比较软。因此,当负载转矩较小时,转速将很高,甚至会超出最高限度的数值,导致电动机机械结构的损坏。所以,串励直流电动机绝对不允许空载起动及空载运行。它为软特性,起动力矩比较大,适用于起动困难的场合。

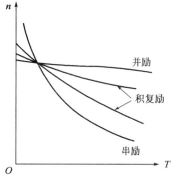

图 1-12　直流电动机的机械特性

(3)复励电动机:复励电动机的励磁绕组既有并励绕组,又有串励绕组,一般复励电动机均为积复励,即串励绕组的磁势和并励绕组的磁势方向相同。积复励电动机的机械特性介于并励和串励电动机之间。

3)改变直流电动机转向的方法

要改变电动机的转向,需改变电动机电磁转矩的方向。根据左手定则,电动机的转动方向决定于磁场和电枢电流两者的方向。因此,使电动机反转的方法有:①改变励磁电流的方向,而电枢电流的方向不变;②改变电枢电流的方向,而励磁电流的方向不变。如果是并励或者他励电动机,只需将励磁绕组的两引出线对调,或者将电枢绕组的两引出线对调,即可改变电动机的转向。

4)直流电动机的调速

直流电动机调速可以有三种方法:改变电动机两端的电压,改变磁通量,串调节电阻。

(1)改变电压调速是常用方法,如脉冲控制 PWM 方法,输入变化的不同占空量的方波,改变输入直流电动机电枢两端的电压,以改变直流电动机转速,实现调速功能,可以实现无级调速,属于恒转矩调速。这种调速的问题在于一般只能在额定转速以下调节。

(2)改变磁通量,通过弱磁进行调速,可实现无级调速,缺点是只能实现在额定转速以上调节,属于恒功率调速。

(3)串调节电阻是在电枢电路之外串联一个可调电阻R_0,通过R_0增大/减小改变电阻$R+R_0$来实现调速功能,缺点是只能实现分级调速,且串联电阻电消耗多,现在已经不太常用。

第三节　直流电机的维护保养

在直流电机的使用中应随时保持直流电机的清洁,尽量防止灰沙、雨水、油污、杂物等进入电动机内部。

与交流电机相比,直流电机轴承与润滑、冷却系统等方面的维护保养与交流电机基本相同,但是,直流电机结构及运行过程中存在的薄弱环节是电刷与换向器部分,因此必须特别注意对它们的维护和保养。

一、换向器的维护和保养

换向器表面应保持光洁,不得有机械损伤和火花灼痕。如有轻微灼痕时,可用0号砂纸在低速旋转的换向器表面仔细研磨。如换向器表面出现严重的灼痕或粗糙不平、表面不圆或有局部凸凹等现象时,则应拆下重新进行车削加工。车削完毕后,应将片间云母槽中的云母片下刻1mm左右,并清除换向器表面的金属屑及毛刺等,最后用压缩空气将整个电枢表面吹扫干净,再进行装配。

换向器在负载作用下长期运行后,表面会产生一层坚硬的深褐色薄膜,这层薄膜能够保护换向器表面不受磨损,因此要保护好这层薄膜。

使用中应经常检查云母槽是否清洁,换向片棱角应光滑无毛刺。

在保证换向器表面质量的条件下,还需要在日常运行中,仔细地观察和监视换向火花。通常情况下,点状、粒状火花(呈白色或微带蓝色和黄色)是稀疏而均匀地分布在大部分电刷上,属于正常换向火花。而响声状、火球或飞溅状火花(呈暗黄色、红色或绿色)属于有害火花。当环火状火花发生时,电机不宜继续运行。

二、电刷的使用和维护保养

电刷与换向器表面应有良好的接触,正常的电刷压力约为15～25kPa,可用弹簧秤进行测量。电刷与刷盒的配合不宜过紧,应留有少量的间隙。

电刷磨损或碎裂时,应更换牌号、尺寸规格都相同的电刷,新电刷装配好后应研磨光滑,保证与换向器表面有80%左右的接触面。使用中还应经常注意以下几点:

(1)用空压气吹净电刷、刷盒和换向器上的碳粉。

(2)检查电刷接触弧面是否有烧灼点,接触面是否均匀、光滑,如有缺陷应立即更换。

(3)检查电刷在刷盒内是否浮动灵活。

(4)检查电刷的压力大小是否均匀适当,通常情况下电刷压力为$(1.76～2.25)×10^4$Pa,根据电刷的截面积算出每个电刷压力,再与实际测出的压力进行比较。无论电刷的长短,其压力都应达到要求。

(5)检查电刷的磨损高度,当电刷磨损到原高度的1/3时应予更换。

需要注意:电刷一次性更换数量不宜过多,成批更换电刷易破坏原换向器表面的氧化膜。只需将磨短的或有问题的电刷换下即可。

在同一台电机上,绝不允许使用不同牌号的电刷,即使同一牌号的电刷,因制造时间不同,性能也有明显差异,所以也不允许使用。

(6)检查刷辫的固定是否可靠,电刷振动和压力不均都容易引起各电刷电流分配不均。

(7)检查刷盒压脚和弹簧是否软化或断裂。

思 考 题

1. 直流电机有哪几种励磁方式?
2. 大功率的直流电动机如何进行起动?
3. 如何进行直流电动机的调速?每种调速方法各有何特点?
4. 串励直流电动机为什么绝对不允许空载起动及空载运行?

第二章 变压器

变压器是利用电磁感应原理制成的静止电气设备,它能将某一交流电压变换为同频率的另一等级电压,同样也能进行交流电流的变换及阻抗变换。变压器在船舶电力系统中主要用作改变电压等级的电力变压器,如高压/中压主变压器、照明变压器,此外还包括一些控制及仪器设备中的电源变压器、阻抗变换器、电压互感器、电流互感器、点火变压器等。

第一节 变压器的结构及工作原理

一、变压器的基本结构

图 2-1 为一个变压器的结构示意图,其主要组成是铁芯和绕组。它有一个用以沟通磁回路的铁芯,铁芯采用相互绝缘的薄硅钢片叠成。在铁芯上安放两个由绝缘铜线绕制的线圈,其中与电源(或输入信号)相连接的线圈称为原边绕组,也称初级绕组;与负载连接输出电压(或信号)的线圈称为副边绕组,又称次级绕组。

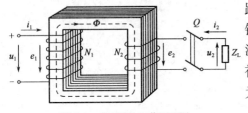

图 2-1 变压器的工作原理图

图 2-2 是常见的几种变压器的画法。

1.铁芯

铁芯是变压器的主磁路,又作为绕组的支撑骨架。铁芯分铁芯柱和铁轭两部分,铁芯柱上装有绕组,铁轭是联接两个铁芯柱的部分,其作用是使磁路闭合。为保证有足够的磁通密度,需要选择高性能的导磁材料作为铁芯,同时考虑主磁路结构的可靠性,而且要避免产生涡流,常使用硅钢片作为铁芯的主要材料。在高频中常用导磁率更高的铁氧体材料。

a)变压器　　b)变压器　　c)仪用变压器　　d)三绕组变压器

图 2-2 变压器的电气图形符号

2.绕组

绕组是变压器的电路部分,常用绝缘铜线(漆包线)或铝线绕制而成,近年来还有用铝箔绕制的。为了使绕组便于制造和在电磁力作用下受力均匀以及机械性能良好,一般电力变压器都把绕组绕制成圆形的,常用有筒式和盘式两种形式:筒式绕组又称同心式绕组,原、副绕组相套在一起,低压绕组套在靠铁芯的里层,高压绕组套在低压铁芯的外层;盘形绕组又称交叠式绕组,分层交叠在一起,低压绕组通常是套在铁芯柱靠上、下铁轭的外端,高压绕组则夹在两低压绕组的中间。

根据实际需要,一个变压器可以只有一个绕组,如自耦变压器,也可以有多个副绕组以输出不同的电压。

按铁芯和绕组的组合结构,变压器有芯式和壳式两种。芯式变压器的绕组环绕铁芯柱,如图2-3a)所示,其铁芯结构比较简单,绕组的安装和绝缘也比较容易,是应用较多的结构形式;壳式变压器的绕组除中间穿过铁芯外,还部分地被铁芯所包围,如图 2-3b)所示。

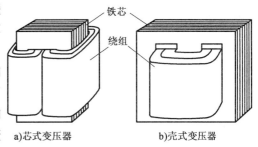

图 2-3 芯式和壳式结构的变压器

3.冷却方式

由于变压器中无转动部分,在能量传递过程中的损耗主要为铜损和铁损两部分,一般效率都很高,大多数在 95% 以上,大型变压器的效率可达 99% 以上。变压器产生的损耗通过冷却来降低避免温升,变压器的冷却方式最常见的有两种:一是利用其自身周围空气流通而自行冷却的干式变压器;另一种是将变压器浸在变压器油中,利用油的对流或强制循环进行冷却的油浸式变压器。为了避免变压器油可能带来的火灾隐患,目前船舶电力系统中都采用干式变压器。

二、变压器的铭牌

变压器的铭牌上标出了一些表征其运行性能的额定参数。主要有:

(1)额定容量 S_N:变压器的额定视在功率,单位为伏安(V·A)或千伏安(kV·A)。由于变压器的效率较高,通常原、副边的额定容量可认为近似相等,原、副边的功率也近似相等。

(2)额定电压 U_{1N}/U_{2N}:U_{1N} 为原边输入电压(即电源电压)的额定值;U_{2N} 为在原边接额定电压时,副边开路时其输出的端电压。对于三相变压器,U_{1N}、U_{2N} 均为线电压。

(3)额定电流 I_{1N}/I_{2N}:分别为原、副边的额定电流值。

在忽略变压器自身损耗的情况下,以上三者的关系为

单相变压器 $$S_N = U_{2N}I_{2N} \approx U_{1N}I_{1N} \tag{2-1}$$

三相变压器 $$S_N = \sqrt{3}U_{2N}I_{2N} \approx \sqrt{3}U_{1N}I_{1N} \tag{2-2}$$

此外,变压器铭牌上通常还标注有额定频率、额定效率、温升、三相接法等参数。

三、变压器的工作原理

变压器作为一个能量传递装置,从电路角度来考虑具有双重的特性:对原边所接的电源来说,变压器相当于一个负载;对于副边所接的负载,变压器又相当于一个带有内阻抗的电源。

1. 变压器的变压原理

在图2-1中，匝数为 N_1 的原边绕组与交流电源联接，匝数 N_2 的副边绕组经过开关 Q 与负载阻抗 Z_L 联接。当开关 Q 断开时，副绕组中的电流为零，变压器处于空载运行状态。

设原边绕组所接电源电压的有效值为 U_1，其频率为 f。在 U_1 的作用下，原边绕组中有电流 I_0 流过。I_0 称为空载电流，它将在原边绕组中产生励磁磁势 $I_0 N_1$，该磁势使闭合的铁芯产生磁通 Φ。由于磁通 Φ 分别与原、副边绕组环链，根据电磁感应定律，原、副边绕组中将分别产生感应电势 E_1 和 E_2。根据楞次定律，E_1 和 E_2 值分别为

$$E_1 = 4.44 f N_1 \Phi_m \tag{2-3}$$

$$E_2 = 4.44 f N_2 \Phi_m \tag{2-4}$$

式中：Φ_m——磁通 Φ 的最大值。

原边绕组中的感应电势 E_1 是自感电势，若忽略原边绕组的铜电阻以及漏磁通引起的阻抗压降，则 E_1 与 U_1 在数值上相等，即 $E_1 \approx U_1$，但 E_1 与 U_1 相位相反；副边绕组的感应电势则为互感电势，在绕组输出端开路时，$I_2 = 0$，则 $U_2 = E_2$。由此可得原、副边绕组的电压比为

$$\frac{U_1}{U_2} \approx \frac{E_1}{E_2} = \frac{4.44 f N_1 \Phi_m}{4.44 f N_2 \Phi_m} = \frac{N_1}{N_2} = K$$

即

$$U_2 = \frac{N_2}{N_1} U_1 = \frac{U_1}{K} \tag{2-5}$$

式中：K——变压器原、副边绕组的匝数比，也称为变压比或变比。

式(2-5)表明，当数值为 U_1 的交流电源加于变压器的原边绕组时，通过电磁感应作用，可在副边得到一个同频率的新的交流电源，该电源的电压值 U_2 的大小取决于变压器原、副边绕组的匝数比。由此可见，只要选择适当的匝数比，即可通过变压器把某一交流电压变成同频率电压任意所需数值。

2. 变压器的变流作用

变压器通常用作变压元件，但是变压器的变流体现最明显的就是常用的如电流互感器，其原理就是根据变压器的变流原理制成的。

根据变压器负载运行的磁势平衡方程式

$$\dot{I}_1 N_1 + \dot{I}_2 N_2 = \dot{I}_0 N_1$$

在忽略空载电流 I_0 时，原、副边绕组中电流的大小关系为

$$I_1 N_1 \approx I_2 N_2$$

即

$$I_1 = \frac{N_2}{N_1} I_2 = \frac{1}{K} I_2 \tag{2-6}$$

上式表明，在变压器原、副边绕组匝数比一定时，原边电流与副边电流成正比，这就是变压器的变流原理。

3. 阻抗变换原理

根据变压器的变压变流原理可知，当副边接上负载 Z_L 时，经过变压器这个阻抗反映到原边，即从输入端看进去，其值为

$$Z'_L = \frac{U_1}{I_1} = \frac{KU_2}{I_2/K} = K^2 \frac{U_2}{I_2} = K^2 Z_L \tag{2-7}$$

由此可见,对于一个阻抗值已经确定的负载,采用一个适当变比的变压器进行阻抗变换,可得到任意所需的阻抗值。例如,根据电路原理,当负载电阻与信号源内阻相等时,该信号源的输出功率为最大。因此对于一个低阻值的负载,可通过变压器进行阻抗变化后,使之与信号源的内阻相等或接近,从而获得最大输出功率。

四、变压器的外特性及电压变化率

变压器的外特性定义为原边加额定电压,副边负载功率因数 $\cos\varphi_2$ 一定时,副边端电压随负载电流变化的关系,即 $U_2 = f(I_2)$。根据变压器的基本工作原理,变压器就相当于一个带有内阻抗的电源。由于负载电流将在变压器内阻抗上形成压降,因此当负载电流变化(即 Z_L 变化)时,变压器的输出端电压也将随之发生变化,且电压的变化不仅与负载电流的大小有关,还与相位有关。图 2-4 给出了变压器在不同性质负载下的外特性曲线。

变压器的电压变化率定义为

$$\Delta U\% = \frac{U_{20} - U_2}{U_{20}} \times 100\% \tag{2-8}$$

电压变化率是衡量外特性的一个具体指标,表征了输出电压的稳定性,一定程度上反映了变压器的供电质量。由于变压器的铜阻及漏抗很小,因此变压器的电压变化率一般很小,为 4%～6%左右。

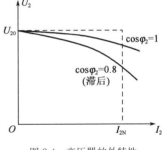

图 2-4 变压器的外特性

五、变压器的效率

变压器存在两部分损耗,一个是绕组导线电阻通过电流后产生的损耗,称为铜损(ΔP_{Cu});一个是铁损(ΔP_{Fe}),包括由磁滞现象引起铁芯发热,造成的磁滞损耗;由交变磁通在铁芯中产生的感应电流(涡流)造成的涡流损耗。为减少磁滞损耗,需要选择优质铁芯软磁材料。为减少涡流损耗,铁芯一般由导磁硅钢片叠成。

变压器二次侧输出的功率与一次侧电源的供电功率之比为变压器的效率 η,而一次侧功率中含有各种损耗。变压器的效率为

$$\eta = \frac{P_2}{P_1} = \frac{P_2}{P_2 + \Delta P_{Cu} + \Delta P_{Fe}} \tag{2-9}$$

一般 $\eta \geqslant 95\%$,负载为额定负载的 50%～75%时,η 最大。

*六、大型电力变压器的预充磁

变压器稳态时空载励磁电流一般都很小,但变压器从断电状态到全电压充电时(此时变压器仍为空载),在其绕组中产生的暂态电流却很大,最大可达额定电流的 8～10 倍。当合上断路器给变压器充电时,有时可以看到变压器电流表的指针摆得很大,然后很快返回到正常的稳态空载电流值,这个冲击电流称为励磁涌流;其产生的原因是在变压器任一侧绕组上外施电压

骤增时,基于磁链守恒定理,该绕组在磁路中将产生单极性的偏磁,以保证总磁链不突变;如偏磁极性恰好和变压器原来的剩磁极性相同时,就可能因偏磁、剩磁和稳态磁通叠加而导致磁路饱和,从而大幅度降低变压器绕组的励磁电抗,进而诱发数值可观的励磁涌流。在船舶高压电力系统中使用的变压器有时功率相当大,超过单台发电机容量的也司空见惯,一般变压器容量越大,励磁涌流衰减的持续时间越长。当大型变压器空载合闸时冲击电流要比电动机起动电流大得多,其第一周波冲击电流不亚于一个短路电流或大于15倍额定电流,这个电流将会引起较大的电压瞬时跌落或者导致过电流保护动作而跳闸,这种后果显然是需要防止的。

因此,在高压电力系统中须对大型变压器的合闸起动做电压跌落计算。为了防止产生较大的电压跌落,有必要对大变压器作合闸前的预充磁运行。预充磁的方式是先通以一个较小的电流,使变压器产生一个磁场,经几秒钟延时后再合闸主电路,此时在磁场的作用下可大大降低冲击电流,合闸后再将预充磁电路断电后完成变压器起动。

预充磁有两种方式,高压侧供电经电阻降压预充磁和低压侧供电经变比为1的小容量变压器预充磁。前者是从变压器高压侧进行,从同一电源供电,所以相位相序绝对相同,预充磁电路与主电路短时并联无任何问题。后者是从变压器低压侧进行,非同一电源供电,所以除必须保证相序一致外,在变压器高压侧开关合闸时可能相位不一致仍会有冲击,必要时需加同步装置。

第二节 变压器的同名端

一、同名端

变压器三相绕组的星、三角形连接不是随便进行的,在连接之前必须先标出变压器原、副边绕组的同名端,再按一定的规则进行星、三角形连接,否则,三相变压器不能正常工作甚至烧毁。同一铁芯上(相连同一磁通)的两个(或多个)原、副绕组中,某一瞬时具有相同极性的出线端称为同名端(同极性端)。对于变压器的原、副边绕组(三相变压器中取出其中一相)其原绕组与副绕组相连着同一个主磁通。当主磁通交变时,都会在原、副绕组中感生电动势,一个绕组的某一端点的电位为正时,另一绕组的两个端点中必然有一个端点的电位也是正的。这两个相应的同极性电位端点即为同名端。绕组的同名取决于绕组的绕向,三相变压器或多绕组的单相变压器的出线端,一般都"*"或"·"标志出同名端。变压器绕组的同名端也可以通过实验的方法测得。

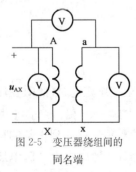

图2-5 变压器绕组间的同名端

一般三相变压器中,A、B、C和a、b、c分别表示原、副边绕组的首端;X、Y、Z和x、y、z分别表示原、副边绕组的尾端,即A和a,B和b,C和c互为同名端,同理X和x、Y和y、Z和z也互为同名端,如图2-5所示。

图2-6a)所示变压器有两个副绕组,由于两个绕组绕向相同,当磁通变化时绕组中产生感应电动势,端点1和3的电位瞬时极性必然相同,所以端点1和3就是同名端,当然端点2和4也是同名端。图2-6d)是表明了极性的变压器绕组符号。图2-6b)和c)为变压器绕组的串联和并联接线图,可分别获得交流220V和110V的输出电压。

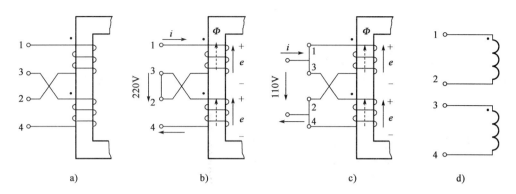

图 2-6 变压器绕组的极性及串并联

二、同名端的测试方法

变压器绕组的同名端可通过实验的方法来判别。前述图 2-5 所示的为交流测定法接线图,当一侧绕组加上交流电压时(通常加在高压侧),若电压表中的读数高于所加的电压,该读数为两个绕组中的感应电势之和,说明这两个绕组为正向串联,即被连接的两端(图中 X 和 x)为异名端;若电压表中的读数低于所加的电压,则为两个绕组中的感应电势之差,即被连接的两端为同名端。

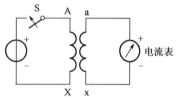

图 2-7 所示为直流测定法的接线图,图中,一侧绕组接一小直流电源(通常在低压侧),若开关 S 合上瞬间,另一侧绕组所接的直流毫安表的指针正偏,则与电流表正极的连接端与另一绕组中与电源正极的连接端为同名端(图中 A 和 a);若指针反偏,则该两端为异名端。

图 2-7 变压器绕组同名端的直流测定法

第三节 特殊变压器

前面讨论的主要是双绕组变压器,在实际应用上还有一些特殊用途的变压器,例如自耦变压器、电压互感器、电流互感器等,它们各自都有自己的主要特点和用途。

一、自耦变压器

普通变压器至少有两个绕组,原、副绕组是相互绝缘的,只有磁耦合而无直接的电的联系。

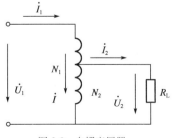

图 2-8 自耦变压器

自耦变压器只有一个绕组,如图 2-8 所示,其中高压绕组的一部分线圈兼作低压绕组,自耦变压器的高、低压绕组之间除了有磁的联系外,而且还有电的直接联系。

自耦变压器的基本工作原理与普通变压器相同,同样有以下关系:

$$\frac{U_1}{U_2} \approx \frac{E_1}{E_2} = \frac{N_1}{N_2} = K \qquad (2\text{-}10)$$

$$\frac{I_1}{I_2} \approx \frac{N_2}{N_1} = \frac{1}{K} = K'_i \tag{2-11}$$

当变压器满载或接近满载时,原边电路和副边电路中的电流 I_1 和 I_2 的相位差接近 $180°$,所以在公共绕组内流过的电流 I 较小($I=I_2-I_1$),因而这部分绕组可用截面积较小的导线绕制。

自耦变压器与普通变压器相比它的优点是:效率高,省铜线,制造简单,体积小,重量轻。它的缺点是:原、副边电路有电的直接联系,容易发生触电事故,因此电气安全操作规程规定:自耦变压器不容许作为安全变压器使用,安全变压器一定要采用原、副绕组相互绝缘的双绕组变压器。

二、仪用互感器

在高电压、大电流的线路中,通常不能直接用仪表去测量电压和电流,而需借助于特制的仪表变压器将高电压降为低电压,大电流变为小电流后再进行测量。这样可以使测量仪表与高压电路绝缘,以保证测量人员和仪表的安全,并可扩大仪表的量程。这种专用仪表变压器称为仪用互感器。根据用途不同,仪用互感器可分为电压和电流互感器。

1. 电压互感器

电压互感器的构造及工作原理与普通变压器相似,使用时原绕组接被测高电压,而副绕组

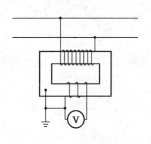

图 2-9 电压互感器

则与各种仪器仪表(如电压表、功率表等)的电压线圈并联,如图 2-9 所示。电压互感器副边有不同等级的标准电压,常用的电压互感器的标准额定电压为 100V。根据变压器的变压原理可知,100V 量程的电压通过电压互感器可测量的最高电压为

$$U_{1n} = \frac{N_1}{N_2} \times U_{2n} = \frac{N_1}{N_2} \times 100 \tag{2-12}$$

可见电压表的量程通过电压互感器扩大了 N_1/N_2 倍。

在使用电压互感器时应特别注意:

(1)运行时副绕组电路不允许短路。若发生短路,副边电流将大大超过额定值,原边电流也将随之增大,致使绕组因严重过热而烧毁。

(2)铁芯和副绕组一端都必须接地,这是因为在测量中,万一高、低压绕组间的绝缘损坏,副绕组中就会出现高电位,危及工作人员和仪表安全。

2. 电流互感器

电流互感器工作原理与普通变压器的变流原理相同。在使用时,把匝数少的原绕组串接在需要测量电流的电路中,而匝数多的副边绕组则与安培表相连,如图 2-10 所示。电流互感器原绕组用粗导线绕成,只有一匝或几匝,因而当副边构成闭合回路时,它的阻抗很小,在运行中它两端的电压降也很小。副绕组的匝数虽多,但在正常情况下它的电动势并不高,大约只有几伏。

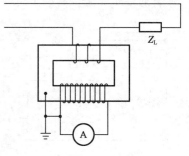

图 2-10 电流互感器

通常电流互感器副绕组的额定电流设计为 5A,当要测量不同等级的负载电流时,只要选用不同变流比的电流互感器与安培表配套使用(例如 30/5,100/5 等),安培表的刻度就可按原边的电流等级标出,测量时在安培表上就可直接读取负载电路的电流值。根据变压器的变流原理可知,满量程为 5A 的电流表通过电流互感器可测量的最大电流为

$$I_{1n} = \frac{N_2}{N_1} \times I_{2n} = \frac{N_2}{N_1} \times 5 \tag{2-13}$$

可见电流互感器将 5A 电流表的量程扩大了 N_2/N_1 倍。

在使用电流互感器时必须注意:

(1)电流互感器在运行中,副边绝对不能开路。不然将在副绕组两端感应出数百伏的高压,危及人员安全,并击穿绝缘,同时使铁损耗急剧上升,铁芯严重过热,以致烧坏绕组。

(2)为了保障安全运行,电流互感器副绕组的一端和铁芯必须接地。

第四节 三相电力变压器

在陆地电力系统中,无论是发电设备还是用电设备(除照明及其他生活用电以外)大都采用三相交流电制,在电力传输过程中需要进行三相电压变换。采用三相三线制的交流船舶电力系统中,单相的照明电源也是先将主发电机发出的三相电源经三相电压变换后再分相提供的。此外在某些采用三相 3 300/6 600V 高压供电的船舶电力系统中,三相 380V 的低压辅助用电设备也需要经过三相电压降压后得到。

一、三相变压器的组成

运用变压器进行三相电压变换的方法主要有三相组合变压器变压和三相变压器变压,此外,在某些特殊场合也可采用两台单相变压器"V"形连接变压。无论是采用哪种方法进行三相变压,其变压原理与单相变压器完全相同,因此在三相对称运行情况下,单相变压器的各种结论及等效电路适用于三相变压器的分析。

1. 三相组合变压器

三相组合变压器(也称三相变压器组)是采用三台同型号的单相变压器分别对三相电源的每一相进行变压。具有备用容量小,便于维修保养的优点。但由于需用三台变压器组成,因此占地面积大,效率低(总损耗为三台的总和)。无论从设备成本或是运行效率角度来看,都很不经济。

但三相变压器组有一个优点就是具有余冗结构,在使用三相组合变压器变压的场合,当其中一台故障而又无备用设备时,作为临时措施,可将故障变压器接线拆除,其他两台可按"V"(开口三角形)形连接可保证船舶照明变压器不间断的连续供电,所以,这种供电方式也是国际船级社协会(IACS)所允许的。如图 2-11 所示,同样可输出三相对称电压,向三相负载供电。

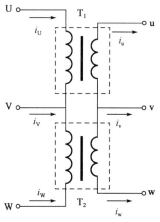

图 2-11 三相变压器的 V 型连接

但是"V"形连接的三相变压器组的容量并不等于两台单相变压器的容量之和,即 $S_{三相} \neq (2S_{单相} = 2U_{2N}I_{2N})$,由于三相中的两相电流为相电流,三相中共用的一相电流为线电流,而该线电流为相电流的$\sqrt{3}$倍,即"V"形连接的三相变压器组的容量等于单台单相变压器额定容量的$\sqrt{3}$倍,即

$$S_{三相} = \sqrt{3} S_{单相} = \sqrt{3} U_{2N} I_{2N}$$

式中,$S_{三相}$为两台单相变压器组成"V"形连接的三相变压器组的容量;$S_{单相}$为单相变压器额定容量;U_{2N}、I_{2N}为单台单相变压器副边额定电压和额定电流。

在仪表测量中,为减少设备,也通常采用这种连接形式。

2. 三相变压器

三相变压器一般采用芯式结构,在"▯▯"形铁芯的三个铁芯柱上,每个铁芯柱分别安放一相的原边和副边绕组,即对应相的原、副边绕组放在同一铁芯柱上。三相原、副边绕组根据需要,进行适当的三相连接(星形或三角形连接),如图 2-12 所示,三相原边绕组已接成星形连接,副边绕组三角形连接,当原边输入为三相对称电压时,三相副边绕组输出的三相电压也一定为三相对称电压。原、副边绕组输出的电压比也取决于原、副边绕组的匝数比,而原、副边线电压比还取决于不同的接法。假如原、副边绕组比为k,而接法为如图 2-12 所示的原边星形、副边三角形,则输入线电压与输出线电压之比为$\sqrt{3}k:1$。

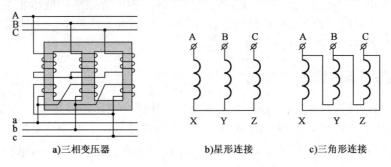

a)三相变压器　　　b)星形连接　　　c)三角形连接

图 2-12　三相变压器

*二、三相变压器的连接组别

以外部可观察的三相线电压为参考方向,三相绕组采用不同的连接时,高压侧的线电压与低压侧对应的线电压之间(例如$\dot{E}_{AB}$和$\dot{E}_{ab}$)可以形成不同的相位。如图 2-13 所示,二次侧$\dot{E}_{ab}$相位超前一次侧$\dot{E}_{AB}150°$。三相绕组无论采用什么连接法,一、二次侧线电动势的相位差总是30°的倍数,因此采用钟表面上 12 个数字来表示,即所谓的"时钟表示法":把高压侧线电动势的相量作为分针,始终指着"12"这个数字,而以低压侧线电动势的相量作为时针,它所指的数字即表示高、低压侧线电动势相量间的相位差,它所指的钟点就是该连接组的组号,所以图 2-13 的连接组号为 7。例如 Y,d11 表示高压绕组为星形连接,低压绕组为三角形连接,高压侧线电压滞后于低压侧对应的线电压30°。这样从 0 到 11 共计 12 个组号,每个组号相差30°。船舶三相变压器常用的连接组别还有 Y,d12;Y,d11 连接等。上述符号中大写"Y"表示一次侧星形连接;小写"y"表示二次侧星形连接;"D"表示一次侧三角形连接;"d"表示二次侧三角

形连接;"Y_N"表示星形连接并带中线引出;"y_0"中的下标数字"0"表示副边电压与原边电压同相位;数字"11"表示副边线电压滞后原边线电压相位角,即副边在11点钟方向。

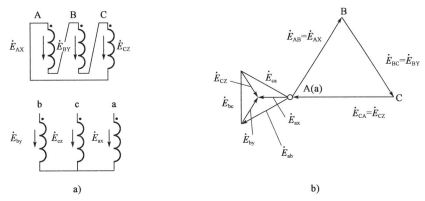

图 2-13 D,y-7 连接组

三相变压器不仅作为电力变压器实现三相电源的变换,而且也可利用不同连接组别所得到的副边不同的相位,以获得六相、十二相交流电压,用以驱动多相超大型交流电动机,也可用于六相、十二相整流,获得更平滑的直流电压。

此外,在原、副边绕组匝数比不变的情况下,三相变压器原、副边绕组的连接形式不同,其输入电压和输出电压之比也将不同。设变压器的匝数比为 K_u,U_{11}、U_{22} 分别为输入电压和输出电压(线电压),U_{p1}、U_{p2} 为原、副边绕组的相电压。当变压器为 Y,y 连接时,其输入电压和输出电压之比为

$$\frac{U_{11}}{U_{22}} = \frac{\sqrt{3}U_{p1}}{\sqrt{3}U_{p2}} = \sqrt{3}\,\frac{N_1}{N_2} = K_u \tag{2-14}$$

而当变压器为 Y,d 连接时,则

$$\frac{U_{11}}{U_{22}} = \frac{\sqrt{3}U_{p1}}{U_{p2}} = \sqrt{3}\,\frac{N_1}{N_2} = \sqrt{3}K_u \tag{2-15}$$

三、船舶照明变压器的使用要求

在船舶电力系统和控制系统中,变压器主要应用于照明、应急照明、厨房照明、控制电源以及各种仪用互感器中;在采用电力推进船舶中,变压器还用于动力主回路的升压和降压。

船舶变压器大多采用干式风冷形式。

船舶 380V/50Hz 的三相三线制供电中,不向外提供 220V 船舶照明的电压,和 440V/60Hz 供电系统一样,需要通过变压器向 220V 负载提供电源,但是一般都是三相变压器,而且输出二次侧也不带中性线,也就是说向外供电 220V 中没有零线,是三相 220V 船舶照明电压源。所以船舶绝缘检测尤其重要,不仅主回路要在线检测绝缘,变压器二次侧也必须在线检测绝缘。船舶三相照明变压器常采用 D,d 接法,目的是在三相绕组中出现一相绕组故障断开后,变压器形成"V"形连接,对外仍可继续保持输出三相对称电压,只是输出功率因缺少一相而减小为单相容量的 $\sqrt{3}$ 倍。

船舶主配电系统中一般使用两台照明变压器,但是平时一台工作,一台备用,需要定时更

换以确保变压器正常。在切换过程中,两台变压器并联运行,船舶设计制造时,两个变压器的接法已确定一致,使用中不能出现接法更改,否则会因接法错误造成并联运行产生环流短路。在应急配电网中还有一个应急照明变压器供应急照明使用,平时其由主配电板经应急配电板供电,而主电源一断电,应急发电机立即自动起动并通过应急配电板向其供电。

采用电力推进的船舶中,高压除向主推进器供电外,还可通过变压器或变流机组向低压动力负载供电;由于220V用电负载较小,一般是从低压动力电源再变压后提供,不是直接从高压变压获得。控制系统中使用的220V电源都是由每个设备内部自带一个控制变压器提供的,不需要另外单独提供。有的仪器仪表也自带小型变压器。

思 考 题

1. 船用变压器的结构是怎样的?
2. 变压器有哪些变换功能?
3. 举例说明什么是变压器的同名端,如何判断同名端?
4. 说明电压及电流互感器的使用注意事项。
*5. 什么是大型电力变压器的预充磁?

第三章 异步电动机

交流异步电动机具有结构简单、运行可靠、价格低廉、维护保养方便等一系列优点。随着交流变频调速技术的日臻成熟,异步电动机在国民经济的各行各业得到了广泛的应用。目前船舶上几乎所有辅机拖动电机都采用异步电动机。异步电动机的主要缺点是必须从电网吸收滞后的无功功率,而轻载时功率因数低,这使得发电机组的容量得不到充分发挥。

第一节 三相异步电动机的结构

三相异步电动机由静止的定子和转动的转子两大部分组成。定子和转子之间有一很小的气隙。按转子结构的不同,三相异步电动机分为鼠笼式和绕线式两大类。图 3-1 为绕线式三相异步电动机的结构图,图 3-2 为三相鼠笼式异步电动机结构图。

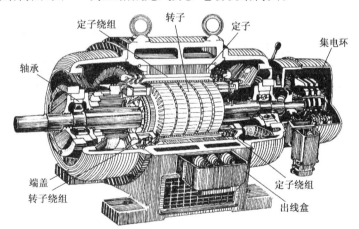

图 3-1 绕线式三相异步电动机结构图

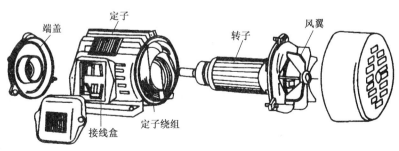

图 3-2 三相鼠笼式异步电动机结构图

按定子供电情况,异步电动机有单相和三相异步电动机,单相电动机一般功率较小,家用电器中较为常见,而大功率拖动用电机一般为三相。

按照电机转轴安装的位置可分为卧式和立式两种。

按照电机的工作方式,即按照按工作制的不同可分为连续工作制 S_1、短时工作制 S_2 和断续工作制 S_3 等。

根据不同的冷却方式和保护方式,异步电动机有开启式、防护式、封闭式和防爆式几种。其中开启式的电动机价格便宜,散热条件好,但容易浸入灰尘、水气、油污和铁屑等;防护式的电机通风条件较好,可以防止外界物体从上面落入电动机内部,可以防滴、防溅、防雨,但不能防止潮气和灰尘浸入电动机内部;封闭式电机又分为自扇冷式、他扇式和密封式三种,前两种可用于在潮湿、多腐蚀性灰尘、易受风雨侵蚀的环境中;第三种因为密封,水和潮气不能侵入电动机中,一般用于浸入水中的机械(如潜水泵电动机);防爆式电动机应用于存在有爆炸危险的环境,外部爆炸不会损坏电动机,电动机内部故障也不会对外部造成不利的影响。

异步电动机的定子由定子铁芯、定子绕组、机座、端盖和接线盒等部分组成。

一、三相异步电动机定子结构

定子铁芯是电机磁路的一部分,同时用于嵌放定子绕组。为了产生较强的磁场和减小铁芯中的磁滞及涡流损耗,定子铁芯由 0.5mm 左右厚度的硅钢片冲制、涂漆、叠压而成,定子铁芯及三相绕组如图 3-3 所示。

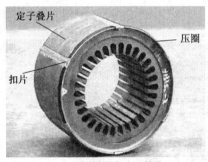

a)异步电动机定子铁芯   b)定子三相绕组模型

图 3-3 异步电动机定子结构

定子绕组为三相绕组,即有三组完全相同的独立绕组。各相绕组分别用绝缘铜线绕制,分布嵌放在相应定子铁芯槽内。三相的三个绕组的首、尾端通常以 U_1-U_2、V_1-V_2、W_1-W_2 表示,六个线端都固定接在机座的接线盒上。根据定子每相绕组的额定电压,以及所使用的电源电压的不同,分别进行星形或三角形连接后,引出三个端子接三相交流电源。例如,当电动机铭牌上标明"额定电压 380/220V,接法 Y/△"时,即表示当电源电压为 380V 时,定子绕组应做星形连接;电源电压为 220V,则应将绕组做三角形连接,因为定子每相绕组的额定电压为 220V。图 3-4 为三相交流电机的 Y 形和△形接法在电机接线盒内的接法和对应的原理图上的接法示意图。

二、三相异步电动机转子结构

异步电动机的转子有鼠笼式和绕线式两种形式。两种转子均包括转子铁芯、转子绕组、转轴、轴承、滑环(仅限绕线式机)、风叶等。

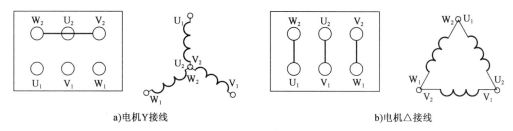

图 3-4　电机接线盒及接法

鼠笼式转子如图 3-5 所示。铜条绕组是把裸铜条插入转子铁芯槽内,两端用两个端环焊成通路,如图 3-5a)所示。铸铝绕组是将铝熔化后浇铸到转子铁芯槽内,两个端环及冷却用的风翼也同时铸成,如图 3-5b)所示。一般小型笼式异步电动机都采用铸铝转子。

绕线式转子的铁芯同笼式转子铁芯一样,但其绕组却和定子绕组相似,是以绝缘铜线绕制的三相对称绕组。绕组的排布形式必须与定子绕组相对应(具有相同的磁极对数),且通常连接成星形。三个线端分别接到固定于转轴上的三个铜制滑环上。通过滑环与固定于机座电刷架上电刷的滑动接触与外接电路接通。绕线式转子如图 3-6 所示。这种转子绕组回路中可接入附加电阻或其他控制装置,由改变异步电动机的转子电阻值来改善电动机的起动性能或调速性能。

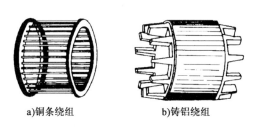

图 3-5　三相鼠笼式异步电动机的转子

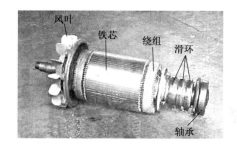

图 3-6　绕线式异步电动机的转子

三、气隙与励磁电流

异步电动机定、转子之间气隙很小,中小型电机一般为 0.2～2.0mm。气隙的大小直接关系到电动机的运行性能。一般而言,气隙越小,电动机磁路的磁阻就越小,因而减小了励磁电流,提高了电动机运行时的功率因数,电动机运行性能越好。但是,过小的气隙不仅造成电动机加工和装配的困难,而且运转时容易发生定转子之间的摩擦和碰撞。

第二节　三相异步电动机的铭牌参数

一、三相异步电动机的型号

异步电动机的型号是正确选择和使用异步电动机的常识,为了适应不同用途和不同工作场合的需要,交流异步电动机均按规定标准制成不同系列,每种系列又用不同型号表示。随着制造工艺的进步和材料的更新换代并与国际标准的接轨,国产电机系列号也在更新中。目前国产异步电动机产品名称及代号如表3-1所示。

三相异步电动机产品名称及代号　　　　　表3-1

产品名称	代号	汉字意义	备注
鼠笼式异步电动机	Y(Y—L)	异步	Y:铜导体,Y—L:铝导体
绕线式异步电动机	YR	异绕	—
防爆型异步电动机	YB	异爆	—
高起动转矩异步电动机	YQ	异起	—
微型异步电动机	AQ	—	—

国产异步电动机型号命名方法如下:

　　代号　　　机座中心高度　　　机座长度代号——磁极数
例: Y　　　　132　　　　　　　M　　——4

其中,机座中心高度代表了电机的外形大小;而机座长度代号分成:S——短机座;M——中机座;L——长机座。

二、三相异步电动机铭牌参数的意义

在电动机的机壳上显眼的位置上均贴有电动机的铭牌标注,大致内容如表3-2所示。

三相异步电动机铭牌　　　　　表3-2

型号	Y90L—4	电压	380V	接法	Y
容量	1.5kW	电流	3.7A	工作方式	连续
转速	1 400r/min	功率因素	0.79	温升	75℃
频率	50Hz	绝缘等级	B	出厂	年　月
XX电机厂		编号		重量	kg

通常3kW以下的多接成星形,4kW以上的多接成三角形。如果铭牌上标明"380/220V Y/△"时,其意义是当电源电压是380V时应接成星形,220V时则接成三角形。

参照表3-2,异步电动机铭牌上的主要额定数据有:

(1)额定电压U_N(V):在额定运行时,定子绕组所接电源线电压值。一般规定电动机的运行电压不能高于或低于额定值的5%。使用中如果电压过高,电动机绝缘会受到破坏,同时电流会增加;但是如果电压过低,则电机转速下降,电流变大,易引起过热。

(2)额定电流I_N(A):电动机额定电压下带额定负载运行时电动机的线电流。一般保护器件主要根据该参数和负载特点来设置。

(3)额定功率P_N(kW):指额定运行时,电动机轴上输出的机械功率,与输入的交流电功率之间有一个效率关系。电动机铭牌上所标的额定功率是指电动机在环境温度为40℃时,带额定负载长期连续工作,温度逐渐升高趋于稳定后,最后温度可达到绝缘材料的允许温度。

(4)额定转速n_N(r/min):电动机额定状态运行时的转速。

(5)额定频率f_N(Hz):电源频率,船舶有50Hz和60Hz两种电制。

(6) 额定功率因数 $\cos\varphi_N$：电动机额定运行时的功率因数，一般为 0.8～0.9，空载时功率因数很低约为 0.2～0.3。

(7) 接法：有星形接法和三角形接法两种，注意接法与电压定额之间的关系。

(8) 定额：主要分成连续 S_1、短时 S_2 和断续 S_3 三种。定额为连续的电动机，在额定负载范围内，允许长期持续使用。短时或断续工作的电动机，则必须按电动机运行时间与运行加停车时间之比的相对持续系数（一般铭牌上给出）来确保运行时间。

我国短时工作方式的标准工作时间有 15min、30min、60min、90min 四种。周期性断续工作是指在恒定负载下电动机按相同的工作周期运行，每个周期包括工作和停歇交替进行，但时间都比较短；在工作时间，电动机的温升达不到稳定温升，而在停歇时间，电动机的温升也降不到零。常用负载持续率（每个周期内工作时间占整个周期时间的百分比）来衡量周期性断续工作，我国规定标准的负载持续率有 10%、25%、40% 和 60% 四种。

(9) 绝缘等级与温升：电动机绝缘等级划分依据是按电动机所用绝缘材料的允许极限温度划分的。允许极限温度是指电动机绝缘材料的允许最高工作温度，它反映绝缘材料的耐热性能。电动机绝缘等级有 Y、A、E、B、F、H、C 等几个等级，其允许温度和温升与制造材料有紧密联系，具体举例如表 3-3 所示。

绝缘材料与温升 表 3-3

绝缘等级	绝 缘 材 料	允许温度/℃	允许温升/℃
O	棉纱、棉布、天然丝、纸等	90	50
A	经过油或树脂处理过的棉纱、棉布、天然丝、纸等	105	65
E	用各种有机合成树脂制成的绝缘膜，如酚醛树脂、聚酯薄膜等	120	80
B	用有机漆作黏剂的云母、石棉和玻璃纤维组合物	130	90
F	用环氧树脂黏合或浸渍的云母、石棉和玻璃纤维组合物	155	105
H	用硅有机树脂黏合或浸渍的云母、石棉和玻璃纤维组合物	180	140
C	天然的云母、石英和玻璃、陶瓷	180 以上	140 以上

(10) 防护等级：IP(Ingress Protection) 防护等级系统是由 IEC 所起草的。将电器依照防尘防湿的特性加以分级。防止外物是指工具、人的手指等均不可接触到电器内的带电部分以免触电。IP 防护等级是由两个数字组成，第一个数字表示电器离尘、防止外物侵入的等级；第二个数字表示电器防湿气、防水侵入的密闭程度，数字越大表示其防护等级越高，两个标示数字所表示的防护等级如下：

第一个标示特性号码（数字）所指示的防护程度，具体如表 3-4 所示。

IP 防护等级第一个数字含义 表 3-4

第一个标示数字	防 护 等 级	定　义
0	没有防护	对外界的人或无特殊防护
1	防止大于 50mm 的固体物侵入	防止人体（如手掌）因意外而接触到电器内部的零件；防止较大尺寸（直径大于 50mm）的外物侵入
2	防止大于 12mm 的固体物侵入	防止人的手指接触到电器内部的零件防止中等尺寸（直径大于 12mm）外物侵入

续上表

第一个标示数字	防 护 等 级	定 义
3	防止大于2.5mm的固体物侵入	防止直径或厚度大于2.5mm的工具、电线或类似的细小外物侵入而接触到电器内部的零件
4	防止大于1.0mm的固体物侵入	防止直径或厚度大于1.0mm的工具、电线或类似的细小外物侵入而接触到电器内部的零件
5	防尘	完全防止外物侵入,虽不能完全防止灰尘进入,但侵入的灰尘量并不会影响电器的正常工作
6	防尘	完全防止外物侵入,且可完全防止灰尘进入

第二个标示特性号码(数字)所指示的密闭程度,具体如表3-5所示。

IP防护等级第二个数字含义　　　　　　　　　　　　　表3-5

第二个标示数字	密 闭 等 级	定 义
0	没有防护	没有防护
1	防止滴水侵入	垂直滴下的水滴(如凝结水)对电器不会造成有害影响
2	倾斜15°时仍可防止滴水侵入	当电器由垂直倾斜至15°时,滴水对电器不会造成有害影响
3	防止喷洒的水侵入	防雨,或防止与垂直的夹角小于60°的方向所喷洒的水进入电器造成损害
4	防止飞溅的水侵入	防止各方向飞溅而来的水进入电器造成损害
5	防止喷射的水侵入	防止来自各方向喷嘴射出的水进入电器内造成损害
6	防止大浪的侵入	装设于甲板上的电器,防止因大浪的侵袭而进入造成损坏
7	防止浸水时水的侵入	电器浸在水中一定时间或水压在一定的标准以下能确保不因进水而造成损坏

三、三相异步电动机的选型

电动机额定电压的选择应依据与船舶电网电压一致的原则。对低压交流电动机而言,一般选用船舶低压电网的220V、380V、440V;当电动机的功率较大时且供电电压为6 000V及10 000V时,可选用6 000V甚至10 000V的高压电动机。直流电动机的额定电压常用110V或220V;大功率的电动机可提高到600V或800V,甚至1 000V。

电动机的额定转速应综合电动机和生产机械两方面的各种因素来选择。

另外,选择电动机时,除额定工况与铭牌一致外,还应考虑以下几个因素:

(1)对很少起、制动或反转的长期工作制的电动机,应从设备的初期投资、占地面积和维护费用等方面考虑。

(2)对经常工作于起动、制动以及反转的电动机,但过渡时间对生产率影响不大,则主要考虑过渡过程能量损耗最小为条件来选择电动机额定参数。

(3)对于电动机经常工作于起动、制动及反转,且过渡过程的持续时间对生产率影响较大,主要依据过渡过程时间最短为条件选择电动机的额定参数。

选择电动机最重要的是选择正确的额定功率,电动机额定功率选择的一般步骤为:

(1) 计算负载功率,若负载为周期性变动负载,还需要作出负载图 $P_L = f(t)$ 或 $T_L = f(t)$。
(2) 根据负载功率,预选电动机的额定功率及其他参数。
(3) 校核预选电动机,包括发热温升校核、过载能力的校核以及起动能力的校核,其中主要是发热温升校核。

第三节　三相异步电动机的工作原理及机械特性

一、三相异步电动机的工作原理

如图 3-7 所示为一对磁极间放入装有铜条的转子,转子可沿固定轴自由转动。当通过手摇装置使磁场向顺时针方向旋转时,磁极的磁力线切割转子铜条。在转子铜条中感应出电动势,其方向由右手定则确定。在感应电动势的作用下,闭合的铜条中产生电流,该电流又与磁场相互作用,使转子铜条受到电磁力,电磁力的方向用左手定则确定。该电磁力产生的电磁转矩,使转子转动起来。转子的转动方向和磁极旋转的方向相同。在异步电动机中,该旋转磁场由定子绕组产生。由于转子的转速 n 始终低于旋转磁场的转速 n_0,故得名异步电动机。又由于转子电流由感应而生,故也称为感应电动机。

由上所述,异步电动机利用三相交流电在定子绕组中形成的定子旋转磁场与感生的转子电流相互作用产生的电磁转矩,进而驱动转轴工作。产生旋转磁场的基本条件:
(1) 要有两个定子绕组,这些绕组之间要有空间相位差。
(2) 通入这些绕组中的电流之间要有时间相位差。

1. 旋转磁场的产生

三相异步电动机的三个定子绕组沿定子铁芯内圆周均匀而对称分布,即在定子内圆周上彼此相隔 120°空间(图 3-8)。三相绕组的首、末端分别定为 U_1-U_2、V_1-V_2、W_1-W_2,并将它们作星形联接(把三个末端 U_2、V_2、W_2 并接在一起)。当 A、B、C 三相交流电源分别接入三相绕组后,三相定子绕组中便有三相对称电流 i_A、i_B 和 i_C 流过,其波形及相位关系如图 3-9 所示。

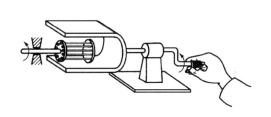

图 3-7　异步电动机工作原理模型

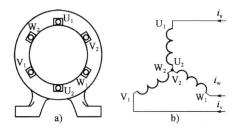

图 3-8　三相异步电动机定子三相绕组的分布

$$\begin{cases} i_A = I_m \sin\omega t \\ i_B = I_m \sin(\omega t - 120°) \\ i_C = I_m \sin(\omega t + 120°) \end{cases} \quad (3-1)$$

设三相电流的正方向是从绕组的首端流入(用⊗表示),末端流出(用⊙表示)。如图 3-9 中定子磁场示意图所示,可以从几个不同瞬间来分析三相交流电流流过定子绕组所产生的合成磁场。

(1) $\omega t=60°$时,$i_C=0$,C相绕组中没有电流;i_A为正值,电流由A端流进,X端流出;i_B为负值,电流由Y流进,B流出;i_A及i_B大小相等。此时合成磁场如图3-9a)所示。相比垂直线角度为60°,即合成磁场在空间60°位置上。

(2) $\omega t=120°$时,$i_B=0$,B相绕组中没有电流;i_A为正值,电流由A端流进,X端流出;i_C为负值,电流由Z端流进,C端流出;i_A及i_C大小相等,同理可得合成磁场的方向如图3-9b)所示。与$\omega t=60°$时刻相比,合成磁场在空间按逆时针方向旋转了60°,即合成磁场在空间120°位置上。

(3) $\omega t=180°$时,$i_A=0$,A相绕组中没有电流;i_B是正值,即电流由B端流进,Y端流出;i_C为负值,即电流从Z端流进,C端流出;i_B及i_C大小相等,同理可确定合成磁场磁轴的方向如图3-9c)所示。与$\omega t=120°$时刻相比,合成磁场在空间按逆时针方向旋转了60°,即合成磁场在空间180°位置上。

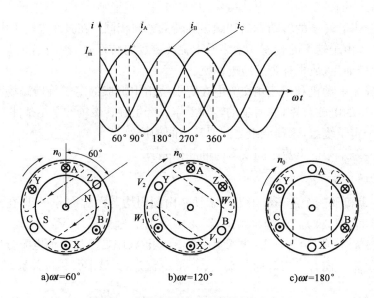

图3-9 三相异步电动机定子旋转磁场的产生

由此可见,随着定子绕组中的三相电流随时间不断变化,它所产生的合成磁场则在空间不断地旋转,即对称的三相电流通过定子对称三绕组能够产生旋转磁场。由于定子绕组是沿圆周均匀分布的,旋转磁场的磁感应强度沿定、转子间的气隙在任意瞬间近似按正弦规律分布。因此,通过定子每相绕组的磁通随时间按正弦规律变化,其最大值在数值上等于旋转磁场的每极磁通。

异步电动机的气隙磁通除了与定子绕组匝数、绕组排布形式以及气隙大小等电机本身的结构参数有关外,还与电源电压的大小有关。换言之,对于一个已制成的电机来说,电机的各种结构参数已确定,则旋转磁场的强度,也即气隙磁通的大小将与定子绕组所接的电源电压值成正比。

2. 旋转磁场的转向

如图3-9所示,将相序为A→B→C的三相电压对应接入三相绕组后,绕组中电流达到最大值的顺序即为 A→B→C,所产生的旋转磁场转向同样在空间由 A→B→C(图中为顺时针旋转)。由此可见,旋转磁场转向是与三相绕组中电流达到最大值的顺序是一致的,或者说是由三相绕组中所通电流的相序决定的。若要改变旋转磁场的转向,只需把通入定子绕组的电源相序改变,即任意交换两根电源进线即可。

3. 转子导体内的感应电流及电磁转矩

对于定子绕组通电后产生的旋转磁场,可用一对旋转的磁极来等效替代,此时整个圆周上的磁极对数 $p=1$,转速为 n_0。转子中绕组因切割旋转磁场而产生感应电势,其方向如图 3-10 所示。由于转子绕组是短路的,因此在转子感应电势的作用下,转子绕组内就有与感应电势方向相同的转子电流流过。载有转子电流的转子绕组在旋转磁场作用下将受到电磁力的作用,这些电磁力对转子转轴形成力矩,作用方向与旋转磁场方向一致。转子在此电磁力矩作用下将顺着旋转磁场的方向转动起来。如果电动机带上生产机械,则电动机转子上产生的电磁转矩将克服负载阻转矩而做功,从而将电能转换成了机械能。当电磁转矩与负载转矩一致时,电动机转速保持平衡稳定。

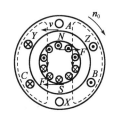

图 3-10 异步电动机工作原理示意图

4. 三相异步电动机转子的转速

如图 3-10 所示,绕组等效简化为沿定子圆周相隔 180°排放的两个线圈边,这样所产生的磁场为一对磁极($p=1$),在这种情况下,当三相交流电流随时间变化一个周期,旋转磁场在空间相应的旋转一周。

如果将每相定子绕组的线圈分为两个单元,并且串联连接,比如 A 相绕组由线圈 A—X 和 A′—X′串联组成。同一线圈的两个圈边相隔 90°跨距,这样联接、排布的绕组通入三相电流后,便会产生一个两对磁极的旋转磁场,如图 3-11 所示。将它与一对极旋转磁场相比较可知,当三相交流电流在时间相位上变化了 60°时,一对极旋转磁场在空间转过了 60°,而两对极旋转磁场只转过了 30°,如图 3-12 所示。同理,当电流变化一周,则一对极旋转磁场转过一周 360°,而两对极旋转磁场转过 180°。以此类推,如果将定子每相绕组 p 个单元,则会形成 p 对磁极的旋转磁场。当电流变化一周,则其在空间转过 $1/p$ 转。如果定子绕组所接电源的频率为 f,则旋转磁场每分钟的转速 n_0 为

$$n_0 = \frac{60f}{p} \tag{3-2}$$

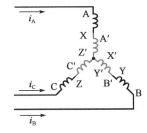 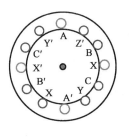 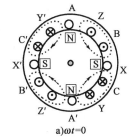 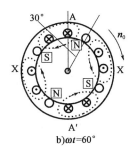

图 3-11 两对极三相交流电机定子绕组分布和等效接线图　　图 3-12 两对极三相交流电机旋转磁场分布

旋转磁场的转速 n_0 称为同步转速，它取决于定子绕组所接的电源的频率以及绕组的磁极对数。当电源频率为 50Hz 时，一对极旋转磁场（$p=1$）时的同步转速为 3 000r/min；两对极（$p=2$）时为 1 500r/min；三对极（$p=3$）时为 1 000r/min。

在我国供电系统的频率为 $f=50$Hz，国外也使用 60Hz，则按式 3-2 可计算出对应不同磁极对数的旋转磁场的转速 n_0 如表 3-6 所示。

不同磁极对数及电源频率下的异步电动机同步转速　　　表 3-6

	p	1	2	3	4	5	6
f	50Hz	3 000	1 500	1 000	750	600	500
	60Hz	3 600	1 800	1 200	900	720	600

5. 三相异步电动机的转差率

异步电动机处于电动状态运行时，其转子转速 n 将始终小于旋转磁场的同步转速 n_0。因为如果转子转速 $n=n_0$，则转子绕组与旋转磁场之间就不存在相对运动，转子绕组不切割磁力线，因而就不存在转子感应电势、电流以及电磁转矩。因此，异步电动机的转子转速总是略小于定子旋转磁场的同步转速，即转子与旋转磁场"异步"转动，异步电动机由此命名。转差 n_0-n 的存在是异步电动机运行的必要条件。转差的相对值称为转差率，用 s 表示，它是异步电动机的一个基本参量（也称为同步转速的百分值），即

$$s(\%) = \frac{n_0-n}{n_0} \times 100\% \tag{3-3}$$

虽然 s 是一个没有单位的量，但它的大小能反映电机转子的转速。例如：$n=0$ 时，$s=1$；$n=n_0$ 时，$s=0$；$n>n_0$ 时，s 为负。正常运行的异步电动机，转子转速 n 接近同步转速 n_0，转差率 s 很小，一般 $s=0.01\sim0.05$。

综合式(3-2)及式(3-3)，可得

$$n = (1-s)n_0 = \frac{(1-s)60f}{p} \tag{3-4}$$

该式经常用于异步电动机调速分析。

6. 三相异步电动机的工作状态

当电动机处于电动运行状态时，$0<n<n_0$，故 $0<s<1$。通常异步电动机在额定负载时的转差率约为 1‰~9‰。

如果电动机转子在其轴上的外加力矩驱动下转动，而使得转子转速高于同步转速，此时 $n>n_0$，故 $s<0$，转子绕组因切割旋转磁场的方向相反而使得转子绕组中感应电势和电流的方向都相反，电磁转矩的方向也相反，从而成为与转子转向相反的具有制动性质的阻转矩。在这种情况下，电动机从轴上吸收机械功率，处于发电运行状态。

如果作用在电动机轴上的外加力矩使转子逆着旋转磁场的方向旋转，若设旋转磁场的方向为正方向，$n_0>0$，则转子的转向为反向，$n<0$，因而 $s>1$。此时转子绕组中的感应电势和电流的方向仍与电动状态时一样，电磁转矩的方向与旋转磁场方向一致，而与转子实际转向相反，即电磁转矩呈现制动性质。在这种情况下，电动机一方面从轴上吸收机械功率，另一方面还从电网吸收电功率，两部分功率均在电动机内部损耗。异步电动机的这种运行状态为"电磁

制动"状态。

综合上述分析,如图 3-13 所示,异步电动机的转速、转差率与运行状态的关系可归纳如下:

当 $n<n_0$ 时,$0<s<1$,异步电动机处于电动运行状态(以后若无特别指明,对异步电动机的分析均在此范围内进行);

当 $n=0$ 时,$s=1$,异步电动机处于堵转状态(或电动机起动的瞬间);

当 $n=n_0$ 时,$s=0$,异步电动机处于理想空载运行状态;

当 $n>n_0$ 时,$s<0$,异步电动机处于发电制动状态;

当 $n<0$ 时,$s>1$,异步电动机处于电磁制动状态。

二、三相异步电动机的工作特性

异步电动机工作时,定子绕组从电网吸收电能,通过电磁感应的作用,将电能从定子传递到了转子,转换成机械能从转子轴上输出。因此,异步电动机的定、转子之间的电磁关系、能量传递过程均与变压器原、副边绕组之间的关系类似。由于三相对称,对定子三相绕组其中的一相进行分析即可。

定子绕组中分别存在自感电势 e_1、漏感电势 $e_{\sigma 1}$,同时也包括绕组铜电阻压降 $i_1 R_1$,转子绕组中分别存在自感电势 e_2、漏感电势 $e_{\sigma 2}$,同时也包括绕组铜电阻压降 $i_2 R_2$,同变压器原边绕组的情况基本相似。因此异步电动机定子等效电路形式与变压器原边绕组等效电路完全相同,如图 3-14 所示,只是转子回路电流的频率不再与定子电路相同。异步电动机运行时闭合的转子绕组产生转子电流,因而转子中还存在转子漏感电势和转子绕组压降,其等效电路形式与变压器副边短路时情况相同。

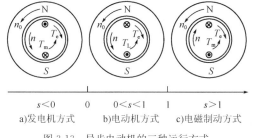

图 3-13 异步电动机的三种运行方式

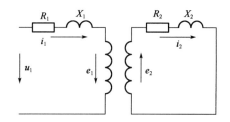

图 3-14 三相异步电动机单相等效电路

当异步电动机转子以转速 n 旋转时,转子绕组切割定子旋转磁场的相对速度为 n_0-n,由于转子绕组的磁极对数总是与定子磁极对数相同,因此转子绕组中感应电流的频率为

$$f_2 = \frac{P(n_0-n)}{60} = \frac{n_0-n}{n_0} \times \frac{pn_0}{60} = sf \tag{3-5}$$

显然电动机堵转状态 $s=1$,$f_2=f_1$,电动机与变压器类似,只是电动机转子是短路的。而在电动机同步时,$s=0$,转子没有感应频率,即 $f_2=0$。

转子电流 i_2 与转差率 s 有关,也就是与转子本身的转速 n 有关。转速 n 越小,转差率 s 越大,切割磁力线的速度越快,转子感应大电动势越大,其中的短路电流 i_2 也越大,同时电动机产生的电磁力矩越大,使电动机出现加速,促使电动机转速提高到平衡点。因此,当电动机转速变化时,转子中各相关的物理量,如感应电势、转子电流、转子感抗、功率因数等均将随转差率 s 而变化,有关曲线如图 3-15 所示。

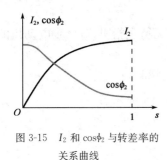

图 3-15 I_2 和 $\cos\varphi_2$ 与转差率的关系曲线

由于转子转速为 $n=(1-s)n_0$,转子中产生的感应电动势和感应电流的频率为 $f_2=sf$,由式(3-2)可得转子感应电流产生的旋转磁场相对于转子的转速为 sn_0,则转子磁动势相对于定子的转速为 $n+sn_0=(1-s)n_0+sn_0=n_0$,即当转子旋转时,定、转子磁动势仍然保持相对静止。只有这样产生的电动机才能产生恒定的电磁转矩,否则电磁转矩平均值就是 0。定转子的磁动势保持相对静止是电动机产生恒定电磁转矩的必要条件。

1. 三相异步电动机的电磁转矩及其机械特性曲线

1)电磁转矩与负载转矩

异步电动机运行时,一方面定子旋转磁场使得转子绕组中产生感应电势,并形成转子电流;同时转子电流又与定子旋转磁场相互作用形成电磁力矩。由于转子电流 i_2 与感应电势 e_2 的相位差为 φ_2,且呈电感性,其功率因数为 $\cos\varphi_2$;而 e_2 与定子旋转磁场具有固定相位关系。由此可知异步电动机的电磁转矩 T 将与旋转磁场的每极磁通 Φ、转子电流 I_2 及其功率因数 $\cos\varphi_2$ 成正比,即可得转矩表达式为

$$T = K_T \Phi I_2 \cos\varphi_2 \tag{3-6}$$

式中:K_T——与电动机本身结构有关的一个常系数。

由于转子电流 I_2 及其功率因数 $\cos\varphi_2$ 均随转差率而变化,由此可进一步推知异步电动机的电磁转矩的大小与转差率(或转速)有关。

电动机运行时,其轴上产生的电磁转矩 T 作为动力矩在克服了电动机本身的风阻、摩擦阻力等空载转矩 T_0 后,对外输出转矩 T_2。考虑到 T_0 很小,一般可忽略,因此可得异步电动机中转矩平衡方程式为

$$T = T_2 + T_0 \approx T_2 \tag{3-7}$$

而输出转矩 T_2 用以带动生产机械旋转,当拖动系统稳定运行时 T_2 与生产机械在电动机轴上形成的负载转矩 T_L 平衡,即

$$T_2 = T_L \tag{3-8}$$

由此可得 $T \approx T_L$。即一般情况下,认为电动机的输出转矩就等于其电磁转矩;而稳定运行时,电磁转矩与轴上负载转矩相等。

2)电动机的等效电路

根据图 3-14 可以将转子侧等效到定子侧来,构成如图 3-16 所示的 T 型等效电路图,图中

$$\begin{cases} R'_2 = k_e k_i R_2 \\ X'_{2\sigma} = k_e k_i X_{2\sigma} \end{cases} \tag{3-9}$$

为从定子侧看到的等效转子的电阻和漏感。而 k_e 和 k_i 则是包含电动机各种结构因素在内的定子转子间感应电压和电流之比,是电动机结构常数。

图 3-16 所示等效电路包含两步等效,第一步是用静止的转子代替旋转的转子使定、转子电路的频率相等,其折算原则是折算前后磁动势的大小和相位不变;第二步是将转子的阻抗等效到定子侧,从而构成一个易于计算分析的等效电路。

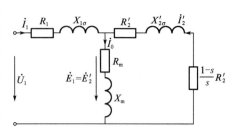

图 3-16 异步电动机的 T 型等效电路

如果要保持磁动势的大小和相位不变,必须保证折算前后电流的大小和相位不变。折算前旋转的转子电流为

$$\dot{I}_{2s} = \frac{\dot{E}_{2s}}{R_2 + jX_{2\sigma s}} = \frac{\dot{E}_{2s}}{R_2 + jsX_{2\sigma}} \tag{3-10}$$

等式右边分子、分母同除以 s 可得

$$\dot{I}_2 = \frac{\dot{E}_2}{\dfrac{R_2}{s} + jX_{2\sigma}} \tag{3-11}$$

所以,折算前后转子电流的大小和相位为

$$\begin{cases} I_{2s} = \dfrac{E_{2s}}{\sqrt{R_2^2 + X_{2\sigma s}^2}} = \dfrac{sE_2}{\sqrt{R_2^2 + (sX_{2\sigma})^2}} = \dfrac{E_2}{\sqrt{\left(\dfrac{R_2}{s}\right)^2 + X_{2\sigma}^2}} = I_2 \\ \cos\varphi_{2s} = \dfrac{R_2}{\sqrt{R_2^2 + X_{2\sigma s}^2}} = \dfrac{\dfrac{R_2}{s}}{\sqrt{\left(\dfrac{R_2}{s}\right)^2 + X_{2\sigma}^2}} = \cos\varphi_2 \end{cases} \tag{3-12}$$

可见,等效后的转子电流的大小和相位均未改变,保持磁动势不变。

由式(3-12)可知,相对转子静止时的转子回路的电阻 R_2,电动机旋转后变为 R_2/s,即

$$\frac{R_2}{s} = R_2 + \frac{1-s}{s}R_2 \tag{3-13}$$

式中,R_2 为电动机转子电阻;$\dfrac{1-s}{s}R_2$ 的物理意义为模拟总的机械功率的模拟电阻,即消耗在 $\dfrac{1-s}{s}R_2$ 上的功率就是电动机输出的电磁功率,该功率随 s 的变化而变化。

根据变压器折算方法,将上述转子旋转后等效的 $X_{2\sigma}$ 和 $\dfrac{R_2}{s}$ 折算到定子侧,构成图 3-16 所示的等效电路,则由简化的等效电路可知:

$$I'_2 = \frac{U_1}{\sqrt{\left(R_1 + \dfrac{R'_2}{s}\right)^2 + (X_{1\sigma} + X'_{2\sigma})^2}} \tag{3-14}$$

代入电磁功率的计算式中

$$P_{em} = m_1 I_2'^2 \frac{R'_2}{s} = \frac{m_1 U_1^2 \dfrac{R'_2}{s}}{\left(R_1 + \dfrac{R'_2}{s}\right)^2 + (X_{1\sigma} + X'_{2\sigma})^2} \tag{3-15}$$

3)电动机的机械特性

电动机的机械特性是指电动机的转速 n 与电磁转矩 T 之间的关系,即 $n=f(T)$ 或 $s=f(T)$。它是电动机的最重要的一个特性,是电动机机械性能的主要表现。通过对机械特性的分析,可了解电动机在各种不同负载下的运行状况。由前述推导,电磁转矩为

$$T_{em} = \frac{P_{em}}{\Omega_1} = \frac{m_1 p U_1^2 \frac{R_2'}{s}}{2\pi f_1 \left[\left(R_1 + \frac{R_2'}{s}\right)^2 + (X_{1\sigma} + X_{2\sigma}')^2\right]} \tag{3-16}$$

式中,$\Omega_1 = \frac{2\pi f_1}{p}$,因 $R_1 << \frac{R_2'}{s}$,$X_{1\sigma} << X_{2\sigma}'$,为便于分析常省略 R_1 和 $X_{1\sigma}$,可得电磁转矩为

$$T \approx K \frac{s R_2' U_1^2}{R_2'^2 + (s X_{2\sigma}')^2} \tag{3-17}$$

上式为异步电动机电磁转矩 T 随转差率 s 变化的表达式,其曲线如图 3-17a)所示。当定子旋转磁场的同步转速 n_0 不变时,转差率 s 与转子转速 n 就有一一对应的关系。因此由 T-s 曲线经坐标变换就可得到表示异步电动机机械特性的 n-T 曲线,如图 3-17b)所示。如图 3-17 所示,在转速从 n_0 到 n_{max} 时,s 较小,从 0 到 s_m,可以将式(3-17)看成转矩与转差率 s 成正比;在转速小于 n_{max} 后,s 开始明显变大,从 s_m 到 1,可以将式(3-17)看成转矩与转差率 s 近似成反比。式(3-17)为常用的异步电动机机械特性方程表达式。

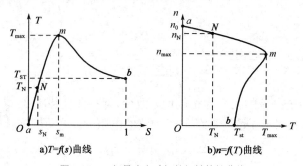

图 3-17 三相异步电动机的机械特性曲线

电动机的机械特性仅反映了电动机本身的电磁转矩(或输出转矩)与转速之间的关系,当电动机轴上带负载运行时,其实际输出转矩将主要取决于负载转矩的大小。

当异步电动机的电源电压及频率为额定值,电动机本身各参数(定、转子绕组电阻、电抗、磁极对数等)亦保持不变的情况下,其特性称为固有机械特性(也称为自然机械特性),即图 3-17 所示特性曲线)。电动机运行过程中的电源电压或频率变化,定子回路串入电阻或电抗,以及电动机本身的某些参数(如定子绕组的磁极对数、转子回路电阻/电抗)等发生变化,将引起电动机的机械特性随之变化,由此所得到的机械特性称为人为(或称人工)机械特性。

2.三相异步电动机的额定转矩

额定转矩 T_N 是电动机在额定负载时的输出转矩,它可根据电动机铭牌上的额定功率 P_N 和额定转速 n_N 求得

$$T_N = 9\,550 \frac{P_N}{n_N} \tag{3-18}$$

如图 3-17b)考察异步电动机的机械特性曲线,当转差率 s 在 $0\sim 1$(或 n 在 $0\sim n_0$)范围内变化时,曲线以极值点(T_{max}, s_m)为界分为 am 和 mb 两段。a 点为理想空载工作点,电动机的输出转矩为零,其转速即为旋转磁场的同步转速 n_0;N 点为额定工作点,在该点上,电动机的转速为额定转速,输出额定转矩 T_N;在 am 段,曲线略有倾斜,电动机的转速随转矩的增加而略有下降。若曲线的倾斜度越小,转矩的变化所引起的转速降落就越小,则称为曲线越"硬",电动机的额定工作点就在此区域内(s_N 一般是 1%～9%)。由于曲线 am 段在 N 点附近近似为直线,因此在电动机的额定工作点附近范围内,可根据额定值近似按比例计算电动机在某一转速下实际输出转矩。

3. 三相异步电动机的最大转矩

机械特性曲线中的最大转矩 T_{max} 以及所对应的转差率 s_m 称为临界转差率,s_m 和 T_{max} 可通过式(3-16)的 T-s 曲线方程对 s 求导并令其等于零,即从 $dT/ds=0$ 得到

$$\begin{cases} s_m = \dfrac{R'_2}{\sqrt{R_1^2+(X_{1\sigma}+X'_{2\sigma})^2}} \\ T_{max} = \dfrac{m_1 p U_1^2}{4\pi f_1 [R_1+\sqrt{R_1^2+(X_{1\sigma}+X'_{2\sigma})^2}]} \end{cases} \quad (3\text{-}19)$$

由于 $X_{1\sigma}+X'_{2\sigma} \gg R_1$,所以式(3-19)可简化为

$$\begin{cases} s_m = \dfrac{R'_2}{X_{1\sigma}+X'_{2\sigma}} \\ T_{max} = \dfrac{m_1 p U_1^2}{4\pi f_1 (X_{1\sigma}+X'_{2\sigma})} \end{cases} \quad (3\text{-}20)$$

根据上列各式可知异步电动机有以下特点:
(1)最大转矩 T_{max} 的大小与电源电压的平方成正比,而与转子回路电阻无关。
(2)临界转差率 s_m 与电源电压无关,与转子电阻成正比。
(3)最大电磁转矩和临界转差率均近似与 $X_{1\sigma}+X'_{2\sigma}$ 成反比。
(4)过载系数 λ。

T_{max} 也是电动机可能产生的最大转矩,如果负载转矩 $T_L > T_{max}$,电动机会承担不了而停转。电动机的最大转矩与额定转矩之比称为过载系数 λ,即

$$\lambda = \frac{T_{max}}{T_N} \quad (3\text{-}21)$$

过载系数反映了电动机的过载能力。普通异步电动机的过载系数 λ 为 1.6～2.2,而对于起重用的电动机 λ 为 2.2～2.8。

4. 三相异步电动机的起动转矩

电动机在起动瞬间($n=0$,即 $s=1$)的转矩称为起动转矩 T_{st}。将它代入式(3-15)可得

$$T_{st} = K \frac{R'_2 U_1^2}{R'^2_2 + X'^2_{20}} \quad (3\text{-}22)$$

电动机堵转时转速也为零,因此 T_{st} 也称为堵转转矩。起动转矩与额定转矩之比 T_{st}/T_N 称为起动转矩倍数 k_T,也是衡量电动机性能的一个重要指标。k_T 越大,对于同样的负载,电动机的起动加速过程就越快。普通异步电动机的起动转矩倍数 k_T 为 1.1～2.0。

式(3-17)机械特性方程是分析电动机的电磁转矩与电动机各参数间关系的理论依据,但是由于在电动机的产品目录中,R_2、$X_{2\sigma}$等参数无法查到,因此在绘制电动机机械特性曲线等实际应用场合,通常都是使用以下近似公式,也称为实用公式

$$T = \frac{2T_m}{\dfrac{s}{s_m}+\dfrac{s_m}{s}} \tag{3-23}$$

式中,T_m、s_m可通过电动机的产品目录中相应的额定数据求得。由式(3-21)可得

$$T_m = \lambda T_N \tag{3-24}$$

式中,$T_N = 9\,550\dfrac{P_N}{n_N}$。

若将额定转差率 $s = \dfrac{n_0 - n_N}{n_0}$ 以及额定转矩 T_N 代入式(3-23),得

$$T_N = \frac{2T_m}{\dfrac{s_N}{s_m}+\dfrac{s_m}{s_N}} \tag{3-25}$$

由此可得

$$s_m = s_N(\lambda + \sqrt{\lambda^2 - 1}) \tag{3-26}$$

5. 鼠笼式异步电动机定子降低电压及绕线式异步电动机转子串联电阻对机械特性的影响

鼠笼式异步电动机定子降低电压及绕线式异步电动机转子串联电阻是常用的改变其固有机械特性的方法,常用于电动机的起动和调速控制。其影响由式(3-17)及式(3-20)可进行分析,由于 T_{max} 与电动机外加电压 U_1 的平方成正比,即 $T_{max} \propto U_1^2$,与 $X_{\sigma 20}$ 成反比,而与 R_2 无关;s_m 与 R_2 成正比,与 $X_{\sigma 20}$ 成反比。

当降低鼠笼式异步电动机定子电压 U_1 时,其最大转矩 T_{max} 和起动转矩 T_{st} 均按照减压系数的平方关系降低,但是达到最大转矩时的转差率 s_m 保持不变。此时机械特性上的各点横坐标值(电磁转矩)均按照减压系数的平方关系降低,如图3-18所示。

绕线式异步电动机通过转子电路外部串联三相电阻,改变转子电阻 R_2 时,T_{max} 大小不变,但是达到最大转矩时的转差率 s_m 随 R_2 的增加而增大,特性曲线转差率从0到 s_m 一段变软,利用这一特点可以人为降低电动机的转速而实现调速。T_{st} 随 R_2 的增加而增大,当 $R_2 = X_{\sigma 20}$ 时,$T_{st} = T_{max}$,$s_m = 1$,利用这一特点可以实现电动机的重载起动;但之后 R_2 继续增大,T_{st} 将会减小,如图3-19所示。

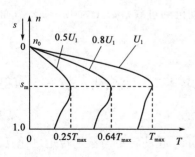

图3-18 定子电压 U_1 对机械特性的影响

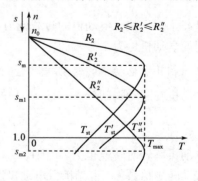

图3-19 转子电阻 R_2 对机械特性的影响

第四节 单相异步电动机

一、单相异步电动机的基本结构

单相异步电动机是以单相交流电作为电源的异步电动机。其转子采用普通的鼠笼式结构；而定子绕组通常有两个，在空间相隔 90°安放，一个为主绕组（也称为运行绕组）；另一个为副绕组（又称为起动绕组）。单相异步电动机有两种工作方式：一种是起动绕组只在起动时接入电路，起动结束后就从电源断开；另一种是两个绕组在起动、运行中，都接在电源上，两个绕组都是工作绕组。

二、单相异步电动机的工作原理

1. 单相异步电动机的工作原理

如果仅将单相异步电动机的主绕组接单相交流电源，则绕组中流过的电流将使电动机中产生一脉动磁场。该磁场在空间按正弦分布，而轴线与主绕组的轴线重合。由于一个脉动磁场可以分解为两个转向相反、转速相同、幅值相等的旋转磁场。其中一个称为正向旋转磁场，另一个称为逆向旋转磁场。图 3-20 表明不同瞬时两个转向相反、转速相同的旋转磁场的磁感应强度幅值在空间的位置，以及由它们合成的脉动磁场 B 随时间变化的情况，这两个旋转磁场以同一转速 n_0 向相反方向旋转。

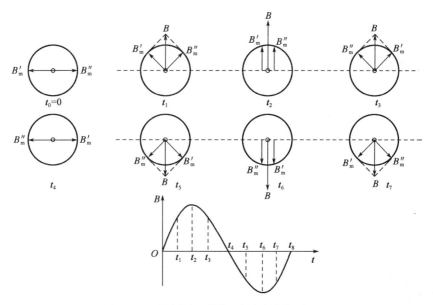

图 3-20 两个转向相反旋转磁场合成脉动磁场图

设在正向旋转磁场作用下鼠笼式转子上的电磁转矩为 T_+，其机械特性 $n=f(T_+)$，相当于三相异步电动机在正相序电源作用下（产生正向旋转磁场）的机械特性；同理逆向旋转磁场作用下的机械特性则相当于负相序电源时的机械特性 $n=f(T_-)$。所以单相异步电动机的转子在脉动磁场作用下产生的电磁转矩 T,应该等于正向旋转磁场作用下产生的电磁转矩 T_+ 和转磁场逆向旋作用下产生的电磁转矩 T_- 之和,即 $T=T_++T_-$,同样,机械特性曲线也为 $n=f(T_+)$ 和 $n=f(T_-)$ 两条曲线的合成,如图 3-21 所示。合成的机械特性具有下列特点:

(1)当 $n=0$ 时,$T_{st}=0$,即电动机无起动转矩,不能自行起动。

(2)当 $n>0$ 时,$T>0$,即只要电动机转动起来,其轴上就有一个动力性质的电磁转矩,若该电磁转矩大于负载转矩,则电动机就能在此电磁转矩作用下正向加速至接近于同步转速的某一点稳定运行;反向时的情况与此完全相同。

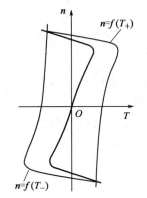

图 3-21 单相异步电动机单绕组通电时的机械特性

综上所述,单相异步电动机若只有工作绕组接单相交流电源,则能够运行,但无法自行起动。如果借助外力,例如用手将转子向某一方向拨动一下,则电动机就在该方向上自行加速并达到稳定转速。

2. 三相异步电动机的缺相故障

如果三相异步电动机三相电源的某一相发生断路故障,则三相电源就变成了单相电源,三相绕组变成两相串联的单绕组,定子旋转磁场变为脉动磁场。这和单相异步电动机一样,失去了自起动能力。若三相异步电动机在运行中发生断相,则将继续转动,但电流增大,电磁转矩减小,若此时负载较大甚至会发生堵转,这就是三相异步电动机的"跑单相";若在电动机停机状态下发生断相,则电动机通电后无法起动,但仍将产生过大的电流;以上两种情况若无过载保护都会因过热而烧毁电动机绕组。

三、单相异步电动机的起动方法

要使异步电动机具有起动转矩并投入正常运行的必要条件是气隙中有旋转磁场。而产生旋转磁场的条件是不同空间位置的定子绕组中通过不同时间相位的电流。

1. 电容分相式电路

电容分相式异步电动机是在其起动绕组中串入一适当容量的电容,然后与工作绕组并联接到单相交流电源上,如图 3-22 所示。此时起动绕组中的电流在时间相位上近似超前于工作绕组中的电流 90°。这样在空间位置上相隔 90°的两个绕组分别流过在时间相位上相差 90°的电流,这将使电动机气隙中产生旋转磁场,从而使转子获得起动转矩而转动起来。如果起动绕组按短时工作设计,电动机在起动后达到一定转速时,通过离心开关或其他继电装置将起动绕组与电源断开,此时电动机靠工作绕组维持运行,这类电动机称为"电容起动单相异步电动机";而如果起动绕组在电动机运行过程中不从电源上断开,则这类电动机称为"电容运转单相异步电动机"。

若要改变电容分相式异步电动机的转向,需要将工作绕组或起动绕组中的一个出线端对调即可。但是,从总供电处对调接线,没有改变工作绕组或起动绕组的相位关系,所以改动外接电源不能改变转向。图 3-23 所示即为一种通过转向控制开关来控制电动机转向的电路。

此外，也可以采用电阻分相法，就是在起动绕组电路串电阻或使起动绕组的"阻/抗比"大于工作绕组的，都能使两绕组中的电流不同相位。

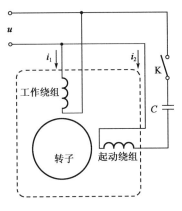

图 3-22 电容分相式起动法

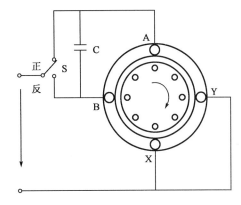

图 3-23 可逆电容分相起动法

2. 交流电源分相式电路

电路如图 3-24a)所示，其相量图如图 3-24b)所示。从相量图可知，$\dot{U}_{AB}$ 与 $\dot{U}_{DC}$ 相位差 90°。将 $\dot{U}_{AB}$ 和 $\dot{U}_{DC}$ 分别接于单相异步电动机两个绕组，可以实现起动和运行。

3. 罩极式单相异步电动机

罩极式单相异步电动机的转子也是采用鼠笼式结构；定子铁芯由硅钢片叠成，通常做成凸极式。其定子绕组集中套在磁极上，铁芯凸出的磁极上约三分之一处开槽，套上一铜制短路环，也称为罩极绕组，如图 3-25 所示。

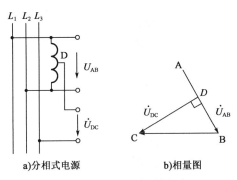

图 3-24 交流电源分相式电路

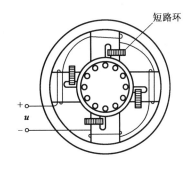

图 3-25 罩极式单相异步电动机

当定子绕组中流过交流电流时，定子铁芯中将产生交变的主磁通。该磁通穿过短路环使环中产生感应电势并形成电流。同样这一电流也将产生磁通，并且它总是阻止被短路环罩住部分铁芯中主磁通的变化。这就使得铁芯被罩部分中的磁通和其余未被罩部分中的磁通不但幅值不同，而且在相位上也不同：被罩部分铁芯中的磁通在时间相位上总是滞后于未被罩部分铁芯中的磁通。这样两个在空间位置不同，在时间上又有一定相位差的脉动磁场就合成形成一个旋转磁场，使鼠笼式转子获得电磁转矩而旋转起来。转子的转向总是由磁极的未罩部分转向被罩部分。

第五节　交流电机的维护保养与故障修复

船用电机是相应陆用电机的派生系列,是根据其工作环境条件,在工艺上对陆用电机进行过特殊处理的电机。现在的船舶以交流电机居多,其特点是构造简单,造价低,坚固耐用,工作可靠,维修工作量少。

船舶的工作环境和条件与在陆地上相比相差很大,船舶电机长期工作在高温、高湿、盐雾、霉菌的环境中,电机的绝缘易受损害。船舶工作环境的温度变化大,且船舶的振动、颠簸、倾斜等直接影响到电机的运行。因此,对船用电机的绝缘结构、机械结构、电气性能提出了比陆用电机更高的要求,所以船用电机的维护保养或维修应达到相应的标准,具体如下:

(1) 绝缘方面:我国标准规定船舶电机应按温度为 45℃ 设计制造,要求电机在空气相对湿度为 95% 情况下正常工作。绝缘材料要耐热、耐潮、耐油,并进行"三防"实验(湿热实验、霉菌实验、盐雾实验)。在某些特殊情况下,要求绝缘能防止某些热带昆虫的咬食。电机绕组的冷态绝缘电阻应不低于 $5M\Omega$,热态绝缘电阻不低于 $1M\Omega$。

(2) 机械方面:船用电机结构上应具有耐冲击、耐振动、耐颠簸等特点,还须保证在长期横倾 22.5°、横摇 22.5°,或纵倾 10°、纵摇 10°,或纵倾、横倾同时出现的情况下正常工作。为此对电机结构提出了更高的要求。例如所有机械部件要有足够的强度和刚度,轴承要承受一定的轴向力,连接和紧固用的螺钉、螺母要有防松脱措施。另外,船用电机应有尽可能小的体积,结构紧凑,有较好的防锈、防海水的涂层。船用电机还应进行"振动实验"、"冲击实验"、"倾斜实验"等。

(3) 电气方面:根据被拖动的船舶机械的特性和工作特点,要求电机具有相应的电气性能和工作特性。例如锚机电动机应能满足在 30min 内起动 25 次的要求,并允许堵转 1min;对拖动甲板机械的电机要求有一定的过载能力和起动性能。又如,船舶电机(包括其他电气设备)在下列情况下应能可靠地工作:电压变化为额定电压的 $-10\%\sim +6\%$,频率变化为额定频率的 5%。各类电机按船舶电网的特点也有其特殊的要求。电机参数要考虑电网的短路电流和各种运行状态下的过渡过程的要求等。

一、船用交流电机的维护与保养

要保证船用电机始终处于良好的工作状态,平时要对电机实行经常性的维护和保养。维护和保养的内容要视电机实际工作情况而定。一般分为日常维护保养和定期维护保养。下面介绍一般情况下船用交流电机的维护和保养知识,以及工作在特殊环境下对船用交流电机的维护保养要求。

1. 船用交流电机的日常维护保养

船用交流电机日常维护保养的内容主要是对电机进行清洁。主要是清除外表污物,以保证电动机正常运转和散热。封闭式电机要保持通风沟槽清洁,风扇上的孔洞透气良好。防护式电机除了保持外表清洁外,还要注意通风孔道的畅通,在不拆卸端盖的情况下,可对防护式电机绕组端部进行擦拭或吹拂,以免有害物质腐蚀绝缘。有刷电机存在电刷磨损,需用吹风机吹去绕组端部和换向附近的电刷粉末及灰尘等。甲板电机设备应做到至少每月检查一次绝缘，机舱电机应做到至少每3个月检查一次绝缘。

保持电机的工作环境符合使用规定的要求，如无水、无腐蚀性气体等。轴承的维护工作主要监视轴承温度和监听运转声音是否正常。

2. 船用交流电机的定期维护保养

船用的交流电动机以三相鼠笼式异步电动机为主，船用的交流发电机以三相无刷同步发电机为主，为保证其正常安全工作，应做好定期的维护保养工作。绕线式异步电动机或有刷同步发电机及电动机中则设有碳刷（电刷）和滑环机构。

1）一级保养

每6个月保养一次，保养范围如下：

(1) 打开通风罩，局部清洁。

(2) 检查滑环上是否有黑斑点、槽痕、铜绿等，若有需进行光洁处理。

(3) 根据火花的情况，调整碳刷的压力，一般碳刷对滑环的压力在 $10\sim32kPa$ 范围内，并列的碳刷对滑环的压力差不超过10%。

(4) 碳刷磨损到原长度的 2/3 时，应按同规格的碳刷进行更换，碳刷与滑环的接触面积必须在70%以上。

(5) 对甲板辅助用的电动机（如起货机、锚机等）要检查其水密是否良好。

2）二级保养

每1年保养一次，保养范围如下：

(1) 清洁通风系统，检查风扇风叶和平衡块是否变形、松动或损坏。

(2) 为使同步电机滑环磨损均匀，必要时更换极性。

(3) 检查轴承润滑脂是否变质，必要时添加润滑脂。

(4) 检查转子是否与定子铁芯摩擦，检查其他部件有无松动现象。

(5) 检查联轴器是否正常。

3）三级保养

每 $3\sim4$ 年保养一次，具体内容如下：

(1) 电动机全部解体清洁。

(2) 测量定、转子各线圈的绝缘电阻，低于标准值时进行绝缘处理。

(3) 检查各线圈有否松动、短路、开路等故障，对有擦伤或过热老化处理包扎。

(4) 检查滑环的磨损程度。

(5) 检查钢丝箍和扎线是否松动。

(6) 检查轴承并更换润滑脂，必要时更换轴承。

(7) 检查滑环上的凸痕、斑点和电机的火花，超出要求时应对其进行光车。

3. 运行中的监视

为了保证设备正常工作，管理人员应经常监视电动机的运行情况。

1）监视电源电压

电动机端电压必须保持额定值，电压过高或过低都会引起电枢电流、转矩和温升的变化，要求电源电压数值与额定值相差不超过－10%～＋6%,三相电压不平衡程度不得超过±5%。

2)监视电动机工作电流

电动机运行时,工作电流应在额定值以内,三相异步电动机电流应平衡,其不平衡度允许在±10%以内。船用电动机铭牌上的额定电流,是指环境温度45℃、运行时温升不超过允许值时的电流,如果环境温度上升了,超过45℃。电动机长期运行允许的电流就要比铭牌数据小。

3)监视电动机的温升

在额定运行工况下的电动机其温升不应超过允许值。若温升超过允许值,则表明电动机或控制设备和负载等有问题,必须查明原因,排除故障后才能继续运行。监视温升可以用温度计,也可凭经验判断。

4)监听电动机运行声音

正常运行的电动机,由于轴承摩擦,铁芯反复磁化和风扇转动等原因,会产生一种均匀连续不断的声音。安装合格的电动机在正常情况下不会振动。当电动机有故障或机械部件不正常时,电动机的声音异常,并发生振动。

监听轴承的声音可用螺丝刀接触轴承盖,手柄贴在耳朵上,即可听到轴承运转的声音。若声音连续均匀,则说明轴承工作正常;若发生继续的吐噜声或其他杂声,则表明轴承异常,应检查处理。

例如常见的三相异步电动机故障有:电动机发出较大的"嗡嗡"声,可能是电动机缺相运行电流过大引起的;若出现异常摩擦声,可能是转子扫膛(转子摩擦定子铁芯);轴承位若有"咕噜"声,则轴承中滚珠破碎;有"吡吡"声,是轴承缺油;电动机振动加大,可能是基础不稳,地脚螺丝松动,或与生产机械之间传动装置配合不良,定子绕组部分开路、短路或转子断条;若有焦臭味或冒烟,说明电动机严重过热,将绝缘材料烧焦。

5)监视滑环与电刷

同步电动机和绕线式异步电动机的转子上均配有电刷,使用中特别要注意电刷的状态,以及电动机运转中电刷上的火花情况。管理人员应经常观察,熟悉电刷和滑环的工作状态,确认电刷压力保持在合理的范围,注意电刷周围的清洁,防止电刷碳粉引起的绝缘不良或短路故障。

二、电动机绕组绝缘测量及其绝缘值降低的原因与处理方法

1. 电动机受潮、绕组绝缘值降低的原因分析

当电动机的绕组因绝缘受到破坏时,电流将通过铁芯(定子、外壳)接地,这样就会造成壳体带电,同时绕组会因此过电流而发热,甚至烧坏绕组并出现短路现象,使电动机无法正常工作。造成这种故障的原因有:

(1)由于电动机进水或受潮导致绕组的绝缘电阻降低;由于船舶一直处于高潮气、高盐雾及霉菌多发环境,电气设备极容易出现绝缘降低情况,尤其是甲板设备中的电动机。

(2)电动机在长时间过负荷运行造成过热,加速绕组绝缘老化。

(3)因过电压或雷击使绝缘击穿。

(4)因缺相或过电流运行,或使绝缘击穿。

(5)电动机因在有害气体的环境中受到腐蚀导致绝缘损坏。

(6)运行中电动机的转子和定子或和绕组的端部相互摩擦造成的绝缘损坏。

(7)在修理和绕组下线中出现的工艺问题,或因内部有金属异物和油污没有清理干净,会造成碰伤绝缘层,绝缘材料没垫好或在整形、连接线的焊接松动造成的绝缘损坏。

2. 电动机的绝缘测量

针对上述这些故障,应以观察法、仪表测量法及抽芯检查法进行检查。仔细观察绕组及线槽内是否有损伤和烧黑的现象;利用万用表欧姆低阻挡检查绝缘电阻,若电阻很小,说明电动机的绝缘很低,应判断为接地。兆欧表检查应根据电动机使用的电压等级选用兆欧表来测量绝缘电阻,若读数很小或为零,说明该绕组或相对地了。当兆欧表指针在零处摆动,说明还有一定的电阻值,应根据经验判断,借助仪表检查,能够较为准确的判断故障。一般配电板式兆欧表是在电路通电状态下测量,而便携式兆欧表是在电路断电状态下测量。后者测量中,需对电路中的半导体元件进行保护,防止其被击穿而发生损坏:如可将电子线路板暂时切除或将整流元件暂时短接等,测量完成后再予以复原。根据实践经验,人们还常用灯泡测试方法,当电动机绕组的某一点因绝缘被击穿,简单的灯泡测试方法可以直接观察故障点。具体测试应根据电动机的功率大小,选用不同瓦数的灯泡,以利于观察灯泡的亮度变化和电动机绕组接地点所产生的火花现象,在测试过程中可利用绝缘物,如橡胶、绝缘木棒对绕组的边缘和焊接处轻轻敲打,当敲打到接地点处,灯泡就可能出现闪烁,接地点甚至会出现火花现象。

电动机绕组因绝缘破坏的接地测试方法很多,如给电动机绕组加适当的电压电流烧穿,也可以直接观察到接地点处所出现的冒烟和火花飞溅的现象。但大多数情况下,肉眼无法直接观察到电动机绕组的接地,除需要较为丰富的经验外,还应配以合适的仪器,如绝缘兆欧表、电机故障检测仪等。

3. 电动机受潮、绕组绝缘值降低时的处理

电动机因绝缘破坏所造成的接地,常用的几种处理方法有:

(1)电动机因受潮引起接地,应抽芯烘干,然后待温度冷却到70℃左右时,浇上绝缘漆后再烘干。

(2)当电动机的绕组端部绝缘损坏,检查出接地处,并重新进行绝缘处理,浇漆再烘干。

(3)如果绕组的接地点在线槽内时,应重绕或更换接地部分的绕组线圈。经过绝缘烘干处理后,再用兆欧表进行测量,观察是否满足技术要求。

当绝缘电阻低于 0.5MΩ 时,必须进行烘干处理,提高电动机的绝缘。烘干的方法很多,常用的有以下几种。

①红外线灯泡或白炽灯烘干法

首先把电动机拆开,抽出转子,将电动机清理干净,把定子竖立放在木板或其他干燥的底座上,底部要留有空隙通风。将红外线灯泡或较大功率的白炽灯从端盖孔中吊入,最好吊在电动机内膛的中部,这样可使内部均匀受热。注意灯泡不能接触线圈和铁芯,防止局部过热,加剧绝缘老化。船上自己修理电动机时,常采用该法。

②烘箱烘干法

将解体后的电动机定子放入烘箱烘干,烘干时必须通风,注意控制温度,不能超过允许值,

并做好记录。一般船厂才有条件采用该方法。

③主机或锅炉废热风烘干法

利用锅炉或主机的废热热风吹入电动机进行干燥,这种方法既简单又节省能源。

④电流烘干法

抽出转子的电动机,在电动机的定子绕组上输入可调交流电源。可通过单相调压器调节输入的电压从而调节烘干电流的大小。电流烘干绕组接线方法有并联加热法、串联加热法、混联加热法、星形加热法和三角形加热法等。一般开始时将电流调到30%的电动机额定电流值,然后逐渐增大,根据所需的干燥温度,通常可将每相绕组的烘烤电流控制在其额定电流值的60%左右。由于各种电动机的体积、烘烤条件不尽相同,通电以3~4h,绕组温度达70~80℃为宜。

电流烘干法技术要求较高,一定要在搞清楚具体操作方法后才能开始烘干,严防烧毁电动机。

若电动机被海水浸泡而引起绝缘下降,首先要用淡水及时冲洗,必要时可解体电动机后浸入加热淡水中清洗干净再实施烘干。

电动机干燥的温度与电动机的绝缘等级有关,要限制烘干温度,E级绝缘烘干温度不得超过120℃,B级绝缘不超过130℃。在烘干过程中,当电动机的绝缘电阻达到5MΩ以上,而且在最后3h内不再变化时,可停止烘干。应当指出,有的电动机绝缘老化或绕组损坏而绝缘降低,烘干不能使绝缘提高,这时必须更换绕组或采取其他措施。

三、电机发热的故障分析与排除方法

电机最常见的故障现象就是电机发热,其原因分为机械故障和电气故障两大类。机械故障的原因有电机本身装配和负载配合两个方面,电机本身装配有轴线不准,轴承状态不良,轴承走外圆等原因;负载问题包括堵转、振动过大、冲击过频等。电气故障分为电气起动箱内控制设备故障和电机本身故障两个方面。控制设备故障常见的有熔断器熔断一相,电机变成单相运行;主回路中某相接触不良,形成缺相运行;电源与电机额定不一致,长期过高或过低电压下工作;电机接法与铭牌要求不一致,造成实际低压或高压运行等。电机本身故障可参考后续内容。

四、三相异步电动机绕组首尾端的判断

通常电机绕组的首尾端是不会搞乱的,但是某些特殊情况因标记脱落或电机绕组刚经过重绕后无法分清首尾端时,需用实验的方法找出。常用的方法是先用万用表欧姆挡找出每个绕组的两端,然后可用下面任意一种办法就可找出它们的首尾端(即判断各相绕组的同名端)。

1. 电磁感应法

用万用表直流0.5mA或0.25V挡和一个1.5V干电池,按图3-26a)接线。在突然合上开关K的瞬间若表针反偏,则连接电池正极和连接万用表正端的线头是同名端。若表针正偏,则连接电池正极和连接万用表负端的线头是同名端。

用同样的方法可以测出另一绕组的同名端。

应注意的是与前述的图 2-7 变压器绕组的同名端测试方法相比较,此时的测试结果正好是相反的,这是由于三相电动机两相绕组在空间上存在着 120°的相位差,以致造成两个首端之间的瞬时极性相反。

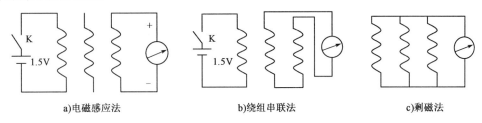

a)电磁感应法　　　　　　b)绕组串联法　　　　　　c)剩磁法

图 3-26　判断三相异步电动机绕组首尾端

2. 绕组串联法

用万用表 0.5mA 或 0.25V 挡和一个 1.5V 干电池(也可用低压交流电和一个交流电压表或灯泡)按图 3-26b)接线。在突然合上开关 K 的瞬间若表针摆动,则联在一起的不是同名端(一个首端一个尾端),若表针不摆动,则联在一起的是同名端。

用同样的方法可以测出另一绕组的同名端。

3. 剩磁法

将电机的三相绕组的一端连在一起,另一端连在一起,用万用表直流 0.25V 或 0.5mA 挡接在两端,如图 3-26c)所示,然后转动电机转子,若表针摆动则连在一起的不是同名端,交换一个绕组的两端再试,如果仍然摆动,将原来交换的绕组恢复回来,再交换另一个绕组的两端,如此最多三次,直到旋转转子时表针不动,则连在一起的是同名端。

五、三相异步电动机的拆装

电机的解体,当需要检查、处理电机绕组、检查、更换轴承,对电机绝缘进行处理及对电机内部进行清理时,都需要将电机拆开(解体)。其步骤如下:

(1)将电机断电,拆下电源线,做好记号并用胶布包好线头。

(2)卸下底脚螺丝(如是皮带传动或螺丝连接的联轴器,应卸下皮带或连接螺丝)。

(3)将电机移到宽敞、干净、明亮处,注意保管好相关器件。

(4)用拉马拉下联轴器或皮带轮,卸下风罩、风扇。

(5)在端盖和机壳间做好记号,卸下前轴承盖(如有)和前端盖(联轴器端)。拆卸时如有顶丝孔,应用螺丝对称顶出端盖,如无顶丝孔,可用铜棒或木头轻轻对称打下端盖。不可用硬金属打,以免损坏端盖。

(6)卸下后端盖螺丝,取出转子(用双手抬出,不要划伤定子绕组)。

如需更换轴承,卸下后端盖,用拉马拉下前后轴承。安装新轴承常用以适当尺寸的钢管敲击轴承内圈的方法,也可使用热套,将轴承加热到约 110℃,但不要超过 120℃,一般是比环境温度高 80℃即可。

六、三相异步电动机常见故障的判断与排除方法

电动机故障一旦出现,需要尽快处理,重要电动机则要立即处理。表 3-7 给出了电动机常

见的故障、原因分析和故障修复措施。

电动机常见的故障、原因分析和故障修复　　　　表 3-7

故障判断	可能故障原因	故 障 修 复
通电后电动机不能转动,但无异响,也无异味和冒烟	①电源未通(至少两相未通); ②熔丝熔断(至少两相熔断); ③过电流继电器调得过小; ④控制设备接线错误	①检查电源回路开关,熔丝、接线盒处是否有断点,修复; ②检查熔丝型号、熔断原因,换新熔丝; ③调节继电器整定值与电动机配合; ④改正接线
通电后电动机不转,然后熔丝烧断	①缺一相电源,或定子线圈一相反接; ②定子绕组相间短路; ③定子绕组接地; ④定子绕组接线错误; ⑤熔丝截面过小; ⑥电源线短路或接地	①检查主开关是否有一相未合好,检查电源回路是否有一相断线;消除反接故障; ②查出短路点,予以修复; ③消除接地; ④查出误接,予以更正; ⑤更换熔丝; ⑥消除接地点
通电后电动机不转且有嗡嗡声	①定、转子绕组有断路(一相断线)或电源一相失电; ②绕组引出线始末端接错或绕组内部接反; ③电源回路接点松动,接触电阻大; ④电动机负载过大或转子卡住; ⑤电源电压过低; ⑥小型电动机装配太紧或轴承内油脂过硬; ⑦轴承卡住	①查明断点予以修复; ②检查绕组极性;判断绕组末端是否正确; ③紧固松动的接线螺丝,用万用表判断各接头是否假接,予以修复; ④减载或查出并消除机械故障; ⑤检查是还把规定的△接法误接为Y;是否由于电源导线过细使压降过大,予以纠正; ⑥重新装配使之灵活;更换合格油脂; ⑦修复轴承
电动机起动困难,额定负载时,电动机转速低于额定转速较多	①电源电压过低; ②△接法电机误接为Y; ③笼型转子开焊或断裂; ④定转8子局部线圈错接、接反; ⑤电机重绕时增加匝数过多; ⑥电机过载	①测量电源电压,设法改善; ②纠正接法; ③检查开焊和断点并修复; ④查出误接处,予以改正; ⑤恢复正确匝数; ⑥减载
电动机空载电流不平衡,三相相差大	①重绕时,定子三相绕组匝数不相等; ②绕组首尾端接错; ③电源电压不平衡; ④绕组存在匝间短路、线圈反接等故障	①重新绕制定子绕组; ②检查并纠正; ③测量电源电压,设法消除不平衡; ④消除绕组故障

续上表

故障判断	可能故障原因	故 障 修 复
电动机空载,过负载时,电流表指针不稳,摆动	①笼型转子导条开焊或断条; ②绕线型转子故障(一相断路)或电刷、集电环短路装置接触不良	①查出断条予以修复或更换转子; ②检查绕转子回路并加以修复
电动机空载电流平衡,但数值大	①修复时,定子绕组匝数减少过多; ②电源电压过高; ③Y接电动机误接为△; ④电机装配中,转子装反,使定子铁芯未对齐,有效长度减短; ⑤气隙过大或不均匀; ⑥大修拆除旧绕组时,使用的拆法不当,使铁芯烧损	①重绕定子绕组,恢复正确匝数; ②设法恢复额定电压; ③改接为Y; ④重新装配; ⑤更换新转子或调整气隙; ⑥检修铁芯或重新计算绕组,适当增加匝数
电动机运行时响声不正常,有异响	①转子与定子绝缘纸或槽楔相擦; ②轴承磨损或油内有砂粒等异物; ③定转子铁芯松动; ④轴承缺油; ⑤风道填塞或风扇擦风罩; ⑥定转子铁芯相擦; ⑦电源电压过高或不平衡; ⑧定子绕组错接或短路	①修剪绝缘,削低槽楔; ②更换轴承或清洗轴承; ③检修定、转子铁芯; ④加油; ⑤清理风道;重新安装置; ⑥消除擦痕,必要时车内小转子; ⑦检查并调整电源电压; ⑧消除定子绕组故障
运行中电动机振动较大	①由于磨损轴承间隙过大; ②气隙不均匀; ③转子不平衡; ④转轴弯曲; ⑤铁芯变形或松动; ⑥联轴器(皮带轮)中心未校正; ⑦风扇不平衡; ⑧机壳或基础强度不够; ⑨电动机地脚螺丝松动; ⑩笼型转子开焊断路;绕线转子断路	①检修轴承,必要时更换; ②调整气隙,使之均匀; ③校正转子动平衡; ④校直转轴; ⑤校正重叠铁芯; ⑥重新校正,使之符合规定; ⑦检修风扇,校正平衡,纠正其几何形状; ⑧进行加固; ⑨紧固地脚螺丝; ⑩修复转子绕组,修复定子绕组
轴承过热	①滑脂过多或过少; ②油质不好含有杂质; ③轴承与轴颈或端盖配合不当(过松或过紧); ④轴承内孔偏心,与轴相擦; ⑤电动机端盖或轴承盖未装平; ⑥电动机与负载间联轴器未校正,或皮带过紧; ⑦轴承间隙过大或过小; ⑧电动机轴弯曲	①按规定加润滑脂(容积的1/3～2/3); ②更换清洁的润滑滑脂; ③过松可用黏结剂修复,过紧应车、磨轴颈或端盖内孔,使之适合; ④修理轴承盖,消除擦点; ⑤重新装配; ⑥重新校正,调整皮带张力; ⑦更换新轴承; ⑧校正电机轴或更换转子

续上表

故障判断	可能故障原因	故障修复
电动机过热甚至冒烟	①电源电压过高,使铁芯发热大大增加; ②电源电压过低,电动机又带额定负载运行,电流过大使绕组发热; ③修理拆除绕组时,采用热拆法不当,烧伤铁芯; ④定转子铁芯相擦; ⑤电动机过载或频繁起动; ⑥笼型转子断条; ⑦电动机缺相,两相运行; ⑧重绕后定子绕组浸漆不充分; ⑨环境温度高电动机表面污垢多,或通风道堵塞; ⑩电动机风扇故障,通风不良;定子绕组故障(相间、匝间短路;定子绕组内部连接错误)	①降低电源电压(如调整供电变压器分接头),若是电机Y、△接法错误引起,则应改正接法; ②提高电源电压或换相供电导线; ③检修铁芯,排除故障; ④消除擦点(调整气隙或挫、车转子); ⑤减载;按规定次数控制起动; ⑥检查并消除转子绕组故障; ⑦恢复三相运行; ⑧采用二次浸漆及真空浸漆工艺; ⑨清洗电动机,改善环境温度,采用降温措施; ⑩检查并修复风扇,必要时更换;检修定子绕组,消除故障

思 考 题

1. 异步电动机的定子和转子各有哪些主要部件组成? 各起什么作用?
2. 异步电动机转子有哪两种类型? 结构上有什么特点?
3. 使异步电动机转动的基本条件是什么? 简述其转动原理。
4. 三相异步电动机的转动方向决定于什么? 如何改变电动机的转向?
5. 某异步电动机的额定转速为970r/min,它的同步转速及极对数分别是多少?
6. 为什么说异步电动机对电源电压的变化比较敏感?
7. 三相异步电动机运行中发生断相,还能否继续运行? 在什么条件下能够继续运行?
8. 单相异步电动机如何改变其旋转方向?
9. 画出鼠笼机定子降低电压及绕线机转子串联电阻的机械特性,并分析其变化情况。
10. 如何判断三相异步电动机的绕组首尾端?
11. 如何进行异步电动机的解体,其中应注意哪些方面?
12. 绕线式异步电动机在工作中是如何接线的? 三相电源及起动电阻分别如何接入电动机?

第四章 同步电机

同步电机是一种交流电机,在现代电力工业中,无论是火力发电、水利发电或柴油机发电等,几乎全部采用同步发电机,船舶交流电站也都采用同步发电机。同步电机除主要作为发电机外,还可用作电动机。

第一节 同步电机的种类与结构

一、同步电机的基本类型

1. 转磁式与转枢式

按同步发电机定子和转子的结构及作用不同有两种类型,即旋转磁极式和旋转电枢式。船用同步电机主要是转磁式。而转枢式的定子是磁极,磁极固定在铁芯机壳(磁轭)上,转子是电枢,转子铁芯圆周槽内嵌放对称的三相电枢绕组,三相绕组的三个出线端和中线分别接到固定在轴上的彼此绝缘的四个滑环上,通过电刷机构对外引出三相四线。有些小容量的同步电机和特殊用途的发电机(如励磁机)采用转枢式结构。

2. 自励式和他励式

按同步发电机的励磁电源的不同有两种基本类型,即自励式和他励式。

凡以发电机本身的电枢绕组(或辅助绕组)为励磁电源的是自励的。这种励磁系统是将发电机交流电,经二极管整流变成直流后引入励磁绕组。图 4-1 是一种自励方式的单线原理图。自励发电机通常是靠磁极的剩磁进行初始起励建压的。

凡另设有专用励磁电源的称为他励的。这种专用励磁电源通常是与发电机同轴的一个小容量的直流或交流的励磁(发电)机。直流励磁机在船上几乎不采用,而使用交流励磁机。图 4-2 是一种他励方式的单线原理图。

3. 有刷式和无刷式

自励式同步电机都是有刷的。常用的转磁式自励同步发电机的励磁电流需通过碳刷和滑环引进发电机励磁绕组,如图 4-1 所示。两组碳刷通过滑动接触连接

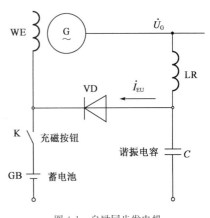

图 4-1 自励同步发电机

固定在转轴上的彼此绝缘的两个滑环。

碳刷与滑环磨损的碳粉既脏又会导致发电机绝缘下降,故需要经常做维护、清洁保养工作。产生的电火花(干扰电磁波)不仅会影响无线电通信,而且是自动化机舱发生误报警、误动作的主要干扰信号源之一。解决这一问题的措施是采用无刷励磁系统,也就是发电机的励磁电流由交流励磁机提供。他励式同步电机都是无刷的。

如图 4-2 所示,无刷发电机通常是由同步发电机、中频交流励磁机和旋转整流器组成。励磁机的励磁电源直接来自发电机的出线端。发电机运行中由转子主磁极的磁场在发电机电枢绕组中产生感应电动势,再通过自动电压校正器 AVR 对交流励磁机的励磁绕组进行励磁,这样在交流励磁机的电枢绕组中感生出中频的交流电,经旋转整流器整流成直流,作为发电机磁场的励磁电流。交流励磁机的转子和旋转整流器与发电机转子是在同一根轴上,故无刷发电机的轴向尺寸较长。通常同步发电机采用旋转磁极式,交流励磁机采用旋转电枢式。由于是同轴旋转,这样交流励磁机发出的中频交流电经同轴的旋转整流器整流成直流电,再送至同轴的发电机励磁绕组,因此取代了碳刷与滑环,从而提高了运行的可靠性,并减轻了维修的负担。

二、同步电机的结构

同步电机是由定子和转子两大部分组成。定子铁芯、转子铁芯和定、转子间的气隙构成同步电机的磁路。这里介绍的是转磁式同步发电机。

1. 定子及电枢的构造

定子为电枢的同步电机,其定子构造和异步电机基本相同。定子铁芯是由硅钢片叠成。定子铁芯槽内嵌放的三相对称绕组也是依次相差 $120°$ 空间电角度或 $120°/p$ 空间机械角度。三相绕组又称电枢绕组,是同步发电机的交流电路部分。作为电力发电机三相绕组基本上采用星形连接。

2. 转子及磁极的构造

旋转磁极式同步发电机转子是直流磁极,产生恒定的磁极主磁通。转子磁极有两种结构形式,隐极式如图 4-3a)所示,凸极式如图 4-3b)所示。

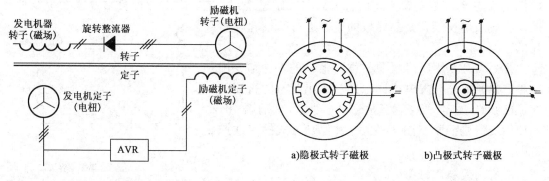

图 4-2 他励同步发电机　　　　图 4-3 同步发电机的转子磁极形式

隐极式转子铁芯是由导磁性能好的合金钢锻成的圆柱形整体(或组合体),或是将隐式磁极及其磁轭整片冲出,然后叠装在轴上。隐极转子同步发电机的气隙是均匀的。为使得沿 N、

S极的圆周气隙中磁密的分布接近于正弦规律,每一磁极的励磁线圈是分布式嵌放在转子圆周铁芯槽内。隐极转子能承受较大的离心力,适用于较高转速(3 000或1 500r/min)的发电机组,如汽轮发电机和一些柴油发电机。

凸极转子有凸出的磁极,磁极是由1~1.5mm厚的钢板冲片叠成,也有的采用锻钢或铸钢的实心磁极。每个磁极都套有一个集中的励磁线圈,磁极固定在转子磁轭上。凸极转子同步发电机的气隙是不均匀。每一磁极顶面中心轴线处的气隙和磁阻最小,磁密最高;从磁极中心向两侧的气隙则逐渐增大,磁密逐渐减小。由于凸极离心力较大,所以宜用于中低速的水轮发电机和柴油发电机。船舶柴油发电机多采用凸极式的,但近年来隐极式船舶柴油发电机逐渐增多。

各磁极励磁线圈连接后构成同步发电机的直流电路,各励磁线圈之间的连接极性应使得所产生的磁极极性N、S相间。为从外部将直流励磁电流引入旋转的励磁线圈中,须将励磁绕组的两个出线端分别接到固定在转轴上的两个滑环上。两个滑环彼此绝缘并对轴绝缘。通过固定的电刷装置与花环的滑动接触将直流电流引入励磁线圈。

有些磁极铁芯顶面圆周槽内还嵌放短路的鼠笼条,称为阻尼绕组。阻尼绕组对暂态过程中可能引起的转子振荡起阻尼作用,有增强同步发电机并联运行的稳定性,抑制柴油机的谐波转矩和加大自整步力矩等的作用,同时它也能提高发电机承担不对称负载的能力。对于同步电动机阻尼绕组也是作为异步起动的"起动绕组"。

3. TAIYO F系列无刷同步发电机的结构

日本大洋电机生产的TAIYO系列发电机在船上应用较广,冷却方式多是内部通风冷却(特大功率也用水冷),轴承多用滑动式的,其结构如图4-4所示。

图4-4中所示定子、转子、滑动轴承和轴、交流励磁机和旋转整流器、静止励磁装置和接线箱,其他部件如机架、风扇、端盖、轴承罩等可从图中看出。

定子机架是由钢板焊接而成,定子铁芯由涂上绝缘清漆的硅钢片叠成,定子三相绕组沿圆周分布嵌放在定子铁芯槽内,定子绝缘等级是F级或H级,如图4-5所示。

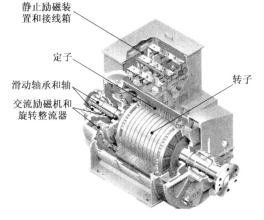

图4-4 TAIYO F系列无刷交流同步发电机

图4-5 TAIYO F系列发电机定子

主发电机隐极式转子,结构上除发电机转子铁芯、励磁绕组外,还有交流励磁机的电枢铁芯、电枢绕组、旋转整流器、冷却风扇等均安装在同一个转子轴上。励磁绕组嵌放在磁极中心

图4-6 TAIYO F系列发电机转子

两侧的槽内,绝缘等级为F级。为便于自励起压,转子铁芯是由非常高矫顽磁力材料薄片组成,如图4-6所示。

旋转整流器结构如图4-7a)所示,图中,①交流侧(UVW)引线;②硅整流器(SIG);③导电环(K);④半导体压敏电阻(SIC);⑤导电环(J);⑥硅整流器(BRG);⑦锁紧垫圈;⑧直流侧引线(J、K)。图4-7b)所示为凸极式发电机的交流励磁机转子和旋转整流器。

a)旋转整流器

b)交流励磁机转子和旋转整流器

图4-7 旋转整流器结构

阴极型硅二极管的阴极固定在同一个散热盘(同轴旋转的与轴绝缘的金属圆盘),称为共阴极组。阳极型硅二极管的阳极固定在另一个散热盘,称为共阳极组。确定每臂硅二极管并联个数,应根据额定励磁电流,再加上20%裕度,并考虑15%左右的不平衡电流来选择。每臂硅二极管串联个数应根据恶劣条件下产生反向电压的数值来选择。导电环是两个金属半圆形环(J、K),分别接整流输出电压的正、负引出线。压敏电阻是由许多PN结组成的半导体元件,当其两端所加电压在许可值以内时保持截止状态,而其两端电压过高时就会被击穿而导通,泄放高压,主要起到保护整流二极管、吸收浪涌电压的作用。值得注意的是在导电环(J)上的旋转整流器二极管的外壳是阴极,而导电环(K)上的旋转整流器二极管的外壳是阳极,但两者的外形、大小规格看上去是一样的,不要混淆。

第二节 同步发电机的基本特性及电枢反应

一、空载特性

三相同步发电机励磁绕组中通入一定的直流励磁电流并以额定转速空载运行时,在三相电枢绕组中产生对称的三相正弦空载电动势,其瞬时值为

$$e_A = E_m \sin\omega t$$

$$e_B = E_m \sin(\omega t - 120°)$$
$$e_C = E_m \sin(\omega t + 120°)$$
(4-1)

空载电动势的有效值为

$$E_0 = E_m/\sqrt{2} = 4.44 k f N \Phi_0 \qquad (4-2)$$

式中：Φ_0——每极下的总磁通。

空载电动势的频率 f 与转子的转速 n 和磁极对数 p 成正比，

即
$$f = \frac{pn}{60} \qquad (4-3)$$

由以上两式可得

$$E_0 = K_e \Phi_0 n \qquad (4-4)$$

式中：K_e——电势常数。

上式表明主磁通和转速的变化都会引起发电机空载电动势的变化。

保持发电机额定转速不变时，空载电动势随励磁电流变化的关系曲线称为空载特性曲线，如图 4-8 所示。由于 $E_0 \propto \Phi_0$，而磁通与励磁电流是磁化曲线关系，所以 E_0 与 I_f 的关系曲线具有磁化曲线的特点。随励磁电流从 0 开始增大，可分为剩磁电压、线性区、饱和区三段。

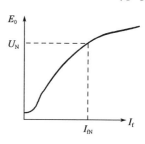

图 4-8 同步发电机空载特性

二、电枢反应

当同步发电机接通负载时，三相电枢绕组的三相电流将产生旋转磁场，这种旋转磁场称为电枢反应磁场 Φ_a。该旋转磁场的转速与电枢电流的频率成正比、与磁极对数成反比，即 $n_0 = 60f/p$。而发电机的频率 $f = pn/60$，所以 $n_0 = n$；而 Φ_a 的转向则决定于电枢电流的相序，也即决定于主磁场的转向，故 Φ_0 和 Φ_a 两者同速同向旋转，在空间彼此保持相对静止，因而就使电枢磁场对磁极主磁场产生某种确定性影响。这种电枢磁场对磁极主磁场的影响称为电枢反应。

电枢反应是由于电枢电流引起的，电枢反应的强弱和电枢反应的效应与电枢电流的大小和相位有关，而电枢电流又决定于负载，所以电枢反应效应与负载性质有关。

1. 电枢电流与空载电势同相位时的电枢反应

图 4-9a)表示转子磁极逆时针方向旋转的某一瞬时的位置，根据右手定则可确定该瞬时 A 相绕组中感应电动势的方向如图所示。假定发电机的负载使电枢电流与空载电动势同相位，即 $\dot{I}$ 与 $\dot{E}_0$ 之间的相位差角（称为内功率因数）为零，则此时 A 相绕组中的空载电势和电流同时达到正的最大值。根据旋转磁场的讨论可知，此刻三相电流旋转磁场的方向应转到具有最大电流的绕组（A 相）的轴线上，用右手螺旋定则可知，Φ_a 的方向是垂直于主磁场的方向，故称这种电枢反应为交轴电枢反应。它使主磁极前半部的磁场因两磁场的磁力线方向相反而被削弱；使磁极后半部因两磁力线的方向相同而磁场被加强，从而使合成磁场的轴线从主磁极轴线方向往后偏斜了一个角度。

2. 电枢电流落后于空载电动势 90°时的电枢反应

当负载使电枢电流 $\dot{I}$ 落后于 $\dot{E}_0$ 90°时，只有当主磁场的方向转到图 4-9b)所示的 A 相绕组的轴线方向时，A 相电流才达到正的最大值，电枢磁场也才恰好转到 A 相绕组的轴线上。此时电枢磁场与磁极磁场在同一轴线上,但方向相反,故为直轴去磁电枢反应。由于去磁效应使合成磁场减小。

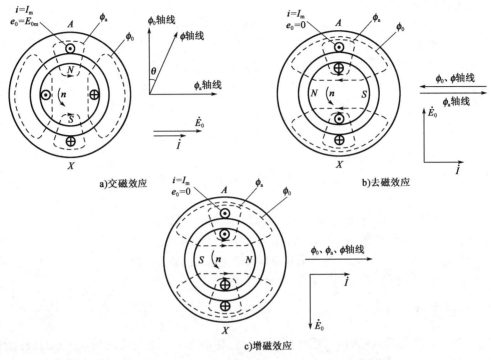

图 4-9 同步发电机的电枢反应

3. 电枢电流超前于空载电动势 90°的电枢反应

如果电枢电流 $\dot{I}$ 是超前于 $\dot{E}_0$ 90°,则当 A 相绕组电流达到正的最大值时,电枢反应磁场与主磁场的轴线方向恰好在同一轴线上且方向相同(图 4-9c),故为直轴增磁电枢反应。由于增磁作用使合成磁场增加。

通常情况下,发电机的负载一般多为电感性负载,即电枢电流落后于空载电动势的角度小于 90°(图 4-10)。这种情况可将电流分解为互差 90°的两个分量,即直轴分量 $\dot{I}_d$ 和交轴分量 $\dot{I}_q$。因直轴分量落后于 $\dot{E}_0$ 90°,产生直轴去磁效应;交轴分量与 $\dot{E}_0$ 同相位,产生交磁效应。这表明一般电感性负载的电枢反应既有去磁效应又有交磁效应,因而使合成磁场既小于磁极主磁通 Φ_0,又相对于主磁通的方向往后扭斜了一个角度 θ,如图中所示。电感性功率因数越低,落后的无功电流分量 $\dot{I}_d$ 越大,去磁效应越严重。

上述讨论虽然都是在 A 相电流达到正的最大值这一瞬时的电枢反应,但由于 Φ_0 与 Φ_a 在空间始终保持相对静止,因此在其他任何瞬时的电枢反应都与上述选定瞬时的情况相同。

三、外特性和调节特性

1. 外特性 $U = f(I)$

发电机有负载后其端电压与空载时不同,当保持额定转速不变、保持一定的负载功率因数和励磁电流不变时,发电机的端电压随电枢电流变化的特性 $U=f(I)$,称为外特性。发电机有载端电压的变化不仅与负载电流的大小有关,而且与负载的功率因数有关。因为不同性质的负载所产生的电枢反应效应不同,因而对电枢绕组中的感应电势及其端电压的影响不同。图 4-11 为三种不同性质负载下的外特性曲线。对电感性负载因有去磁效应,端电压随负载电流的增加而下降;对电容性负载则其端电压将随负载电流的增加而增加;对电阻性负载因交磁电枢反应占主导,所以电压下降较小。

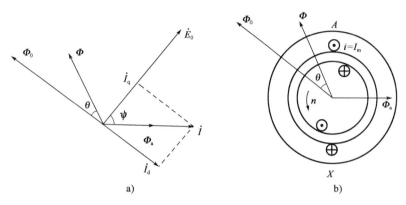

图 4-10 电感性负载的电枢反应

发电机的外特性对用电设备有重要影响,大多数负载要求在恒定的电压下运行。为表明同步发电机从满负荷的额定电压 U_N,到切除全部负荷后的空载电压 U_0 之间的电压相对变化程度,通常用电压变化率 $\Delta U\%$ 表示,即

$$\Delta U\% = \frac{U_0 - U}{U_N} \times 100\%$$

同步发电机在 $\cos\varphi=0.8$(滞后)的负载时,其电压变化率为 20%～40%,一般不超过 50%,以防自动励磁系统失灵而出现过高电压。

2. 调节特性 $I_f = f(I)$

为使同步发电机的电压基本不随负载而变,就需要根据负载电流的大小和负载性质提供相应的励磁补偿曲线,以抵偿因电枢反应引起的电压变化。同步发电机在额定转速和一定的负载功率因数下,为保持端电压基本不变,励磁电流 I_f 随负载电流 I 而变化的关系 $I_f = f(I)$ 称为调节特性。图 4-12 所示为三种不同负载时的调节特性曲线。

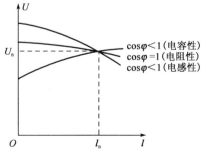

图 4-11 同步发电机的外特性

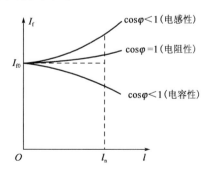

图 4-12 同步发电机的调节特性

第三节 同步电动机

同步电机作为电动机运行时它的电枢接三相电源,轴上拖动机械负载,它从电源吸收电功率并将其转换成转子的机械功率。同步电动机广泛用于拖动恒速大容量的生产机械,如空气压缩机、粉碎机、鼓风机和水泵等。电力推进船舶也有采用同步电动机拖动螺旋桨的。

一、转动原理与起动

当并联运行同步发电机的原动机失去动力时它将变成电动机运行状态,所以同步电机轴上有阻力矩时仍能以同步转速运行,此时转子与旋转磁场之间是靠异极相吸的作用使转子被旋转磁场拉着转动,所以转子的转速是同步转速 $n=60f/p$,这就是电动机运行状态。由于电动机状态轴上有机械负载,因此同步电动机主磁场的方向落后于电枢电流旋转磁场的方向,轴上的机械阻转矩越大落后的角度(功率角 θ)越大。其额定功率角一般不超过 $30°$,其最大转矩($\theta=90°$)与额定转矩之比大于异步电动机的,故其过载能力强。由于转子的转速总是等于旋转磁场的同步转速,故同步电动机有绝对硬的机械特性。

同步电动机的缺点是没有自起动能力。当转子静止而电枢接通电网时,电枢旋转磁场以很高的同步转速相对于主磁极旋转,因转子有惯性,靠旋转磁场和转子磁极的异极相吸的作用不能拉动转子转动。例如当旋转磁场的 N 极与磁极的 S 极相作用力图拉动转子随其转动,但转子还未动时旋转磁场的 S 极已转了过来,两极又产生相斥的作用而阻止转子转动,所以不能自起动。因此同步电动机必须靠外力或辅助设备起动。目前仍被广泛采用的起动方法是异步起动法。采用异步起动的同步电动机必须设有阻尼绕组(也称起动绕组),即在铁芯磁极的圆周面的槽中嵌入短路的鼠笼条。起动时同步电动机的励磁绕组不加励磁电流,当电枢绕组接通三相电源时,如同三相异步电动机一样先将转子起动起来;当转子的转速接近于同步转速时再接通直流励磁电流,这时靠异极相吸的作用足以将转子拉入同步。为避免在起动过程中旋转磁场切割励磁绕组产生高压而损坏绝缘或危及人身安全,所以起动时励磁绕组不能开路;另外励磁绕组也不能直接短路,而要串联一个适当的外接电阻 R 构成闭合回路,以避免产生过大的短路电流。外接电阻约为励磁绕组电阻的 5~10 倍。其操作方法是起动前用开关先将 R 接通励磁绕组,然后将电枢接通三相电源开始起动,待转速接近于同步转速时用开关断开 R 并接通励磁电源,如图 4-13 所示。

二、同步电动机的电流

同步电动机从电网吸收的电功率 P_1 决定于其轴上输出的机械功率 P,它的无功功率可通过调节励磁电流来改变,可使电枢电流超前电压或落后于电压或与电压同相位,其原理与发电机基本相同。其差别在于电动机的电动势相量 E_0 落后于电压相量 U,因此当过励磁时电流超前于电压,电动机相当于电容性负载;欠励磁时相当于电感性负载。由于用户大量的负载是电感性的,为改善供电线路的功率因数,常使同步电动机工作于功率因数等于 1 或稍超前的功率因数下运行。轴上不带任何负载专用于改善功率因数的同步电机称为同步补偿机。

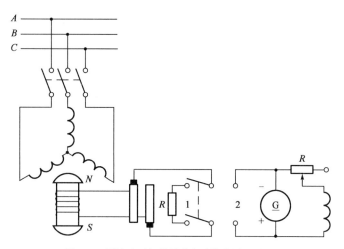

图 4-13 同步电动机的异步起动接线原理图

思 考 题

1. 凸极和隐极同步发电机各有什么特点？应用上有什么不同？
2. 画出自励和他励同步发电机的单线图，并分析其工作过程。
3. 什么是电枢反应？有哪几种典型的电枢反应？
4. 起动大容量异步电动机对同步发电机的电压有何影响，为什么？
5. 如何根据不同性质的负载调节同步发电机的励磁电流？怎样才能保证同步发电机的电压不随负载发生变化？
6. 同步电动机和异步电动机有什么区别？

第五章 控制电机

普通的拖动电机和电力发电机主要是进行能量变换,要求有较高的力能指标;而控制电机主要是对控制信号进行传递和变换,要求有较高的控制性能。控制电机因其各种特殊的控制性能而常在自动控制系统中作为比较、放大、执行和检测元件等。它要求高精度,高灵敏度,高稳定可靠性,体积小,重量轻,耗电量少等。这类电机的特点是:外形尺寸较小,机壳外径一般不大于 160mm,功率一般不超过 750W;结构简单,控制便利,响应速度快。缺点是:在力能指标方面,如力学指标和效率等比普通电机要低。

船舶中常用的控制电机有伺服电动机、测速发电机、步进式电机和自整角机等。

第一节 测速发电机的种类和用途

测速发电机的功能是将机械转速信号转换为电压信号,它的类型有直流测速发电机和交流测速发电机。一般要求为:

(1)输出电压与转速成正比,$U_2=Kn$,并保持稳定。
(2)剩余电压(转速为零时的输出电压)要尽可能的小。
(3)输出电压的极性或相位能反映被测对象的转向。
(4)温度变化对输出特性的影响小。
(5)灵敏度高,即输出电压对转速的变化反应灵敏,输出特性斜率要大。
(6)转动惯量和摩擦转矩小,以保证反应迅速。

以船舶主机的转速测量为例,测速发电机的转子通过联轴器、齿轮或链轮链条与主机凸轮轴或尾轴联结。有的测速发电机用于转速显示,常用于带几个并联的转速指示表,分别安装在机舱、集控室、驾驶台和轮机长室(转速表一般为直流电压表,用于可改变方向的转速指示;表内设有调节电阻,以调整转速示数,适配不同距离的应用场合之需);有的测速发电机用于控制,做为转速调节闭环控制的一个反馈环节。船舶主机或辅助发电机组的超速安全保护也常使用测速发电机。由于转速测量是非常重要的环节,使用中要经常校验和测试,以确保其效能正常。

随着数字技术的进步,编码器测速越来越受欢迎,光电非接触式测量、高精度、直接数字化、与控制设备直接数字连接是编码器应用中的主要优点。

一、直流测速发电机的基本工作原理

直流测速发电机的结构和原理与普通直流发电机相同,由于磁通 Φ 恒定,因而其电动势 E

(或电压U)与被测转速n成正比,即$E=K_e\Phi n$;转向与电动势的极性相对应。直流测速发电机有他励式和永磁式两种。他励式与后面讲到的直流伺服电机在结构上并无差别;永磁式亦只是定子磁极为永久磁铁外,其余部分与他励式相同,主要优点是省去了一个励磁电源。

他励式直流测速发电机的原理接线如图 5-1 所示。在励磁电压 U_f 恒定条件下,旋转电枢绕组切割磁通产生感应电动势为 $E=K_e\Phi n=Kn$。

当测速发电机空载时,电枢电流 $I_a=0$,则直流测速发电机输出电压 $U=U_0=E=K_e\Phi n=Kn$,因而输出电压与转速成正比。

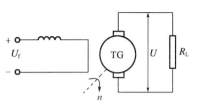

图 5-1 直流测速发电机接线图

当测速发电机接负载电阻 R_L 时,电枢电流 $I_a\neq 0$,则输出电压 $U=E-I_aR_a$,式中,R_a 为测速发电机电枢回路总电阻,它包括电枢绕组电阻、电刷和换向器间的接触电阻。根据欧姆定律,电枢电流 $I_a=U/R_L$。

将 $E=Kn$ 和 I_a 代入电压方程得

$$U = E - \frac{U}{R_L}R_a = \frac{K}{1+\frac{R_a}{R_L}}n = Cn \tag{5-1}$$

(式 5-1)表明,当 R_a、Φ、R_L 为恒定值时,C 为常数,U 仍与转速 n 成正比。但随负载电阻 R_L 不同,对应测速发电机不同的输出特性。R_L 减小,输出特性斜率下降,$U=f(n)$ 的输出特性曲线如图 5-2 所示。

实际运行中,直流测速发电机的输出电压与转速之间并不保持严格的线性关系,如图 5-2 所示,R'_L 和 R''_L 的弯曲特性与线性之间产生了误差。产生这种误差的原因,主要是直流电机的电枢反应所导致的去磁作用,使 Φ_N 不是常数,还有电刷接触压降和温度影响等。改善的方法有多种,其中主要是在定子磁极上安装补偿绕组,限制最高转速及接入适当的负载电阻 R_L 的值。从工艺上采用铜-石墨电刷或铜电刷-镀银换向器表面等,以减小接触压降。

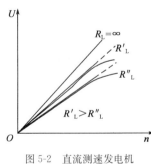

图 5-2 直流测速发电机
$U=f(n)$ 特性曲线

由于直流测速发电机一般为有刷机,在使用中应密切注意电刷的工作状态,定期在停机时检查电刷磨损情况并调整电刷弹簧的弹力。一般每一年更换一次电刷,为保证质量,应采用测速发电机厂家的原装部件。

二、交流测速发电机的基本工作原理

交流测速发电机分为同步测速发电机和异步测速发电机两种,同步测速发电机实际上就是一台单相永磁微型同步发电机,转子为永久磁铁制成的磁极,定子为一单相绕组,该绕组作为输出绕组。当转子以 n(单位为 r/min)旋转时,该绕组感应的电动势频率及大小为

$$\begin{cases} f = \dfrac{pn}{60} \\ E = 4.44fNk_m\phi_m = kn \end{cases} \tag{5-2}$$

可见感应电动势的大小和频率均随转速变化,前者是所需要的测速发电机的功能,但是后者却导致电机本身的阻抗和负载阻抗都随转速而改变,所以这种测速发电机的输出特性就不是线性。通常只用作机旁的指示式转速计,如辅助发电柴油机转速表。

交流测速发电机以采用异步测速发电机居多,以下分析异步式测速发电机的结构和原理。

1. 结构特点

异步式测速发电机的结构和后面讲到的杯形转子伺服电动机类似,定子上也有两套空间位置相隔90°的励磁绕组和输出绕组,两套绕组的轴线互相垂直。其结构如图 5-3 所示,工作原理如图 5-4 所示。

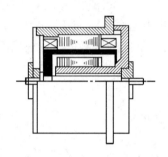

图 5-3　交流异步测速发电机结构图

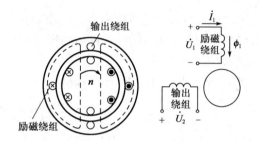

图 5-4　异步式测速发电机工作原理

2. 工作原理

在测速发电机静止时,将励磁绕组接到交流电源上,励磁电压 U_1 在绕组的轴线方向产生幅值为 ϕ_1 的交变脉动磁场。只要 U_1 不变,磁通 ϕ_1 也保持不变,即 $U_1 = 4.44 f N \phi_1$。由于这脉动磁通与输出绕组的轴线垂直,故输出绕组中并无感应电动势,输出电压为零。

当测速发电机由被测转动轴驱动而旋转时,就有输出电压 U_2 输出。输出电压 U_2 和励磁电压 U_1 的频率相同,U_2 的大小和发电机的转速 n 成正比,其工作原理如下:

杯形转子电阻较大,在旋转时切割 ϕ_1 时,在转子中感应出电动势 E_T 和相应的转子电流 I_T。E_T 和 I_T 与磁通 ϕ_1 及转速 n 成正比,即

$$I_T \propto E_T \propto \phi_1 n \tag{5-3}$$

转子电流 I_T 也要产生磁通 ϕ_T,两者也成正比,即 $\phi_T \propto I_T$。

磁通 ϕ_T 与输出绕组的轴线一致,因而在其中感应出电动势,两端就有一个输出电压 U_2。U_2 正比于 ϕ_T。根据上述关系,则有

$$U_2 \propto \phi_1 n \propto U_1 n \tag{5-4}$$

上式表明,当励磁绕组加上电源电压 U_1,测速发电机以转速 n 转动时,它的输出绕组中就产生输出电压 U_2,U_2 的大小与 n 成正比。当转动方向改变,U_2 的相位也改变 180°。这样,转速信号就转换为电压信号,并通过相敏整流,将 U_2 的相位变化转换为输出电压极性的变化,从而在电动转速表上反映转向的变化。但是输出 U_2 的频率等于电源 f_1,与转速无关。

由于 ϕ_1 并非常数,实际的异步测速发电机输出电压与转速之间并不是严格的线性关系。另外,在转速闭环控制系统中,被测转速轴到测速发电机轴使用齿轮传动时,为了克服齿轮间隙的影响,交流伺服电动机与测速发电机可做成同轴一体,通过测速发电机的输出电压测量或调节电动机的转速,这就是交流伺服测速机组。如国产的 S-C 系列交流伺服测速机组是由鼠

笼转子两相伺服电动机和空心杯转子异步测速发电机组合成一体,适用于自动控制系统中作速度反馈执行元件。

在使用交流异步测速发电机时,应考虑负载、温度、励磁电源、频率等对电机性能的影响,并注意电机的工作转速不能超出规定的范围。

作为检测元件应用的测速发电机,其线性误差必须很小,约为千分之几到万分之几。目前高精度的异步测速发电机线性误差可达到0.05%。

*三、编码器测速的基本工作原理与应用

根据检测原理,编码器可分为光学式、磁式、感应式和电容式。根据其刻度方法及信号输出形式,又可分为增量式、绝对式以及混合式三种。光电编码器是一种角度(角速度)检测装置,它将输入轴的角度量利用光电转换原理转换成相应的电脉冲或数字量,具有体积小、精度高、工作可靠和接口数字化等优点。它广泛应用于数控机床、回转台、伺服传动、机器人、雷达、军事目标测定等需要检测角度的装置和设备中。

光电编码器是一种通过光电转换将输出轴上的机械几何位移量转换成脉冲或数字量的传感器。它是目前应用最多的传感器,光电编码器由光栅盘和光电检测装置组成。光栅盘是在一定直径的圆板上等分地开通若干个长方形孔。由于光电码盘与被测转速同轴,当旋转时,光栅盘与该旋转同速,经发光二极管等电子元件组成的检测装置检测输出若干脉冲信号,其原理示意图如图5-5所示。

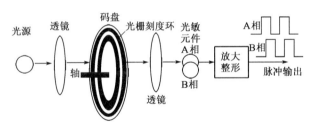

图5-5 光电编码器工作原理

1.增量式编码器

增量编码器是以脉冲形式输出的传感器,其码盘一般只需要三条码道,每道码盘对应一个光电传感器,在收到光照脉冲时,同时产生对应脉冲。码盘一周的码道有多少个光栅,编码器一转就有多少个脉冲,光栅数越多,一转脉冲就越多。常见的有300、500、1 024、2 048、4 096等。编码器的速度可用脉冲的频率来计算。转速 n 与光电脉冲的频率 f 的关系为(p 为每周脉冲数):

$$f = \frac{pn}{60} \tag{5-5}$$

码盘的外道和中间道有数目相同均匀分布的透光和不透光的扇形区(光栅),但是两道扇区相互错开半个区。当码盘转动时,它的输出信号是相位差为90°的A相和B相脉冲信号以及只有一条透光狭缝的第三码道所产生的脉冲信号(它作为码盘的基准位置,给计数系统提供一个初始的零位信号Z)。从A、B两个输出信号的相位关系(超前或滞后)可判断旋转的方向。图5-6c)是将圆形码盘拉直后,光栅刻度和光电传感器位置示意图,由图5-6a)可见,当码

盘顺时针转动时,A道脉冲波形比B道超前π/2;图5-6b)是码盘逆时针转动时,A道脉冲波形比B道落后π/2;可见用B道整形波的上升沿触发D触发器,使输入A相信号经D触发器输出,当码盘顺时针转时D触发器输出为1,反之,D触发器输出为0。因此,增量编码器是根据A、B相的相位关系和脉冲频率来确定码盘的转动方向和角速度。增量编码器的优点是原理构造简单,机械平均寿命可在几万小时以上,抗干扰能力强,可靠性高,适合于长距离传输。其缺点是无法输出轴转动的绝对位置信息。

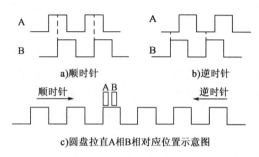

增量旋转编码器在选型时需注意机械安装尺寸、安装孔位、电缆出线方式、安装空间及工作环境防护等级是否满足要求;同时要考虑分辨率,即编码器工作时每圈输出的脉冲数是否满足设计使用精度要求;电气接口方面,编码器输出方式常见有推拉输出(F型HTL格式)、电压输出(E)、集电极开路输出(常见的是NPN型管输出,也可选PNP型管输出,其输出方式应和其控制系统的接口电路相匹配)等。

图5-6 增量编码器光栅刻度和方向判断示意图

2.绝对式编码器

绝对编码器是直接输出数字量的传感器,在它的圆形码盘上沿径向有若干同心码道,每条道上由透光和不透光的扇形区相间组成,相邻码道的扇区数目是双倍关系,码盘上的码道数就是它的二进制数码的位数,在码盘的一侧是光源,另一侧对应每一码道有一光敏元件;当码盘处于不同位置时,各光敏元件根据受光照与否转换出相应的电平信号,形成二进制数。如图5-7所示,这种编码器的特点是不要计数器,在转轴的任意位置都可读出一个固定的与位置相对应的数字码。显然,码道越多,分辨率就越高,对于一个具有N位二进制分辨率的编码器,其码盘必须有N条码道。目前国内已有16位的绝对编码器产品。

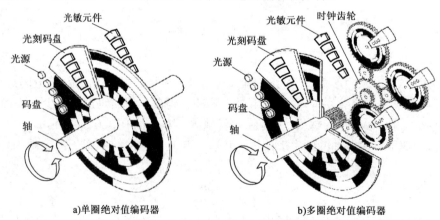

图5-7 单圈与多圈绝对值编码器示意图

绝对编码器由机械位置决定的每个位置是唯一的,它无需记忆,无需找参考点,而且不用一直计数,什么时候需要知道位置,什么时候就去读取它的位置。这样,编码器的抗干扰特性、数据的可靠性大大提高了。

旋转单圈绝对值编码器,以转动中测量光电码盘各道刻线,以获取唯一的编码,当转动超过360°时,编码又回到原点,这样就不符合绝对编码唯一的原则,这样的编码只能用于旋转范围360°以内的测量,称为单圈绝对值编码器。编码器生产厂家运用钟表齿轮机械的原理,当中心码盘旋转时,通过齿轮传动另一组码盘(或多组齿轮,多组码盘),在单圈编码的基础上再增加圈数的编码,以扩大编码器的测量范围,这样的绝对编码器就称为多圈式绝对编码器,它同样是由机械位置确定编码,每个位置编码唯一不重复,而无需记忆。

多圈编码器另一个优点是由于测量范围大,实际使用往往富裕较多,这样在安装时不必要费劲找零点,将某一中间位置作为起始点就可以了,而大大简化了安装调试难度。

绝对值编码器的分辨率是由二进制的位数决定的,根据不同的精度要求,可以选择不同的分辨率即位数。目前有10位、11位、12位、13位、14位或更高位等多种。采用自然二进制码可以直接由数/模转换器转换成模拟信号,但某些情况,例如从十进制的3转换成4时,二进制码的每一位都要变,使数字电路产生很大的尖峰电流脉冲,对测量和转换带来干扰。目前一般采用循环二进制编码(即格雷码)的绝对式编码器,其输出信号是一种数字排序,不是权重码,每一位没有确定的大小,不能直接进行比较大小和算术运算,也不能直接转换成其他信号,要经过一次码变换,变成自然二进制码,再由上位机读取以实现相应的控制。典型格雷码的特点是所有相邻整数在格雷码的数字表示中只有一个数字不同,即格雷码在任意两个相邻的数之间转换时,只有一个数位发生变化。可见,格雷码大大地减少了由一个状态到下一个状态时逻辑的混淆。另外由于最大数与最小数之间也仅一个数不同,故通常又叫格雷反射码或循环码。格雷码属于可靠性编码,是一种错误最小化的编码方式。

3. 其他编码器

除上述常用的编码器外,还有混合式绝对值编码器,它输出两组信息,一组信息用于检测位置,带有绝对信息功能;另一组则完全同增量式编码器的输出信息。

4. 磁性传感器(或接近开关)检测转速

运用磁性传感器测速也是应用较为普遍的一种形式,这种方式具有测速范围大,抗干扰能力强,精度高,可靠性好,寿命长等特点。现在船用低速、中速柴油机组普遍采用这种测速方法,它已经取代了测速发动机的使用,甚至用在高转速如柴油机增压透平转速的监测中。其结构与原理方框图如图5-8所示。

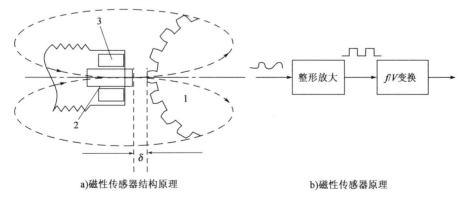

图5-8 磁性传感器结构原理

转速测量环节包括磁性传感器、整形放大电路与频率-电压转换电路三部分。

图 5-8a)中 1 为柴油机飞轮(或盘车齿轮)齿圈,测速磁头由永久磁钢 2 和线圈 3 组成,磁头与齿顶间有间隙 δ。当机组运转时,飞轮齿圈随之转动,由于磁头所对的齿顶和齿槽是交替地变化,就是磁路中磁阻发生交替变化,因而导致通过磁头的磁通也发生交替变化,所以在线圈 3 中感生了交流脉冲电势,该感生的交流电势的频率取决于机组的转速与齿盘的齿数。由于齿圈的齿数为固定常数,故感应电势的频率与转速成正比。

磁头与齿顶间隙 δ 是可以调整的,间隙 δ 值一般在 0.55~0.83mm。间隙值调整时,应先把磁性传感器磁头的紧固螺母松开,将磁性传感器磁头转至同齿顶接触,然后再倒回 1/2±1/10 转,即可近似保证它的间隙在允许范围内。

由于磁性传感器线圈 3 中所感应的电势是个微弱的、波形不太理想的交变信号,如图 5-8b)所示,通过整形放大电路可把这一交变电势放大、整形成与其同频率的方波或脉冲信号。之后再经过频率-电压变换电路(f-V 变换器),实质上就是数模转换电路,使输出直流电压大小正比于输入的脉冲数,获得正比于转速的直流电压模拟量。

当检测主机转速时,由于方向可变,同前面的增量型光电编码器一样,需要用两个接近开关组合来实现飞轮转速检测:接近开关固定安装在飞轮的齿顶位置,飞轮旋转时,接近开关与飞轮的间隙发生变化,接近开关相应的输出开关量信号,即输出 A 相和 B 相信号,由于机械位置上,两个接近开关相差 1/4 的齿间距离,所以接近开关的输出信号也是相差 1/4 周期。通过比较 A、B 两个信号的相位关系,即可确定主机的转向。

第二节　伺　服　电　机

伺服电动机在控制系统中是用作驱动控制对象的执行元件,它的转矩和转速受电压信号的控制。电动机的转速和转动方向随着电压信号的大小相位和极性或变化而灵敏、准确地变化,在自动控制系统中有着非常广泛的应用。常用的伺服电动机有交流和直流两种。

一、交流伺服电动机的基本工作原理

1. 基本结构

交流伺服电动机是两相异步电动机,它的定子结构与普通单相异步电动机很相似。定子上绕有两个形式相同并在空间互差 90°电角度的绕组,其中一个为励磁绕组,另一个为控制绕组。转子分笼型和杯型两种,笼型转子与一般小型异步电动机的相同,但在结构上为了减小转动惯量常做成细长型,并且转子导体采用高电导率的铝或黄铜制成。杯型转子交流伺服电动机的结构如图 5-9 所示,空心杯转子由非磁性导电材料铝或铝合金,杯子底部固定在转轴上,杯型转子壁厚只有 0.2~0.8mm,转动惯量小,反应快。在杯型转子内部装有内定子,由硅钢片叠压而成固定在一端端盖上,绕组可装在内铁芯上,也可装在外铁芯上,不装绕组的定子铁芯仅作为主磁通的通路,功率很小时,也可将两相绕细分别装在内、外定

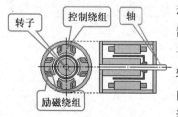

图 5-9　空心杯转子交流伺服
电动机结构示意图

子铁芯上。

空心杯转子交流伺服电动机的空气隙较大,励磁电流约占额定电流的80%,因而功率因数和效率都低,体积和重量也比较大,但它的转动惯量小,反应灵敏,调速范围大。笼型转子结构简单,制造方便,除转动惯量较空心杯转子大以外,其他性能指标都比较好,所以应用很广泛。在船舶自动控制系统中应用的多是鼠笼转子形式的交流伺服电动机,而电罗经内常用转杯式交流伺服电动机。

2. 工作原理

图 5-10 是交流伺服电动机的接线图。励磁绕组与电容 C 串联后接到交流电源上,其电压为 U。控制绕组常接在电子放大器的输出端,控制电压 $\dot{U}_2$ 即为放大器的输出电压。励磁绕组中串联电容器 C 的作用是使其分相以产生两相旋转磁场。适当选择电容 C 的数值,可使励磁电流 $\dot{I}_1$ 超前于电压 $\dot{U}$,并使励磁电压 $\dot{U}_1$ 与电源电压 U 之间有 90° 或近似于 90° 的相位差。控制电压 $\dot{U}_2$ 与电源电压 $\dot{U}$ 有关,两者频率相等,相位相同或相反。因此,$\dot{U}_2$ 和 $\dot{U}_1$ 也是频率相等,相位差基本上也是 90°。两个绕组中产生的电流 $\dot{I}_1$ 和 $\dot{I}_2$ 的相位差也应近似于 90°。这样,在空间相隔 90° 的两个绕组,分别通入在相位上相差 90° 的两个电流,便产生两相旋转磁场,转子在该旋转磁场的作用下产生转动。

杯形转子和鼠笼转子转动的原理是一样,因为杯形转子可视为由无数导条组成的笼型转子。当控制电压反相时,旋转磁场和转子也都反转,由此实现电动机转速和转向的控制。

3. 运行特性

交流伺服电动机的特点是不仅要求它在静止状态下能服从控制信号的命令而转动,而且要求在电动机运行时如果控制电压变为零,电动机立即停转。

1) 交流伺服电动机的调压机械特性

当有控制信号时,交流伺服电机工作在两相状态,两相电流分别通过励磁绕组和控制绕组,它们产生的合成磁场是旋转磁场,伺服电动机在旋转磁场的作用下可以产生驱动性质的转矩而旋转。其机械特性与单相异步电动机相似,只是由于交流伺服电动机的转子电阻很大,导致机械特性软,但起动力矩大。图 5-11 是交流伺服电动机在不同控制电压下的机械特性曲线,U_2 为额定控制电压。由图可见,在一定负载转矩下,控制电压越高,则转速也越高;在一定控制电压下,负载增加,转速下降。

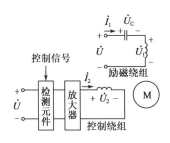

图 5-10 交流伺服电动机的接线图

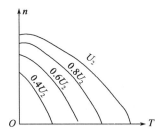

图 5-11 交流伺服电动机的调压机械特性

控制电压 U_2 的相位不同,电动机的转向不同,如图 5-12 所示,T' 为正转特性,T'' 为反转特性,分别对应工作在第 I 或第 III 象限。

2)交流伺服电动机的自制动

当取消控制电压后,即 $U_2=0$,变成为单相异步电动机运行。由于转子内阻大,励磁电压 U_1 单独作用下的电动机特性曲线如图 5-12 所示的 $U_2=0$ 的曲线。可见,当转速为正值时,转矩为负;而转速为负时,转矩为正。转矩总是阻止转子转动的,起制动作用,所以,伺服电动机一旦 $U_2=0$ 时,电动机立即从两相机械特性(T' 或 T'')切换到单相制动机械特性上运行,在制动转矩的作用下,电动机很快停转,满足快速停止可控的要求。这就是交流伺服电机的自制动。

为了使两相伺服电动机能够自制动,设计电机时,必须将电动机的转子电阻增大,使发生最大电磁转矩的转差率 $s_m>1$,这时伺服电动机单相运行时产生的合成电磁转矩 T 的方向与转子的转向相反,起制动作用,使电动机实现自制动。转子电阻加大后,还可以加宽稳定运行的范围($0<s<1$),有利于转速的调节。同时提高了起动转矩,可以使电动机起动迅速。

3)交流伺服电动机的调节特性

交流伺服电动机的输出功率一般是 0.1~100W,其电源频率有 50Hz 和 400Hz 等多种。图 5-11 中,特性曲线的斜率也随控制电压的大小不同而变化,表现为机械特性较软,这对由交流伺服电动机为执行元件的控制系统的稳定是不利的。交流伺服电动机的调节特性,可由机械特性得到,如图 5-13 所示。该调节特性属幅值控制,即改变控制电压 U_U 的大小电动机转速随之改变的关系曲线。从图中看到,幅值控制的调节特性也不是直线,只当 n 较低时近似为直线。因此,交流伺服电动机在伺服系统中为保证系统动态误差要求,应尽量使电动机的调节特性工作于 n 较小的区域。为此,许多交流伺服电动机采用 400Hz 的交流电源,用以提高其同步转速 n_0。

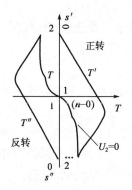

图 5-12 交流伺服电动机的 $T=f(s)$ 特性曲线

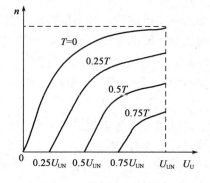

图 5-13 交流伺服电动机调节特性

从调节特性上看出,负载转矩大时,初始起动电压也高。根据图 5-11 和图 5-13 可分析:由于交流伺服电动机输出功率 $P_2=T_2\omega\approx T\omega$($T_2$、$T$ 分别为负载转矩和电磁转矩),在控制电压 U_U 一定的条件下,若转速低,即 ω 小,输出功率 P_2 也很小,若转速接近理想空载转速时,虽然 ω 高,但 T 很小,输出功率也不大。只当负载转矩为电机的额定转矩 T_N,而转速也达到额定转速 n_N 时,电机可输出最大功率。通常规定为电动机的额定输出功率 P_N。所以交流伺服电动机的额定输出功率的规定方法与普通电动机是不同的。

交流伺服电动机的缺点是控制特性是非线性的,转速与控制电压间是非线性关系,属于非线性控制。在这点上,其控制性能不如直流伺服电动机。

二、直流伺服电动机的基本工作原理

1. 结构特点

直流伺服电动机的结构类同于一般的他励直流电动机,只是造型细长以利于减小转动惯量。它的励磁绕组和电枢分别有两个独立电源供电,通常采用电枢控制,即励磁电压 U_1 一定,建立的磁通也是定值,控制电压 U_2 加在电枢上,其接线图如图 5-14 所示。

直流伺服电动机有电磁式和永磁式两种基本结构类型。后者的磁极为永久磁铁,采用具有矫顽磁力和剩磁感应强度值很高的稀土永磁材料组成。永磁体很薄仍能提供足够的磁感应强度,因而使电动机的体积小、质量轻。永磁材料能力强,使电动机不会因振动、冲击、多次拆装而退磁,提高了磁稳定性。

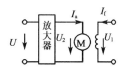

U_1-励磁电压 U_2-电枢电压

图 5-14　直流伺服电动机接线图

2. 控制方法

图 5-15 是直流伺服电动机在不同控制电压下的机械特性曲线 $n=f(T)$,图中 U_2 为额定控制电压。在一定负载转矩下,当磁通不变时,升高电枢电压,电机的转速就升高;反之,降低电枢电压,转速就下降;当 $U_2=0$ 时,电动机就立即停转。改变电枢电压的极性,可实现电动机反转。与交流伺服电动机比较,直流伺服电动机的机械特性硬,应用于功率稍大的系统中,其输出功率一般为 1~600W。

直流伺服电动机低速运转时,由于电刷和换向器之间的接触压降等因素使转速不稳定而造成误差。目前在普通的直流伺服电动机的基础上发展了低惯量直流伺服电动机,如杯形电枢、盘形电枢、无槽电枢式的直流伺服电动机等,并已广泛应用于电声、电视、计算机外围设备以及高灵敏度伺服系统中。

3. 直流伺服电动机的调节特性

如图 5-16 所示,是电动机在一定转矩下,转速 n 与电枢控制电压 U_2 的关系。当 T 一定时,电枢控制电压 U_2 高时,转速 n 也高,而且控制电压的增加与转速的增加之间成正比关系;另外,当转速 $n=0$ 时,不同的转矩 T 需要不同的控制电压 U_2。$T=T'$,$U_2=U_K'$。这表明,只要 $U_2>U_K'$,电动机才能转动起来,而当 U_2 在 0~U_K',尽管有控制电压,电动机仍然堵转。一般称 0~U_K' 为死区,或失控区。称 U_K' 为对应 T' 下的始动电压。T 不同,始动电压也不同。只当 $T=0$ 时,即电动机为理想空载时,只要 $U_2>0$,电动机即可转动。

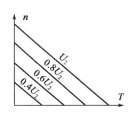

图 5-15　直流伺服电动机机械特性曲线

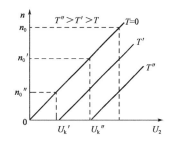

图 5-16　直流伺服电动机调节特性曲线

三、交流和直流伺服电动机的控制

直流伺服电动机与交流伺服电动机相比较,其机械特性较硬且控制特性的线性更好,常用于功率稍大的自动控制中,尤其以随动系统应用更为普遍。

1. 交流伺服电动机的控制

交流电动机的定子绕组产生一旋转磁势,转子才能转动。由旋转磁场理论,对于在空间相距90°电角度的两个绕组,只要它们产生时间上不同相的脉动磁势,电机气隙中就将形成椭圆形旋转磁场,使转子获得转矩而旋转。如果这两个绕组的脉动磁势幅值相同,且时间上相差90°电角度,则气隙中将形成圆形旋转磁场,电机便运行在最佳工作状态。

当激磁绕组接至电压值不变的激磁电源,若控制信号的大小,或者它与激磁电压间的相位发生改变,都能改变电动机气隙磁场的椭圆度,也就能够影响电动机的工作状态,达到对电动机控制的目的。据此,交流伺服电动机有下列几种控制方法。

(1)幅值控制:控制电压与激磁电压之间保持90°相位差不变,通过改变控制信号(电压)的幅值来改变电动机的转速。

(2)相位控制:控制电压的幅值保持不变,通过改变控制电压对激磁电压的相角来实现对电动机的控制。

(3)电容控制:激磁回路串联电容后接到相位和幅值都不变的激磁电源,当改变控制电压幅值时,由于激磁回路电流发生变化,使激磁绕组及其串联电容上的电压分布发生变化,从而使控制电压与激磁绕组上的电压间的相位角也发生变化。

(4)双相控制:激磁电压与控制电压间的相位固定为90°,而激磁电压的幅值随控制电压信号的改变而同样地改变,也就是说,不论控制信号大小,电动机始终在圆形旋转磁场下工作,可获得最大输出功率和效率。

2. 直流伺服电动机的控制

由直流电动机原理可得

$$n = \frac{U_a}{C_e \Phi} - \frac{R_a T_e}{C_e C_t \Phi^2}$$

所以直流伺服电动机有两种基本控制方式:

①电枢控制:改变电枢电压来控制转速,适用于电励磁和永磁励磁直流伺服电动机。

②磁极控制:调节磁通来控制转速,仅适用于电励磁直流伺服电动机。但因停转时电枢电流大、磁极绕组匝数多、电感大,时间常数大等缺点,很少采用。

直流伺服电动机采用电枢电压控制时,不考虑电机磁路饱和,并忽略负载时电枢反应的影响,则励磁磁通正比于励磁电压,即$\Phi = C_\phi U_f$。如果控制电压$U_c = 0$,则控制电流I_c(即控制电枢电流I_a)也等于零,电动机转子上不会产生电磁转矩T_{em},转子静止不动。当伺服电动机接收到信号,$U_c \neq 0$,便控制电流I_c流过电枢绕组,且产生电磁转矩为

$$T_{em} = C_T I_c \Phi = C_T C_\phi I_c I_f \tag{5-6}$$

转子开始旋转,其转速$n \propto T_{em} \propto I_c \propto U_c$。而一旦信号消失,$U_c = 0$,$I_c = 0$,$T_{em} = 0$,转子便停止旋转,$n = 0$。这称为"不存在自运转现象",是伺服电动机必须具备的性能。

*第三节 步进电机

步进电机是一种用电脉冲信号进行控制,并将电脉冲信号转换成相应的角位移或线位移的控制电机。每接收一个电脉冲,转子就转过一 θ_s 角度,称为步距角。由于这种电机的转动是断续地一步步进行的,所以被称为步进电动机。如图 5-17 所示,步机电动机的脉冲信号,一般由脉冲分配器和功率放大器两部分组成的驱动器提供,并由它确定输入脉冲的个数、频率、分配到各控制绕组的次序以及同时输入控制绕组的数目。

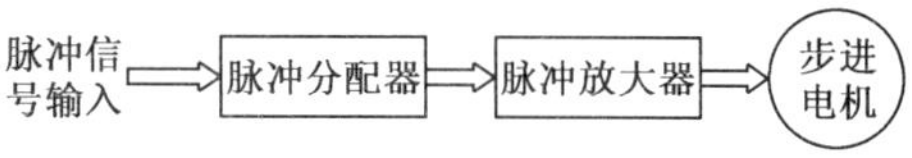

图 5-17 步进电机组成示意图

步进电机的定子一般为凸极式,设置多相绕组用作控制绕组来接收电脉冲。转子亦为凸极,可由软铁或永久磁铁构成,也可以是带齿的圆柱形铁芯。图 5-18 所示的是常用步进电机的外形和定、转子。

a)外形 b)定、转子

图 5-18 步进电机外形与定、转子

如图 5-19 所示,此三相反应式步进电动机定子为凸极式,共有三对磁极,常用 m 表示。磁极上设置控制绕组。相对的两个极的线圈串联联接,形成一相控制绕组。转子用软磁材料制成,也是凸极,但转子上没有绕组。

一、步进电机的分类

按照运行方式分,步进式电机可分为旋转式和直线式;按照励磁绕组的相数可分为两相、三相、四相、五相、六相等;也可以按照转子磁极的结构和形式分为以下三大类:

(1)反应式步进电机(VR):其转子是由软磁材料制成的,转子中没有绕组。它的结构简单,成本低,步距角可以做得很小,但动态性能较差。反应式步进电机有单段式和多段式两种类型。

(2)永磁式步进电机(PM):其转子是用永磁材料制成的,转子本身就是一个磁源。转子的极数和定子的极数相同,所以一般步进角比较大,它输出转矩大,动态性能好,消耗功率小(相比反应式),但起动运行频率较低,还需要正负脉冲供电。

(3)混合式步进电机(HB):综合了反应式和永磁式两者的优点。混合式与传统的反应式相比,结构上转子加有永磁体,以提供软磁材料的工作点,而定子激磁只需提供变化的磁场而不必提供磁材料工作点的耗能,因此该电机效率高,电流小,发热低。因永磁体的存在,该电机具有较强的反电势,其自身阻尼作用比较好,使其在运转过程中比较平稳、噪声低、低频振动小。

二、步进电机的通电运行方式

图 5-19 所示的步进电机转子为四极,步进电机中称转子极为齿极,转子齿极数以 Z 表示。定子为三相绕组按 120°位置排布构成。

当给 A 相通电时,由于定子 A 齿和转子的 1 齿对齐,没有切向力,转子静止。接着给 B 相绕组通电时,转子位置如图 5-19A 相导通所示,转子齿偏离定子齿 B-B′的角度为 30°。由于励磁磁通力图沿磁阻最小路径通过,因此对转子产生电磁吸力,迫使转子齿转动,当转子转到与定子齿对齐位置时,如图 5-19B 相导通所示,因转子只受径向力而无切线力,故转矩为零,转子被锁定在这个位置上。由此可见:错齿是促使步进电机旋转的根本原因。如果控制线路不停地按 A→B→C→A…的顺序控制步进电机绕组的通断电,步进电机的转子便不停地逆时针转动;若通电顺序改为 A→C→B→A…,同理,步进电机的转子将顺时针不停地转动。

如上所述,每次切换前后只有一相绕组通电被称为单拍工作方式。即正转时,通电切换过程为 A→B→C→A,转子按逆时针方向一步一步转动。而在反转时,通电切换过程为 A→C→B→A 时,转子按顺时针方向一步一步转动。

而双拍工作方式是指每次有两相绕组通电。即正转时,通电切换过程为 AB→BC→CA→AB;反转时,通电切换过程为 AC→CB→BA→AC。同样单双拍工作方式是指单双两种通电方式的组合应用,即正转时,通电切换过程为 A→AB→B→BC→C→CA→A;反转时,通电切换过程为 A→AC→C→CB→B→BA→A。

从一种通电状态转换到另一种通电状态就叫做一"拍"。而"单拍"是指每次切换前后只有一相绕组通电,"双拍"就是指每次切换有两相绕相通电。

所以,如图 5-19~图 5-21 所示的三相反应式步进电动机对应的有三相单三拍、三相双三拍和三相单双六拍三种运行方式。所谓的三相是指步进电机的相数;此处的三(或六)拍是指通电三(或六)次完成一个循环。

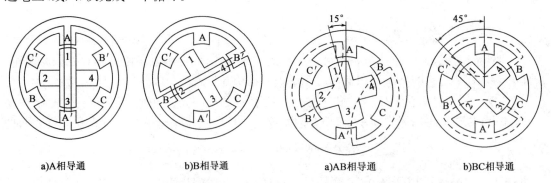

a)A相导通　　　　　　b)B相导通　　　　　　a)AB相导通　　　　　b)BC相导通

图 5-19　三相单三拍工作原理示意图　　　　图 5-20　三相双三拍工作原理示意图

显然,电机转子在磁阻转矩作用下沿 ABC 通电的方向转动,电机的转速直接取决于控制绕组的换接频率。

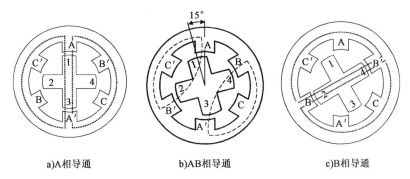

a) A相导通　　　　　　　b) AB相导通　　　　　　　c) B相导通

图 5-21　三相单双六拍工作原理示意图

三、步进电机的步距角

将转子相邻的磁极间角度称为齿距角,如图 5-19 所示,齿距角为 $\theta_t=360°/Z=90°$。

定子控制绕组每改变一次通电方式,称为一拍,此时电机转子所转过的空间角度称为步距角。图 5-19 所示的三相单三拍步进电机的步距角为 $\theta_s=\theta_t/3=30°$。

如图 5-20 所示,按 AB→BC→CA→AB 或相反的顺序通电,每次同时给两相绕组通电,且三次换接为一个循环。步距角与三相单三拍运行方式的步距角相同。

如图 5-21 所示,按 A→AB→B→BC→C→CA 或相反顺序通电,即需要六拍才完成一个循环,因此步距角为 $\theta_s=\dfrac{\theta_t}{6}=\dfrac{90°}{6}=15°$。

此处的步距角是指固有步距角,它表示控制系统每发一个步进脉冲信号,电机所转动的角度。电机出厂时给出了一个步距角的值,如 86BYG250A 型电机给出的值为 0.9°/1.8°(表示半步工作时为 0.9°,整步工作时为 1.8°),这个步距角就是电机固有步距角,它不一定是电机实际工作时的真正步距角,真正的步距角还和驱动器有关。

$$\theta_s=\dfrac{360°}{kZm} \tag{5-7}$$

式中,Z 为转子齿数;m 为电机相数;k 为通电方式系数,采用单相或双相通电时取 1,而采用单双相轮流通电时取 2。

步进电机的转子齿数 Q_r 和定子相数 m(或运行拍数)愈多,则步距角愈小,控制越精确。当定子控制绕组按着一定顺序不断地轮流通电时,步进电机就持续不断地旋转。如果电脉冲的频率为 $f(Hz)$,步距角用弧度表示,则步进电机的转速为

$$n=\dfrac{60f}{360°}\theta_s=\dfrac{60f}{360°}\dfrac{\theta_t}{m}=\dfrac{60f}{360°}\dfrac{360°/Z}{m}=\dfrac{60f}{Zm} \tag{5-8}$$

控制步进电机转速的连续脉冲频率受到一定的约束和限制,为使电机不失步(每拍走一步为正常运行,每拍不走或多走均为失步)地运行的极限频率为最大连续运行频率。它的数值随轴上负载的增加而下降。小步距角步进电动机的连续运行频率可达每秒一万步以上;而当电动机的负载一定时,如果外加控制脉冲频率超过某一临界值,电机便会起动不起来,这一临界值称为极限起动频率。使用中注意不要超过上述频率,极限起动频率总小于连续运行频率,一般空载起动频率约为数千赫。

四、步进电机的控制方法

步进电机是通过对每相线圈中的电流的顺序切换来使电机作步进式旋转,切换是通过单片机或控制芯片输出脉冲信号来实现的。有的还通过专业芯片甚至有的使用 DSP 来实现。所以调节脉冲信号的频率便可以改变步进机的转速,改变各相输入脉冲先后顺序,可以改变电机的旋转方向。

有的步进电机还配有位置编码器,利用单片机或计算机检测到位置后,再控制对应的三相绕组的动作时序,可以确保实现最佳的位置控制,即改变脉冲信号的个数便可以改变步进机的位置。

第四节 自整角机

自整角机是测角度用的微特电机,它通过电气的连接,使两个或两个以上在机械上不相连接的转轴作同向偏转,从而对不同转轴之间的角位移或角速度的偏差进行自动整步的控制电机,自整角机也可将上述不同转轴之间的角位移或角速度的偏差转换成电信号输出。前者称为力矩式自整角机,后者称为控制式自整角机。自整角机工作时必须是两个或两个以上同时使用,其中之一为发送机,另外一个或多个为接收机。

力矩式和控制式自整角机的结构基本相同,有定子和转子两大部分。定子铁芯上嵌放单相励磁绕组,作为磁极,产生交变磁场;转子铁芯上嵌放三相绕组,称为整步绕组,三相整步绕组通过滑环和电刷引出接线。也有将自整角机的三相整步绕组嵌放在定子铁芯上,而励磁绕组则嵌放在转子铁芯上,工作原理是一样的。

一、自整角机的基本工作原理

图 5-22 为力矩式自整角机的原理接线图。发送机和接收机的三相整步绕组按序号规定相互连接。两机的励磁绕组 N_1、N_2 接同一单相交流电源,从而在两机中各建立一个一对磁极的脉动磁场,并分别在各自的三相整步绕组中产生感应电势。三相各绕组中感应电势的大小与其同励磁绕组轴线之间的位置有关。当发送机与接收机转子位置对应一致时,在各自对应的三相绕组中所产生的感应电势大小相等、方向相反,绕组中没有电流。当发送机转子转过一个角度后,两机中各自对应绕组中的电势不再相等,将产生电流。此电流与接收机的励磁磁场相互作用,使其转子中产生电磁转矩,驱动接收机转子顺发电机转子偏转的方向转动,直到两个转子的位置一致。此时对应绕组中感应电势又重新相等,方向相反,电流为零。接收机中电磁转矩消失,转子停止转动。如果外加力矩始终作用于发送机转轴上,使其连续不断地旋转,则接收机转子也就以相同的速度不断地旋转。若发送机反向旋转,则接收机也反转,从而实现不同转轴之间角位移或角速度的同步传送。

图 5-23 为控制式自整角机的原理接线图。它与力矩式自整角机的主要区别在于其接收机的单相绕组并不是作为励磁绕组接单相交流电源,而是作为输出绕组对外输出电压。当发送机的单相励磁绕组接交流电源时,在发送机中建立脉动磁场,从而使其三相整步绕组中产感应电势。这一感应电势使相互连接的两机整步绕组中产生电流,这一电流又使接收机中产生

磁场而使其输出绕组中感应电势,对外输出电压。输出绕组中的感应电势是一个随两个转轴偏差角 θ 变化而变化,同时也按正弦变化的交流量。于是输出电压与偏差角的关系为 $u_o = U_m \sin\theta \sin\omega t$。当偏差角 θ 的方向发生变化,则 u_o 相位变化 $180°$,u_o 经相敏整流后得到一个既能反映 θ 大小,又能反映 θ 偏转方向的直流输出电压 $U_o \propto \pm\theta$。

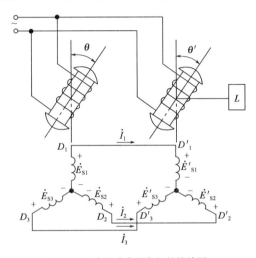

图 5-22 力矩式自整角机的接线图

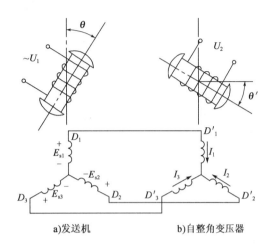

a)发送机 b)自整角变压器

图 5-23 控制式自整角机的接线图

二、自整角机的结构特点

自整角机的基本结构是单相集中绕组——励磁绕组和三相对称分布绕组——同步绕组,分别设置在定、转子铁芯上。其结构特点具体如下:

(1)定、转子绕组全采用隐极式,以避免气隙磁阻不均匀带来对幅值的影响。

(2)输出绕组相应采用分布绕组亦有助于消除谐波磁动势带来的影响。

(3)其转子由伺服系统驱动或制动,对转轴的摩擦阻力限制不严,故可适当加大电刷集电环间的压力,以提高滑动接触工作的可靠性。

(4)为提高同步联系装置的灵敏度、精确度,与回转变压器一样,可以采用多极自整角机。

三、自整角机的应用

舵角指示器是船舶中用以反映舵叶偏转角的装置。图 5-24 为交流舵角指示器的原理接线图。它是由力矩式自整角机组成的同步跟踪系统。发送机安装在舵机上,其转子与舵柱机械联结;而多台接收机(图中只画出一台)分别安装在驾驶台、机舱操纵室等处,其转子带动指针偏转,指针也就随舵叶同步偏转,它在刻度盘上所指示的角度,即表示舵叶偏转的角度。

在自动操舵控制系统中,常采用控制式自整角机,它将舵叶的偏转角转换成电压输出,用以作为控制信号或反馈信号。

自整角机也用于交流电动传令钟中,图 5-25 为其原理图。由两套力矩式自整角机组成。驾驶台传令钟手柄与驾驶台发送机转子机械联接,对应的接收机安装在机舱操纵台,其转子带动机舱传令钟指针同步偏转;另一套自整角机用于机舱回令系统,回令手柄与机舱的发送机机械连接,驾驶台回令指针由驾驶台接收机转子带动作同步偏转。当驾驶台向机舱发送车令时,将手柄扳至所需车速位置,使发送机转子转过一个相应的角度,机舱传令钟的指针在接收机转子带动下也同步偏转一个角度,从而将驾驶台发出的车令传送到了机舱。回令系统的动作过程与传令系统相反。当然,电车钟按其传信原理的不同还有多种不同方式,如利用指示灯系统传信原理的灯光传令钟,利用直流自动同步传信原理的直流电动传令钟等。

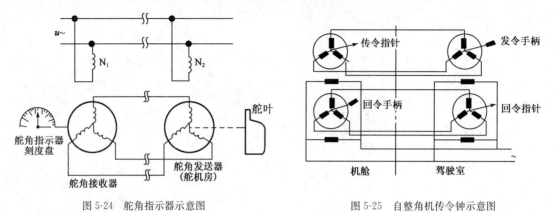

图 5-24 舵角指示器示意图　　　　图 5-25 自整角机传令钟示意图

思 考 题

1. 如何对交流和直流伺服电动机进行控制?
2. 交流伺服电动机在控制电压为零时,为什么能够迅速停止转动?
3. 自整角机有哪两种?它们的工作特点是什么?
4. 交流测速发电机的转子静止时有无电压输出?转动时为何输出电压与转速成正比?
5. 请分别分析主机转速表系统和舵角指示器系统的工作原理。
*6. 如何对步进电机进行控制?
*7. 步进电机的步距角和哪些因素有关?

第六章 电力拖动基础

电动机在电力拖动系统中作为原动机驱动生产机械工作。最简单的电力拖动系统是电动机与生产机械直接联轴,如通风机、离心泵等机械,称为单轴电力拖动系统;而更多的场合中,电动机是经传动机构与生产机械相联的,如起货机等,称为多轴系统。生产机械所拖动的负载也有旋转、直线和往复等不同运动形式。无论系统为单轴还是多轴、负载的运动形式为直线或旋转,为了分析的方便,通常都把实际多轴传动的拖动系统通过折算的方法等效成单轴系统,对于电动机而言,负载最终是以阻转矩的形式作用于电动机转轴上,这一阻转矩称为负载转矩。

电力拖动系统有两种运行状态:一是相对稳定状态,此时电动机以恒速旋转或静止不动(堵转);二是过渡状态,如电动机起动、制动及转向改变时的转速处于加速或减速的显著变动状态。决定这两种运行状态的因素是电动机的电磁转矩 T 和加于电动机轴上的负载转矩 T_L。因此,分析、研究电力拖动系统运行状态的主要依据是:①电动机的机械特性 $n=f(T)$,即电动机的转速随电磁转矩变化的规律;②生产机械的负载转矩特性 $n=f(T_L)$,即生产机械的转速与负载转矩之间的关系。

第一节 电力拖动系统负荷性质及典型生产机械

电动机拖动生产机械运行时,它所产生的电磁转矩 T 必须克服生产机械加在它的轴上的负载转矩 T_L。当生产机械的转速变化时,它加在电动机轴上的负载转矩的大小也会按一定规律变化,即 $n=f(T_L)$ 或 $T_L=f(n)$。当电动机驱动负载运行时,电动机与负载在某个速度点达到转矩平衡,从而实现转速稳定运行,所以电力拖动系统需要从电动机和负载两个方面来分析其性能。而生产机械作用在电动机轴上的负载转矩就其性质(转矩方向)而言,可分为位能性负载转矩和反抗性负载转矩。

一、位能性及反抗性负载的特点

位能性负载转矩的特点是,负载转矩总是保持一个固定的作用方向,而与电动机旋转方向的改变无关。因此,若当电动机以正方向旋转时,它起着阻碍电动机运动的作用,而电动机反方向旋转时,则推助电动机转动。起货机、起锚机等属于这一类负载。

反抗性负载转矩的特点是,不论电动机的转向是正转还是反转,它总是起着阻碍电动机旋转的作用。当电动机改变旋转方向时,反抗性负载转矩的方向也随之改变。各类泵、通风机等均属于这一类。

二、恒转矩负载的特点、特性曲线及典型机械

恒转矩负载特性中，负载转矩与转速无关，即 $T_L=$ 定值。

有些恒转矩负载具有反抗性，例如机床的平移机构，也有位能性的，如起货机械等。特性曲线如图 6-1 所示。

三、通风机类型负载的特点、特性曲线及典型机械

通风机类型的负载转矩大致与转速的二次方成正比，即 $T_L=kn^2$。式中，k 为比例系数，它的特性曲线是一抛物线。通风机负载特性一般都是反抗性的，如图 6-2 所示。其第Ⅲ象限内的曲线(反转时)与第Ⅰ象限的曲线是对称的。船舶上的通风机、离心泵、螺旋桨等生产机械都具有这类特性。

四、恒功率负载的特点、特性曲线及典型机械

恒功率负载特性的负载转矩与其角速度的乘积基本保持不变，即 $T_L n=$ 定值，或 $T_L=k/n$。式中，k 为比例系数，其特性曲线是一双曲线，如图 6-3 所示。工程救捞拖轮上的"自动收缆机"具有这种特性。收缆时缆绳的张力与线速度的乘积基本保持不变。

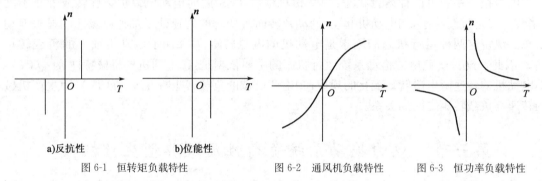

图 6-1 恒转矩负载特性 a)反抗性 b)位能性　　图 6-2 通风机负载特性　　图 6-3 恒功率负载特性

上述各种负载机械特性是从各种实际负载概括出来的典型特性。而实际负载可能具有某几种典型特性的综合，例如船舶起货机，它的多级转动机构是反抗性摩擦转矩，因此当起升重物时电动机的负载阻转矩是位能转矩与反抗转矩之和，而下放重物时则是两者之差，但起落空钩时则主要是摩擦转矩。

五、电机的运行状态

电机的运行状态根据其电磁转矩与转速方向的关系，分为电动运行和制动(或发电)运行状态。电机的电磁转矩方向与转速方向相同时，电磁转矩为克服其轴上的负载转矩而驱动转轴旋转的动力矩，电机为电动运行状态；当电机的电磁转矩方向与转速方向相反时，电磁转矩为阻止其轴上负载运动的阻转矩，电机处于制动运行状态。

就机械特性曲线而言，如图 6-4 所示，当电机处于电动运行状态时，n 与 T 同为正值或同为负值，曲线位于 nT 坐标平面的第Ⅰ、Ⅲ象限；制动运行时，n 总与 T 的方向相反，曲线位于第Ⅱ与第Ⅳ象限。

对于由电动机及生产机械构成的电力拖动系统，通常将电动机的机械特性曲线与生产机

械的负载特性曲线放在同一 nT 坐标平面上。由于生产机械与电动机同轴旋转,当设定电动机的转速和转矩以逆时针转向为正值时,则生产机械的负载转矩顺时针转向为正值。因此,对于反抗性负载,因负载转矩总与转速的方向相反,故负载特性曲线位于坐标的 Ⅰ、Ⅲ 象限;而对于位能性负载,则特性曲线也可能出现在第 Ⅱ 或第 Ⅳ 象限。

六、电力拖动系统稳定条件

当电力拖动系统由于受到外界干扰(如生产机械负载的变化或电动机外加电压的波动等)时,系统的转速将发生变化而离开原来平衡状态。当干扰消失以后,若系统能自动回复到原来的工作点上,则系统就具备维持稳定运行的条件。

图 6-5a)所示的是置于同一 nT 坐标平面上异步电动机的机械特性曲线和恒转矩负载特性曲线的配合,即电动机驱动一转矩值为 T_L 的恒转矩负载运行。两条曲线有一交点 A,在 A 点上 $T=T_L$。由电力拖动系统运动方程式可知,动态转矩 $\Delta T=0$,所以在 A 点上该系统能保持一个恒定的转速 n_1 运行,是系统的一个静态工作点。但系统能否在 A 点维持稳定运行,则需作进一步的分析。

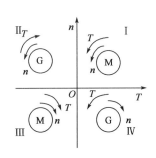

图 6-4 电机运行的四个象限

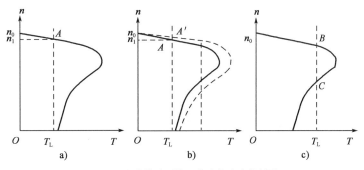

图 6-5 电力拖动系统工作点的稳定性判别

如果拖动系统原来运行在 A 点上,突然出现瞬时扰动,比如电动机端电压升高,则电动机的电磁转矩 T 瞬时增大,故 $T>T_L$,$\Delta T>0$,从而使系统加速,在转速上升过程中,电动机转矩随之减小。如图 6-5b)到达 A' 点后,电磁转矩和负载转矩又达到新的平衡,系统以新的恒定转速 n_1' 运行。当扰动消除后,$T<T_L$ 时,转速下降,系统恢复到原来的工作点上。同理,如果瞬时扰动引起转速稍有降低,当扰动消失后,则由于 $T>T_L$ 将使转速回复到原来的数值。因此系统在 A 点具备维持稳定运行的条件。图 6-5c)所示的是异步电动机带一较重的恒转矩负载,使特性曲线出现两个交点 B 和 C。如果系统运行在 B 点上,显然它能够维持稳定工作(判别跟前面 A 点讨论的情况一样)。但如果系统在 C 点上运行,当突然出现瞬时扰动(如端电压增大)时,电磁转矩 T 瞬时增大,使电动机加速,n 的上升又导致 T 进一步的增大,使电动机进一步加速,直到 B 点为止才能进入恒速运行($T=T_L$)。反之,如果端电压瞬时下降,导致 $T<T_L$ 时,电动机将从 C 点减速,转速的降低又使 T 下降,进一步使电动机减速,直到转速 $n=0$ 为止。所以在 C 点上,拖动系统不具备维持稳定运行的条件。

由此可见,电动机机械特性曲线与负载特性曲线的交点只是系统的一个平衡点。系统维持稳定运行的条件为:在该交点所对应的转速之上有 $T<T_L$,而在交点所对应的转速之下 $T>T_L$。如图 6-5c)所示,对恒转矩负载来说,异步电动机机械特性曲线在临界转差率以下部分为不稳定工作区。

以上分析可以推广到一般情况下电力拖动系统的稳定性判别：系统在电动机机械特性曲线与负载特性曲线的交点能保持恒速运行，即 $T=T_L$，实现转矩平衡；如果在该交点所对应的转速之上有 $T<T_L$，而在交点所对应的转速之下有 $T>T_L$。那么系统就具有恢复稳定工作的能力，该点即为稳定工作点。反之为不稳定工作点，即在该交点处有关系式 $\frac{dT}{dn}<\frac{dT_L}{dn}$ 成立。

第二节　鼠笼式交流异步电动机的起动

一、三相异步电动机的起动要求

三相异步电动机的起动特性是起动电流大，可达额定电流的 5~7 倍，但是由于起动时功率因数较低，因此起动力矩并不大，一般只为额定力矩的 1~2.2 倍。电动机起动过程的时间不长，但对电机本身和电力系统的影响却很大。特别是船舶电站的容量有限，船上有些辅机拖动系统所采用的电动机的功率接近电站发电机的单机功率，若直接起动，其起动电流将引起电网电压的很大波动，从而影响其他用电设备的正常运行，所以对起动频繁和大容量电动机的起动，必须设法缩短起动时间，减小或限制起动电流。

实际生产过程，对异步电动机的起动有一定的要求。为了缩短起动时间，提高生产效率，一般要求异步电动机有足够大的起动转矩。但起动转矩加大，必然导致起动电流增大，并且起动中的机械冲击也大；为了保证电动机以及生产机械的安全运行和减小对电网的冲击，通常又要求限制起动电流以及起动转矩，所以电动机的起动必须根据拖动系统的具体情况统筹兼顾这两方面的因素。

三相交流异步电动机分有鼠笼式和绕线式两种，鼠笼式异步电动机由于其结构简单、工作可靠、起动方便，因此在船上应用较多。其起动方式有直接起动和降压起动两种。而绕线式异步电动机则由于其起动及调速的功能优越，则在某些特殊场合如电动起重设备中应用，其起动方式主要是转子回路串电阻起动。另外随着电力电子技术的发展，软起动方式的应用也逐渐增加，这属于降压起动的一种特殊形式。

二、全电压直接起动

鼠笼式异步电动机直接起动时，在定子接通电源瞬间，转子由于惯性不能立即转动，此时转子感应电动势和转子电流较大。鼠笼式异步电动机的结构简单、工作可靠、过载能力强，从电动机本身来说一般是允许直接起动的。

全压直接起动就是利用闸刀开关或接触器把电动机直接接到三相电源上。其优点是设备简单，操作方便，缺点是起动电流大。为避免大电流所造成的不良后果，允许直接起动的电动机容量受电源容量的限制。在船上由于发电机设有良好的自动调压装置，允许直接起动的电动机容量可为发电机容量的 60%。机舱的辅机电动机有许多采用直接起动。

三、鼠笼机的定子电源降压起动

为减小起动电流可采取电动机定子电源降压起动。由于异步电动机的起动转矩和所加电压的平方成正比,所以当定子绕组的电压降低时,电动机的转矩也减小了。对于起动转矩要求不高的场合,如离心泵、通风机或起动阻力较小的拖动装置可采用降压起动。常采用的降压起动方式有以下三种:

1. 定子回路串电阻或电抗器降压起动

这种起动方法是在电动机定子绕组的线路中串入一个三相电抗器或三相电阻,线路如图6-6所示。起动时,先接通电源开关QS,电流经电阻器或电抗器串入定子绕组,进行限流降压起动,待转速升高后再将起动电阻或电抗器短路,进行全压运行。

2. Y-△降压起动

此方法适用于正常运行时电动机定子绕组为三角形连接(即定子每相绕组额定电压为电网线电压)的异步电动机,且负载为轻载或空载起动的拖动系统。起动时先将电动机的定子绕组星形连接后与电源接通,待电动机转速升高、电流减小后,再通过继电接触器等开关装置将绕组改为三角形连接,进入正常运行。图6-7所示为星形(Y形)、三角形(△形)两种方式的连接原理图。图6-8所示为星形和三角形两种方式在电机接线盒内的接法。由于在电动机起动过程中,需要在很短的时间内进行Y-△的切换,所以实际控制电路中一般采用两个接触器对电动机进行接线形式的切换。

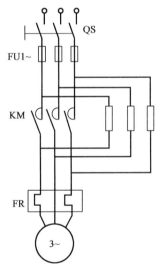

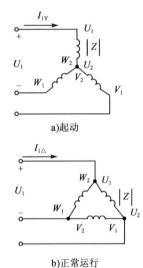

图6-6 定子电路串电阻降压起动　　图6-7 电动机三相绕组星形和三角形连接

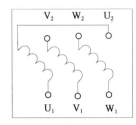
a)电动机绕组和接线盒

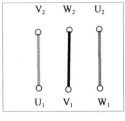
b)三角形接法

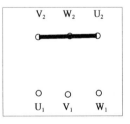
c)星形接法

图6-8 电动机接线盒星形和三角形接法

3. 自耦变压器降压起动

大容量异步电动机考虑电压、材料等级等关系，只能采用星形联接，无法转为三角形运行，此时可采用自耦变压器实现降压起动。起动时三相自耦变压器的原边绕组接电源，而副边与电动机的定子绕组相联，电动机在经过变压器降压的电压下起动。图6-9是变压器中的一相降压示意图，其降压幅度为变压器的变比 $K = N_1/N_2$。若设电动机全电压直接起动时的电流（即电网提供的线电流）为 I_{stN}，则降压起动时电动机的起动电流为 $I_{st} = I_{stN}/K$，该电流也是由变压器副边绕组提供；而此时电网提供的线电流，即变压器原边绕组中的电流为副边电流的 $1/K$ 倍，即

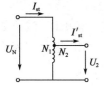

图6-9 自耦变压器降压起动

$$I'_{st} = \frac{1}{K} \frac{I_{stN}}{K} = \frac{I_{stN}}{K^2} \tag{6-1}$$

由此可见，对采用变比为 K 的自耦变压器降压起动，起动时电网提供的电流是直接起动时的 $1/K^2$ 倍。同理，由于降压 K 倍起动，起动转矩将为直接起动时的 $1/K^2$ 倍。实际应用中，自耦变压器的副边绕组一般有三个不同变比的抽头（如55%、64%、73%等）以满足不同负载对不同降压幅度的起动要求。

4. 每相绕组的电压、电流和电动机的起动力矩间的关系

如图6-7所示，采用Y形连接降压起动，定子每相绕组上电压降低为△形连接直接起动时的 $\frac{1}{\sqrt{3}}$ 倍。Y形连接时，每相绕组通过的电流为 $\frac{U_1}{\sqrt{3}|Z|}$，△形连接的每相电流为 $\frac{U_L}{|Z|}$；Y形连接的线电流 I_{lY} 与其对应的线电流相等，而△形连接的线电流 $I_{l\triangle}$ 每相电流的 $\sqrt{3}$ 倍。可见相同的线电压作用下，Y形连接时起动电流是△形连接时起动电流的1/3。因为异步电动机的起动转矩与电源电压的平方成正比，所以在定子绕组降压 $\frac{1}{\sqrt{3}}$ 的情况下起动，电动机的起动转矩也将减小为直接起动时的1/3。表6-1列明了几种常用起动控制方法对比情况。

几种起动方法的对比　　　　　　　　　　表6-1

起动方法	起动电压相对值（电动机相电压）	起动电流相对值（供电变压器线电流）	起动转矩相对值	起动设备
直接起动	1	1	1	最简单
Y-△起动		1/3	1/3	简单，只用于△接法电动机
自耦变压器（K 为电压变比）	$1/K$	$1/K^2$	$1/K^2$	较复杂，可设置为有三种抽头可选

四、绕线式三相异步电动机转子串电阻起动方法

绕线式异步电动机转子串电阻不仅可以增大起动转矩，同时还可以减小起动电流，这是改善电动机起动性能的一种有效方法。起动时，转子回路中串入三相对称电阻，随着转速的升高，通过继电接触器或频敏变阻器等自动装置逐级切除外部串接电阻，进入正常运行后应将所串电阻全部切除。此种起动方法，可以在最大转矩起动；因而绕线式三相异步电动机可以应用

在重载和频繁起动的生产机械上。但起动控制过程相对复杂一点。其电路接线如图6-10所示。

*五、鼠笼式交流异步电动机的软起动

前述所介绍鼠笼型异步电动机的Y-△起动、自耦降压起动等方法,主要目的都是减小起动电流,但同时又都程度不同地降低了起动转矩,因此它们较适合空载或轻载起动。起动过程一般可以认为分两级,当从降压起动切换到全压运行时,对

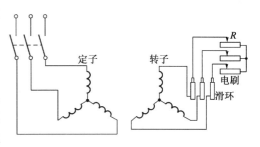

图6-10 绕线式转子电动机串电阻起动

电动机而言,同样存在冲击电流,虽然没有直接起动的冲击电流大。但是,大功率电机在切换时,相对电网而言,尤其是像船舶电站相对较小容量的电网来说,冲击电流还是过大。为实现降压起动到全压运行的平缓过渡,可以采用降压软起动控制的方法来消除冲击电流。

1. 降压软起动的特点和机械特性曲线

软起动器在起动电动机时,通过逐渐增大晶闸管导通角,使电动机起动电流从零线性上升至设定值,并在起动过程中逐渐增大导通角,提高电动机电压,但是保持起动过程中的恒流,确保电动机平稳起动。由于软起动器引入电流闭环控制,所以软起动时具有起动电流小、起动速度平稳可靠、对负载无振动、对电网冲击小等优点,且起动曲线可根据现场实际工况调整,可根据负载情况及电网继电保护特性选择,自由地无级调整至最佳的起动电流。从而减少起动时的冲击力,降低对机械设备的要求。

当降低电动机定子电压时,机械特性如图6-11所示。由图可知,对于通风机性质负载,降压 $0.5U_{SN}$ 时电动机的起动力矩足够克服负载力矩,拖动负载运行。随着转速的上升,负载力矩增大的同时,电动机电压逐渐增加,电动机的转矩始终高于负载转矩,但是相差不会太大,转速上升始终比较平稳最终转速稳定在 D 点。对恒转矩负载,则需要提高起动电压值,确保起动力矩大于负载转矩,但是电动机起动后,电动机转矩随电压提高而上升,电动机起动速度会越来越快,最后调压的速度变化不大,转速从 C 点到 A 点,软起动效果不如风机类负载。对于一般负载,直接起动的电流、Y-△起动电流和软起动的电流变化对比如图6-12所示,软起动的起动时间较长,但起动电流平稳许多,对电网和负载的冲击都很小。

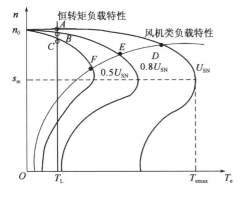

图6-11 降压运行电机的机械特性

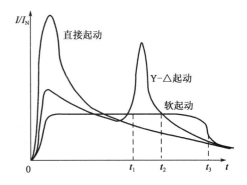

图6-12 不同起动方法的起动电流

2. 降压软起动实现的方法

过去改变交流电压的方法多用自耦变压器或带直流磁化绕组的饱和电抗器,自从电力电子技术兴起以后,这类比较笨重的电磁装置就被晶闸管交流调压器取代了。目前,交流调压器一般用三对晶闸管反并联或三个双向晶闸管分别串接在三相电路中,如图6-13所示,软起动器串接于电源与电动机之间,控制其内部晶闸管的导通角,使电机输入电压从零以预设函数关系逐渐上升,直至赋予电动机全电压后切换到旁通接触器,软起动结束。在软起动过程中,电机起动转矩逐渐增加,转速也逐渐增加。软起动一般有下面几种起动方式:

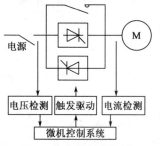

图6-13 软起动控制框图

①斜坡升压软起动。这种起动方式最简单,不具备电流闭环控制,仅调整晶闸管导通角,使之与时间成一定函数关系增加。其缺点是:由于不限流,在电动机起动过程中,有时要产生较大的冲击电流使晶闸管损坏,对电网影响较大,实际很少应用。

②斜坡恒流软起动。这种起动方式是在电动机起动的初始阶段起动电流逐渐增加,当电流达到预先所设定的值后保持恒定,直至起动完毕。起动过程中,电流上升变化的速率是可以根据电动机负载调整设定。电流上升速率大,则起动转矩大,起动时间短。该起动方式是应用最多的起动方式,尤其适用于风机、泵类负载的起动。

除上述两种起动方法外,有的还采用阶跃起动或脉冲冲击起动以适应重载情况,但是一般应用较少。

第三节 交流电动机的制动

当电动机在运行过程中,若其电磁转矩的方向与转子转速的方向相反,则为电动机的制动运行状态。对电力拖动系统而言,此时电磁转矩成了制动转矩,其产生的制动作用称为电气制动。与机械制动相比,电气制动具有无机械磨损、制动平稳、容易实现自控等优点。电气制动可用于拖动系统减速或加速停车、起货机等位能性负载的匀速下降等场合。

从能量转换观点看,处于制动状态的电动机,其作用是将拖动系统的机械能转变为电能消耗在电动机内部或反馈至电网。

如果把电动机的正转电动运行($n>0$, $T>0$)和反转电动运行($n<0$, $T<0$)时的机械特性曲线分别定义在 n-T 坐标平面的第Ⅰ、Ⅲ象限,则特性曲线向Ⅱ、Ⅳ象限的延伸部分分别为电动机的正转制动运行($n>0$, $T<0$)和反转制动运行($n<0$, $T>0$)。图6-14展示了三相交流异步电动运行和制动运行时的机械特性。

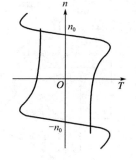

图6-14 三相交流异步电动机运行和制动运行时的机械特性

电气制动根据其产生的条件和方法的不同,可分为再生制动、能耗制动和反接制动三种。

一、交流电动机再生制动原理及机械特性

1. 再生制动工况的机械特性

当异步电动机的转子转速高于其定子旋转磁场的转速(即$|n|>|n_0|$)时,因转子导体切割定子磁场的方向改变而使得电磁转矩的方向与转子转速方向转变,电动机进入再生制动运行状态。再生制动时,因$|n|>|n_0|$,故电动机的转差率

$$s = \frac{n_0 - n}{n_0} < 0 \tag{6-2}$$

转子感应电势$E_{2s}=sE_2$改变了方向,因而电机处于发电机运行状态,将轴上输入的机械能转换成电能再生给电网。

如图6-14所示,再生制动时,异步电动机将运行于第Ⅰ象限正向电动特性曲线向第Ⅱ象限的延伸部分,或第Ⅲ象限反向电动特性曲线向第Ⅳ象限的延伸部分。

2. 出现再生制动的工况分析

异步电动机在下列两种情况下将会因$|n|>|n_0|$而进入再生制动运行。

1) 调速过程中出现的再生制动

异步电动机在运行过程中,当电源频率降低或极对数增加而使得定子旋转磁场的同步转速突然下降,而转子转速因惯性不能突变,从而导致$n>n_0$。

设电动机稳定运行在图6-15所示负载特性曲线①的a点,同步转速突然下降使电动机运行的特性变为曲线②。此时,电动机由a点瞬时转移到曲线②上的b点运行,使得$n>n_0$,电磁转矩T变为负值,电动机进入再生制动状态。T与T_L共同作用使电动机由b点沿曲线②减速。到达c点时,$n=n_0$,$T=0$,但由于T_L的作用,使电动机继续减速,进入电动状态。这样电磁转矩方向重新变正,并逐渐增大,到达d点时,$T=T_L$,$\Delta T=0$,于是电动机在d点稳定运行。

2) 位能性负载作用下产生的再生制动

图6-16中,对于一位能性负载T_L(设转矩方向为顺时针,则负载特性曲线位于第Ⅰ、Ⅳ象限),将电动机反向起动,则其机械特性为图中曲线②。此时电动机的电磁转矩$T<0$(为顺时针方向),电动机在T与T_L共同的作用下反向起动并加速,运行于反向电动状态。当转速达到反向的同步转速时,$T=0$,但$T-T_L=\Delta T<0$,使电动机继续反向加速,使得转子的转速高于旋转磁场的同步转速,电动机进入反向的再生制动状态。此时电磁转矩也由原来的顺时针方向变为逆时针方向,并逐渐增大;到达a点时,$T=T_L$,$\Delta T=0$,至此电动机在a点稳定运行于

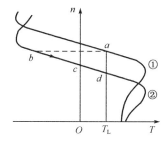

图6-15 异步电动机调速过程中的回馈制动

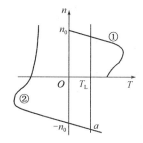

图6-16 异步电动机在位能性负载作用下产生的回馈制动

再生制动状态,其转速绝对值高于同步转速。这时的负载起着原动机作用,拖着异步电动机作发电机运行;而电动机则对位能性负载起着制动作用,限制它的速度。交流异步电动机这种再生制动的方法较为简单,又极为经济。船舶甲板机械的电力拖动中广泛使用再生制动来实现对位能性负载的"等速下降",如起货机的等速落货、锚机深水等速抛锚等。

二、交流电动机能耗制动原理及机械特性

1. 能耗制动工况的机械特性

异步电动机的能耗制动有他励和自励两种形式。如图 6-17a)所示,所谓他励能耗制动,是在电动机电动运行时,将定子绕组与三相电源断开,并同时在定子三相绕组的任意两端加上一个直流励磁电源,使定子绕组在空间产生一静止磁场。图 6-17b)所示为转子在此磁场中旋转时,感应出交流电势并形成转子电流,转子电流与此磁场相互作用产生与转速方向相反的电磁转矩,从而使电动机进入制动运行状态。

异步电动机能耗制动的机械特性如图 6-18 所示。因为能耗制动时,定子磁场是一直流恒定磁场,同步转速 $n_0=0$,所以特性曲线通过原点;又因 $T \propto U_2$,当直流励磁电压的数值不同时,在同样转速情况下产生的电磁制动转矩大小也不同,图中曲线①的励磁电压小于曲线②的励磁电压。从图中还可以看到,转速越低制动电磁转矩越小,转速降至零时制动转矩亦为零。对于绕线式异步电动机的能耗制动,可在转子回路串电阻以限止制动电流,但特性曲线硬度将下降,如图中曲线③所示。

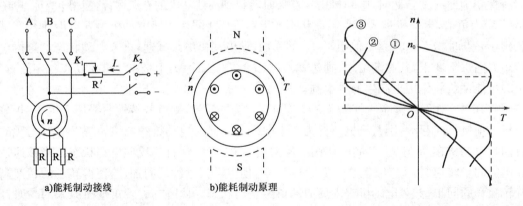

图 6-17 能耗制动接线及制动原理　　图 6-18 异步电动机能耗制动时的机械特性曲线

异步电动机能耗制动时相当于一台他励发电机,电动机依靠拖动系统储存的动能或位能发电,电能消耗在转子回路的总电阻上。

异步电动机自励能耗制动的方法是在定子绕组与三相电源断开的同时将三相绕组接上三相对称电容器,这时电动机可看作为一台单独运行的异步发电机,电容器是用来供给电机无功功率,以建立磁场。

2. 出现能耗制动的工况分析

异步电动机的能耗制动有两种用途:可以用于实现拖动系统的加速停车或实现位能性负载的匀速运行。

1)能耗制动用于拖动系统的加速停车

如图 6-19 所示,电机停止前运行在 A 点,其工作特性曲线为曲线 1,当电机由直流电流供电时,电机工作特性曲线变成曲线 2,电机工作点从 A 立即切换到 B,再经制动下降到转速为 0,一般在转速接近为 0 时,控制系统会给出机械制动控制,如船舶典型的能耗制动为起货机停止控制。

2)能耗制动用于位能性负载的匀速运行

上述过程中,由于负载为恒转矩,电动机转速下降到 0 时,不控制机械制动,则电动机受负载驱动反向下降运行,当运行到 C 点时,负载带动电动机发电提供的能量由直流回路及回路中的电阻消耗掉。电动机稳定在匀速下降过程中,常见锚机的抛锚控制。

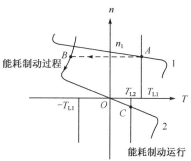

图 6-19　能耗制动过程

三、交流电动机反接制动原理及机械特性

异步电动机反接制动分为电源反接制动和倒拉反接制动两种。反接制动时,转子的转向与定子旋转磁场的转向相反,即 n 与 n_1 的符号相反,因此电动机分别运行于正转电动特性曲线向第Ⅳ象限的延伸段或反转电动特性曲线向第Ⅱ象限的延伸段。

1. 电源反接制动

1)出现反接制动的工况分析

当交流异步电动机运行在电动状态时($n<n_0$,$0<s<1$),将电动机三相电源的任意两相对调使其相序改变,如图 6-20a)所示,气隙旋转磁场的方向随即改变,而转子因惯性仍保持着原来的转向不变,如图 6-20b)所示。结果使转子绕组切割气隙磁场的方向改变,从而转子中感应电势和电流的相位变反,产生的电磁转矩 T 方向亦变反,成为制动转矩。

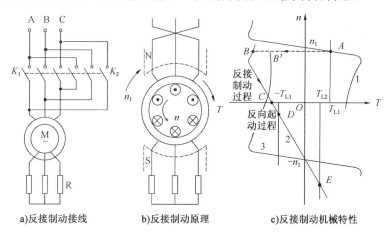

图 6-20　接制动接线、原理及机械特性曲线

在电源反接制动时,电动机的转差率为

$$s = \frac{-n_1 - n}{-n_1} = \frac{n_1 + n}{n_1} < 1 \tag{6-3}$$

此时转子感应电势 $E_{2s}=sE_2$ 很大,因而电流转子及定子电流也很大(比起动时还大)。故对绕线式异步电动机,在电源反接制动时,必须在转子回路中串入足够大的制动电阻 R 以限制冲击电流,同时也产生增大制动转矩的效果。而对于大容量或频繁起动的鼠笼式异步电动机,应避免其运行于电源反接制动状态。

2)反接制动工况的机械特性

图 6-20c)的曲线 3 是鼠笼式异步电动机的反接制动特性,曲线 2 为绕线式异步电动机转子串制动电阻时的反接制动特性。

设鼠笼式异步电动机带一负载 T_L 在 A 点上正向稳定运行。现将三相电源的任意两相对调,则电动机所运行的机械特性将由曲线 1 变为曲线 3。由于转子的惯性作用其转速不能突变,因此电动机将由曲线 1 的 A 点切换到曲线 3 的 B' 点运行。此时电动机的电磁转矩 T 因旋转磁场的方向变反而变为负值,成为制动转矩。根据拖动系统运动方程式,此时 $T-T_L=\Delta T<0$,电动机在 T 和 T_L 的共同作用下,沿曲线 3 迅速减速,直到转速为 0。如果制动的目的是为了使电动机迅速反转,则到转速为 0 后,电动机会自行反向起动(因为在转速为 0 处,电磁转矩 T 不为零,而等于反向运行时的起动转矩);如果制动的目的是为了迅速停车,则在接近转速为 0 时,应立即切断电动机的电源,以防止电动机反向起动。

由于反接制动冲击电流大,特别是大功率电动机,较少使用反接制动。但是采用绕线式异步电动机转子串电阻时,反接制动曲线为 2,过程是 A 点到 B 点再到 C 点甚至反向运行 D 点(反抗性负载)运行,制动力矩不仅比鼠笼式电机大,而且由于转子串入电阻,电流却比鼠笼式电机小。如果是位能性负载,由于转矩方向不改变,需要的电磁转矩与正转电动时相同,此时转向为反向,所以最终会稳定工作在 E 点,此时变成了再生制动状态,拖动系统达到平衡。

2. 倒拉反接制动

1)倒拉制动工况的机械特性

电动机因外力矩作用而形成转子的转向与旋转磁场的转向相反的制动运行称为倒拉反接制动。图 6-21 为绕线式异步电动机带位能性负载的特性曲线。若电动机原来带负载正转电动状态稳定运行于曲线①的 a 点,当转子回路中串入足够大的电阻,以使电动机的特性曲线变软,其工作点由曲线①的 a 点转移到曲线②的 b 点。由于在 b 点电动机的电磁转矩小于负载转矩,转子将减速至零(c 点)。由于此时电磁转矩仍小于负载转矩,故转子继续被负载拉着转动,从而进入倒拉反接制动。随着电动机反转速度的增大,其制动性质的电磁转矩也随之增大(与转速方向相反),直到 d 点时,$T=T_L$,$\Delta T=0$,系统稳定运行。如果电动机原来处于静止状态,在转子串入足够大的电阻的情况下起动,则由于其起动转矩小于位能性负载转矩(c 点),转子将被负载倒拉直接进入倒拉反接制动状态,最后同样稳定运行于 d 点。

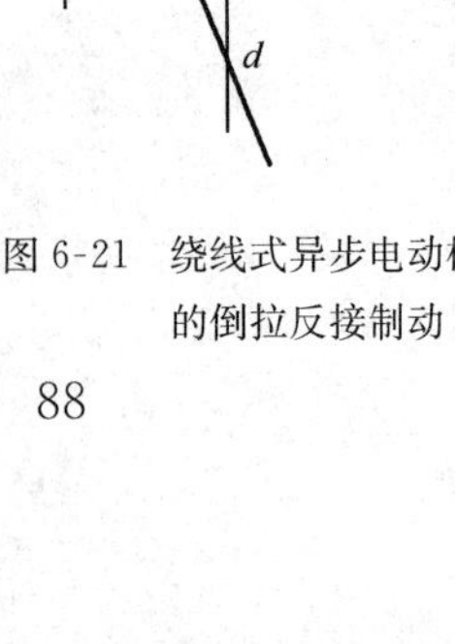

2)出现倒拉制动的工况分析

交流异步电动机的倒拉反接制动通常是位能性负载时在增大转子回路电阻的情况下才能实现,故只适用于绕线式异步电动机,船舶中应用较少。

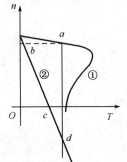

图 6-21 绕线式异步电动机的倒拉反接制动

倒拉反接制动时,电动机的转差率为

$$s = \frac{n_0 - (-n)}{n_0} = \frac{n_0 + n}{n_0} > 1 \tag{6-4}$$

由此可见,无论是电源反接制动还是倒拉反接制动,其特点是 $s>1$。说明异步电动机不仅从轴上吸取拖动系统的机械功率转换成电功率,同时又从电网吸取电功率,两者都消耗在转子回路的电阻中。

第四节 交流电动机的调速

调速过程必须使得拖动系统稳定。根据刚体运动定律,电力拖动系统运行时的任何瞬间,作用于电动机轴上的转矩必须保持平衡,即

$$T - T_\mathrm{L} = J\frac{\mathrm{d}Q}{\mathrm{d}t} = \frac{GD^2}{375}\frac{\mathrm{d}n}{\mathrm{d}t} \tag{6-5}$$

式中,J 为拖动系统中折算到电动机轴上的总转动惯量;$J\dfrac{\mathrm{d}Q}{\mathrm{d}t}$ 为系统的转动惯量储存的动能所产生的加速转矩(或称动态转矩);$\dfrac{GD^2}{375}\dfrac{\mathrm{d}n}{\mathrm{d}t}$ 为以飞轮矩 GD^2 来作为系统转动惯量的量度时加速转矩的另一种表达式。若以 ΔT 简单表示加速转矩,则电力拖动系统的运动方程式为

$$T - T_\mathrm{L} = \Delta T \tag{6-6}$$

式中,T、T_L 的正负取值由它们与设定转速的正方向关系来决定。即当假定 n 以逆时针方向为正方向时,则电动机的电磁转矩 T 逆时针方向时取正,顺时针方向取负;而负载转矩 T_L 逆时针方向取负,顺时针方向取正。加速转矩 ΔT 的正负则由 T 和 T_L 的代数和来确定。

将电动机的机械特性曲线与生产机械的负载特性曲线放在同一 n-T 坐标平面上,可通过两曲线判断系统在某一转速时 ΔT 的情况。显然有:

(1) 当 $T=T_\mathrm{L}$ 时,$\Delta T=0$,$(\mathrm{d}n/\mathrm{d}t=0)$ 是两曲线相交点,则 $n=0$ 或 n 为定值,拖动系统处于静止状态或恒速运行,为相对稳定运行状态。

(2) 当 $T>T_\mathrm{L}$ 时,$\Delta T>0$,$(\mathrm{d}n/\mathrm{d}t>0)$ 拖动系统处于加速的过渡过程中。

(3) 当 $T<T_\mathrm{L}$ 时,$\Delta T<0$,$(\mathrm{d}n/\mathrm{d}t<0)$ 拖动系统处于减速的过渡过程中。

当过渡过程结束后,系统达到新的平衡状态,此时的转速相比较于原转速会有变化,这就达到了调速的目的。根据异步电动机的转差率 s 和同步转速 n_0 的定义,可导出其转速的表达式

$$n = n_0(1-s) = \frac{60f}{p}(1-s) \tag{6-7}$$

由此式可知,对异步电动机的调速可分别通过改变转差率 s、定子绕组磁极对数 p 以及电源频率 f 来实现。

一、三相异步电动机改变转差率的调速

电动机运行时,在同步转速以及负载转矩均不变的情况下,当电动机机械特性曲线硬度变化时,其转速也将随之改变,因而转差率也就不同。由此可见,改变转差率的调速,其实质就是通过改变电动机机械特性曲线硬度进行调速。具体的方法如下。

1. 转子串电阻调速

这种方法只适用于绕线式异步电动机。当转子串电阻后,电动机的最大转矩 T_{min} 不变,而临界转差率 s_m 增大,因而特性曲线变软。由图 6-22 可见,在同样的负载转矩 T_L 下,转子电路串入电阻值不同,电动机的转速也就不同,由此达到调速的目的。转子串电阻调速方法简单,可实现多级调速;但在轻载或空载时调速范围小,调速效果不明显。

2. 改变定子电压的调速

当改变电动机定子电压时(从额定电压往下调),机械特性如图 6-23 所示。由图可知,对于通风机性质负载,调速范围较大;而对于恒转矩性质的负载,变压调速所得到的调速范围很小。如果对恒转矩负载进行变压调速时,同时增加异步电动机的转子电阻(绕线式异步电动机串电阻;或采用转子电阻较大的高转差率笼型转子异步电动机),以便使改变定子电压可得到较宽的调速范围,如图 6-24 所示。但是此时机械特性太软,而且低压时的过载能力较低,负载的波动稍大,电动机就有可能停转,即转速的稳定性较差。

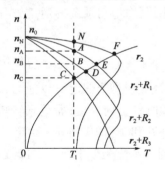
图 6-22 绕线式异步电动机转子串电阻调速

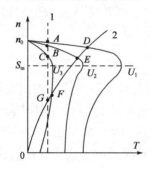
图 6-23 异步电动机改变定子电压调速

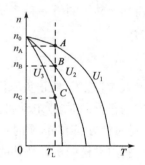
图 6-24 高转子电阻异步电动机调压调速

二、三相异步电动机改变定子绕组磁极对数的调速

正常运行时异步电动机转子转速总是略低于旋转磁场的同步转速,由式 $n_0=\dfrac{60f}{p}$ 可知,改变磁极对数 p,则同步转速 n_0 改变,电动机的转速也将随之变化。磁极对数只能按整数倍增减,所以异步电动机的变极调速属于有级调速。异步电动机运行时其定、转子绕组的磁极对数必须保持一致,而鼠笼式转子的磁极对数能自动追随定子绕组的磁极对数的变化,因此变极调速一般只适用于鼠笼式异步电动机。异步电动机定子绕组极对数的改变可通过以下两种方法实现。

1. 采用可变极双速绕组

这种绕组每相均有两个"半绕组"组成。图 6-25 所示为其中一相绕组在定子铁芯中的分

布示意图(分别设为 a_1、x_1 和 a_2、x_2)。当把 a_1、x_1 和 a_2、x_2 两个绕组正向串联时,可得到四极的磁场分布如图 6-25a)所示;而两个绕组若为反向串联或反向并联时,则为两极的磁场分布如图 6-25b)所示。若将各相的每两个半绕组正向串联的三相绕组再按星形或三角形连接,分别记为 Y 和△连接,其磁极对数分别为 p_Y 和 $p_\triangle$,则 $p_Y=p_\triangle=p$;而每两个半绕组反向并联后再按星形连接,为 YY 联接(称为双星形),则可得

$$p_{YY} = \frac{p_Y}{2} = \frac{p_\triangle}{2} \tag{6-8}$$

因此当电动机采用 Y-YY 换接调速时(即由 Y 换接成 YY),或△-YY 换接调速时,则定子绕组磁极对数由 p 变为 $p/2$,因而同步转速提高一倍,即 $n_{0YY}=2n_{0Y}=2n_{0\triangle}$,转子转速也近似提高一倍。图 6-26 为异步电动机双速绕组的 Y、△以及 YY 的接线原理图。

可见,对于双速定子绕组的异步电动机,改变其定子绕组的接线方式,即可使定子极对数成倍地变化,从而达到调速的目的。

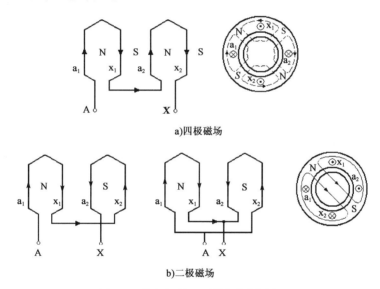

图 6-25 异步电动机双速绕组的变极原理

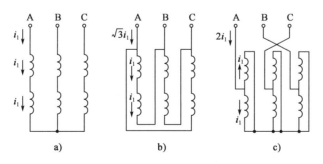

图 6-26 异步电动机双速绕组的 Y、△以及 YY 的接线

2.采用多套不同极对数的定子绕组

电动机的定子铁芯槽内嵌放两套(或多套)不同极数的绕组,运行时根据需要将其中一套

与电源相接。这样就可以通过两套绕组间的换接,实现两种转速的变极调速。如果这两套绕组本身就是双速绕组,则电动机便可实现四速变极调速。

三、三相异步电动机改变电源频率的调速

变频调速与变极调速相似,都是通过改变定子旋转磁场的同步转速来实现的。在电源频率可连续、大范围变化的前提下,可以实现对电动机平滑、大范围的调速。

异步电动机的定子感应电势

$$E_1 = 4.44 k_1 N_1 f_1 \Phi = k f_1 \Phi \tag{6-9}$$

式中,$k=4.44 k_1 N_1$,为一常数。若忽略定子阻抗压降,则定子绕组感应电势与电源电压近似相等,即 $U_1 \approx E_1$。

由此可知,如果在降低频率调速时保持 U_1 不变,则主磁通 Φ 将要增加,从而可能使磁路饱和而导致励磁电流大大增加,铁芯过热。因此通常要求在保持 Φ 不变的情况下进行变频调速,即在降低频率的同时电源电压也按比例下调,其比例关系为

$$\frac{U_1}{f_1} = \frac{U_1'}{f_1'} = 常数 \tag{6-10}$$

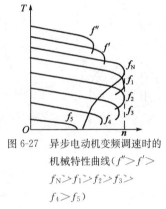

图 6-27 异步电动机变频调速时的机械特性曲线($f''>f'>f_N>f_1>f_2>f_3>f_4>f_5$)

图 6-27 为异步电动机变频调速时的机械特性曲线。在额定频率之下,以保持 U/f 恒定进行变频调速。当频率在较高范围时,因主磁通 Φ 基本不变,故电动机的最大转矩 T_m 不变,为恒转矩的调速方式;但当频率较低时,因定子绕组的阻抗压降的存在,按 U/f 恒定的控制将使电动机的主磁通略有减小,从而导致电动机的电磁转矩有所减小。

在额定频率之上进行升频调速时,若要保持主磁通 Φ 基本不变,U_1 应随 f_1 而上升。由于电源电压的上升将受制于电机的绝缘强度等诸多因素影响,故一般保持 U_1 不变。此时,随着 f_1 的升高,Φ 将减弱,电动机的电磁转矩也将减小。升频调速属于恒功率的调速方式,一般只在小范围进行。

第五节 船舶电站对直接起动电动机的容量要求

全电压直接起动就是将电动机的定子绕组经开关设备直接与三相额定电源电压接通。电动机直接起动具有设备简单、操作方便等优点。在全电压直接起动时,电动机定子绕组接通电源瞬间,转子由于惯性不能立即转动,此时转子电势和电流较大,因而定子电流也较大,通常起动电流 $I_{st}=(5\sim 7)I_N$。由于鼠笼型异步电动机的结构简单,过载能力较强,且一般起动过程时间较短,起动电流一般不会对电动机造成直接的损害,因此就电动机本身来说,是允许直接起动的。但另一方面,对于大容量的鼠笼式异步电动机直接起动,由于起动电流大和功率因数低,会引起较大的船舶电网电压降落,影响其他用电设备的正常工作。

一、基本要求

我国《钢质海船入级与建造规范》所限定的电网电压降常被用来确定船舶上的鼠笼式异步电动机能否直接起动。目前的交流船舶电站容量较大,并装有性能良好的自动电压调整器,机舱中各类容量在发电机单机容量60%以下的鼠笼式异步电动机几乎都采用全电压直接起动。如果电动机起动时对船舶电站产生了冲击,造成电压动态降低了25%以上,则被认为越过了船舶电站能够承受的极限,此时必须对电动机采用降压起动或变频起动等措施。船舶上降压起动通常用于大容量异步电动机的起动。异步电动机在电源电压频率以及其他参数不变的情况下,其电磁转矩与外施电压的平方成正比,所以降压起动时,起动电流是减小了,但起动转矩也大大减小,引起起动时间较长,一般用在轻载起动的场合。

普通鼠笼式异步电动机虽然起动时电流很大,起动时功率因数较低,但起动转矩并不很大。异步电动机可通过采用双鼠笼式或深槽式等特殊结构的转子,以改善全电压直接起动性能。这两种类型的异步电动机特点是转子阻抗大,特性曲线软,起动转矩大,而起动电流较小。

二、不同起动方式下电机容量的限制

1. 船舶电站容量与单台电动机负载的关系遵循以下原则

(1) 如果电动机无任何降压起动措施直接起动时,要求电动机容量不得大于电站单机容量的15%。

(2) 如果电动机有星三角降压起动时,要求电动机容量不得大于电站单机容量的25%。

(3) 如果电动机有软起动装置时,要求电动机容量不得大于电站单机容量的35%。

(4) 如果电动机有变频起动装置时,要求电动机容量不得大于电站单机容量的85%(因变频器有15%功耗)。

2. 当船舶电站带多台电动机且都同时起动时则应考虑的原则

船舶电站的容量=带变频起动电机功率之和+带软起动电动机功率之和×3+带星三角起动电机之和×4+直接起动电动机功率之和×7

3. 当船舶电站带多台电动机且分别单台起动时(不是同时起动)应遵循的原则

船舶电站的容量=各个电动机功率之和+最后起动电机功率×7

但必须满足以下条件:

(1) 直接起动的最大单台电动机功率是船舶电站容量的1/7。

(2) 星三角起动的最大单台电动机功率是船舶电站容量的1/4。

(3) 软起动的最大单台电动机功率是船舶电站容量的1/3。

(4) 变频起动的最大单台电动机功率是船舶电站容量的1.2。

如果不满足上述条件,则应按条件中的最大数调整船舶电站的容量,电动机起动时的顺序应为直接起动的在先,其次是星三角的起动,有软起动的再起动,最后是有变频起动的再起动。

上述原则应可根据实际情况做相应的调整,确保起动大负载时电站电压降处于合理水平。

思 考 题

1. 何谓生产机械的机械特性？主要有哪些类型？
2. 电动机的电动状态和制动状态其电磁转矩和旋转方向的关系如何？
3. 电力拖动系统如何才能稳定运行？
4. 交流异步电动机的起动有几种方式？
5. 星-三角起动其起动电流为什么只有正常起动的1/3？
6. 交流异步电动机的制动有几种方式？
7. 交流异步电动机的调速有几种方式？
*8. 何谓三相异步电动机的软起动？
9. 船舶锚机和起货机通常采用哪种调速方式？
10. 船舶电站对直接起动电动机的容量有什么要求？

第七章　电力拖动的继电-接触器控制

继电-接触器控制是电力拖动系统中最基本、最简单的控制方法，其中最重要的控制电器（元件）是接触器和各种继电器，它主要是通过主令元件（如按钮、主令控制器、行程开关等）和各种继电器来控制接触器的通与断，从而实现电动机起动、制动、调速、反转、停止以及生产过程的自动化。本章主要介绍继电-接触器控制系统中的常用控制电器及由其组成的实现电动机控制的基本环节和电路实例。

继电-接触器控制系统的优点如下：

(1)接触器因有较完善的灭弧装置，可以控制大功率的电动机。

(2)控制回路电流较小，易实现集中控制、遥控和多点控制，并可使不同电动机相互连锁。

(3)通过各种类型的继电器和主令电器的配合实现生产过程的自动化，因此它是自动控制系统的基础。

继电-接触器控制系统的缺点如下：

(1)由于是有触点的控制电器，这样在断开电路时会产生电弧引起触点烧坏，因此，增加了维护电器的工作量，降低了工作的可靠性。

(2)继电器与接触器的开关速度不高，若每分钟要求接通和断开电路的次数在千次以上，则继电-接触器的触点系统就来不及接通和断开，失掉它的开关作用。

第一节　常用控制电器

船舶常用控制电器主要有主令电器、自动控制电器及熔断器、开关等。了解这些器件的结构、工作原理及如何使用对实际工作(管理、故障查找及设备维修)非常重要。

一、主令电器

主令电器是用于接通和分断控制电路、发送控制指令的电器。主令电器应用广泛，种类较多，船上常用的有按钮、组合开关、主令控制器及行程开关等。

1. 按钮

按钮是一种短时接通或分断小电流电路的电器，它不直接去控制主电路的通断，而是在控制电路中发出"指令"去控制继电器、接触器等电器，再由它们去控制主电路，实现电路的连锁或转换等。一般用来控制电动机的起动和停止。

图 7-1 为按钮的基本结构示意图按动按钮时外力克服弹簧力,使常开触点闭合,常闭触点断开。当外力撤销后按钮又恢复原来的状态。每个按钮一般都各有一副常开触点和常闭触点,只不过有时只用其中的一副。常开触点在不按动按钮时保持断开,常闭保持闭合;按下按钮并到位后其通断状态改变;再次松开按钮后,弹簧力使触点状态复原。

按钮的符号如图 7-2 所示,分常开及常闭两种,第三个是一组联动的常开和常闭按钮触点。

图 7-1 按钮的结构　　　　图 7-2 按钮的符号

1)按钮的种类

按钮按其用途、结构特点等可分为很多种,如表 7-1 所示。

常用按钮的种类及结构特点 表 7-1

序 号	类 别	结 构 特 点	代 号
1	开启式	适用于安装在固定的开关板、柜面板上	K
2	保护式	带保护外壳,可防机械损伤及人触及带电部分	H
3	防水式	带密封外壳,可防雨水侵入	S
4	防腐式	能防止化工腐蚀性气体侵入	F
5	防爆式	能用于含有爆炸性气体的场合	B
6	旋钮式	用把手旋转操作触点的通断,固定于板面上	X
7	钥匙式	用钥匙插入操作,供专人操作,可防止误操作	Y
8	紧急式	有红色人蘑菇钮头突出于外,紧急时切除电源用	J
9	自锁式	按钮内有自锁机构,可以保持,用于特殊设备	Z
10	带灯式	按钮内有信号灯	D
11	组合式	多个按钮组合	Z
12	连锁式	多对触点相互连锁	L

2)按钮颜色代表的意义

红色按钮:停车、断开。绿色按钮:起动、工作。黄色:一般作为复位按钮。

3)按钮好坏的判断

用万用表欧姆挡测按钮的常开触点和常闭触点:如测得"不按时,常开触点不通,常闭触点导通;按下时,常开触点导通,常闭触点不通",则说明按钮是好的,否则就是坏的。

2.组合开关

组合开关又称转换开关,常用作电源引入开关,如用于控制电加热器的工作等,也可以用它直接起动小容量的电动机。

组合开关的种类较多,常用的有 HZ10 等系列,其结构如图 7-3 所示。它有三对静触头,每个触片的一端固定在绝缘垫板上,另一端伸出盒外,连在接线柱上。三个动触片套在装有手柄的绝缘转动轴上,转动转轴就可以将三个触点同时接通或断开。

组合开关有单极、双极、三极等几种,额定电流有 10A、25A、60A 和 100A 等多种。

3. 主令控制器

主令控制器是一种多位置、多回路的控制开关电器,应用于频繁操作并要求有多种控制状态的场合,如电动起货机、锚机及绞缆机等。它通常由触头装置和带有凸轮的轴组成。凸轮位置随手柄工作位置而变动,触头的开闭次序由凸轮形状决定。手柄在不同位置时,凸轮位置随之改变,从而使相应的触头闭合或断开。

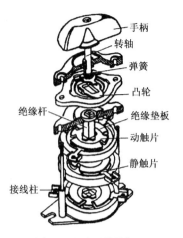

图 7-3 组合开关结构图

主令控制器由于触头较多,通常用图形符号或触头闭合表表示其触头的闭合状态,如图 7-4 和表 7-2 所示。

图 7-4 和表 7-2 表示的是同一个主令控制器,它有 SA_1 到 SA_6 共 6 个触点,F1/2/3、0、R1/2/3 共 7 个控制位置:有黑点或打权的位置代表此触点在该控制位置处于闭合状态。

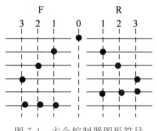

图 7-4 主令控制器图形符号

主令控制器触头闭合表　　　表 7-2

	F				R		
	3	2	1	0	1	2	3
SA_1				×			
SA_2			×		×		
SA_3		×				×	
SA_4	×						×
SA_5					×	×	×
SA_6	×	×	×				

由于主令控制器的触点在使用中通断频繁,应定期检查其状态,防止烧坏而接触不良。另外应检查触头与凸轮固定是否松动造成相对位置变动,影响主令控制器动作。

4. 限位开关

船舶舵机转舵,起货机起落货及变幅,吊艇机收艇等运行时,其运动部件应限制在一定的范围内运动,当这些部件运动到规定的极限位置时,应能自动停止运行,以免造成设备损坏。实现限位控制的常用方法是在运动部件达到的极限位置上设置行程开关,当运动部件运动到达此位置时,安装在运动部件上的挡块撞击行程开关的滚轮,使行程开关的常闭触点断开,切断控制电路,使运动部件停止运动。行程开关又称为限位开关,除前述机械动作的形式外,现船上普遍采用磁力式、光电式等非接触动作的形式,大大提高了其可靠性,降低了维护保养工作量。

二、自动控制电器

自动控制电器不需要人工操作,而是在电信号的作用下自动完成指令任务,主要有接触器、各种继电器等。

1. 交流接触器

交流接触器采用交流线圈进行控制,主要用于频繁接通和分断大电流电路。它具有控制容量大、可远距离操作、能实现连锁控制并有失电压和欠电压保护功能,广泛应用于自动控制电路,其主要控制对象是电动机,也可控制其他电力负载,如电热器、照明等。

1)交流接触器的结构及工作原理

交流接触器主要由电磁机构、触头与灭弧装置、释放弹簧等组成,如图7-5所示。

电磁机构包括励磁线圈(由漆包线绕成)和铁芯。铁芯包括静铁芯和动铁芯(又称衔铁)。为减小涡流损失铁芯由硅钢片叠成;由于交流电磁铁存在着磁力的过零点,为消除铁芯的振动及噪声,在铁芯端面装有铜或铝制的短路环。

在开关类控制电器中,触头和触点的含义是基本相同的,但一般触头是指可通过大电流的,如接触器的主触头,触点常指通过小电流的,如继电器的触点。

图7-5中的接触器触点包括主触点(一般三幅)和辅助触点,辅助触点又分为常开触点和常闭触点。从图可见,动触头平行移动,接触或离开静触头,从而接通或断开电路。每幅触点中有两个断点,这叫做桥式双断点结构,它可以保证可靠地切断电路。交流接触器线圈得电后,铁芯被磁化,衔铁受到电磁吸力克服弹簧的反作用力被静铁芯吸下。动触头随衔铁动作,常开触头闭合,常闭触头打开,使主回路接通或使控制电路有通、断;当线圈断电时,电磁吸力消失,衔铁在反作用弹簧的作用下打开,触头恢复原来状态。

接触器的符号及文字标注如图7-6所示。在电路图中如需横着画,将符号逆时针旋转90°即可。

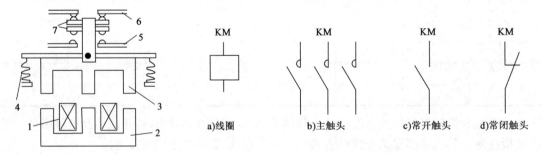

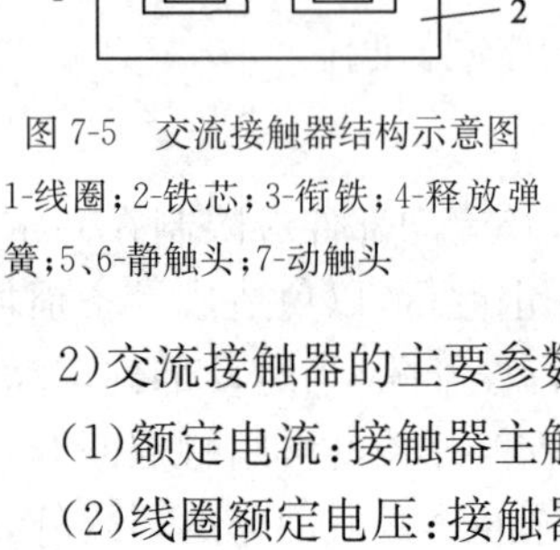

图7-5 交流接触器结构示意图
1-线圈;2-铁芯;3-衔铁;4-释放弹簧;5、6-静触头;7-动触头

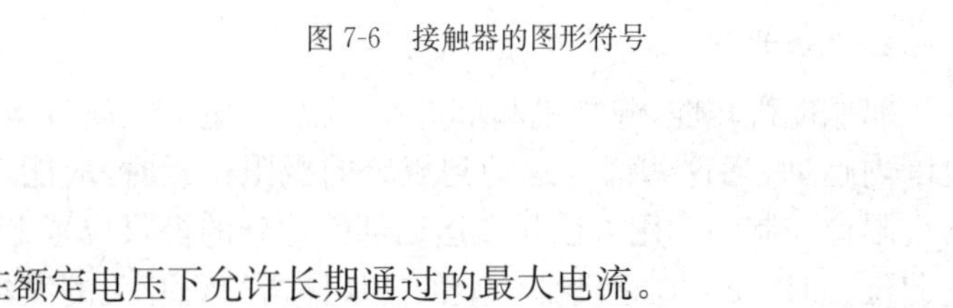

图7-6 接触器的图形符号

2)交流接触器的主要参数

(1)额定电流:接触器主触点在额定电压下允许长期通过的最大电流。

(2)线圈额定电压:接触器正常工作时加在其线圈上的电压。通常有380V、220V、127V

等。通常所说接触器的电压,都是指线圈的工作电压。

(3)动作值:使接触器衔铁吸合的最小电压(一般应大于或等于额定电压的85%)。

(4)释放值:使接触器衔铁跳开的最大电压(一般不大于额定值的70%)。

2.继电器

继电器是一种根据电量(电压、电流等)或非电量(热、时间、转速等)的变化接通或断开小电流控制电路的自动电器,起控制和保护作用。继电器的种类较多,按反应的信号可分电压继电器、电流继电器、时间继电器、热继电器、压力继电器、温度继电器、速度继电器等。一般不作特别说明时,继电器是指电量控制的类型,尤指电压继电器。

1)电磁式继电器

电磁式继电器的结构及工作原理类似于接触器。只是由于电流较小没有灭弧装置且其触头系统中没有主触头。根据线圈的电流种类可分为交流继电器与直流继电器。交流继电器的铁芯为硅钢片叠成,磁极端面装有短路环;直流继电器的铁芯为整块钢制成,也不装设短路环。常用的电磁式继电器包括电流继电器、电压继电器。其线圈及触头的图形符号及文字标注如图 7-7 所示。

(1)电压继电器

采用电压线圈,其匝数较多且线径细,并联于电路中,正常电压时衔铁被吸合,带动触头动作;当电压低于某一数值时,衔铁被释放。

(2)电流继电器

采用电流线圈,其匝数少且线径粗,串联于电路中。如果当线圈通过额定电流时,继电器衔铁不动作,只有当电流达到某一整定值时,衔铁才被吸合,这样的继电器称为过电流继电器。如果当线圈通过额定电流时衔铁吸合,只有当电流低于某一整定值时,衔铁才被释放,这样的继电器称为欠电流继电器。正常工作电流时欠电流继电器的衔铁是被吸合的,而过电流继电器的衔铁则处于释放状态。

各种电磁式电流继电器的符号如图 7-8 所示。图 7-8a)是一般的电流继电器;图 7-8b)、c)分别表示欠电流和过电流继电器。

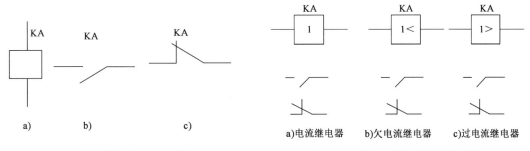

图 7-7 继电器的线圈及触头符号　　图 7-8 电流继电器的线圈及触头符号

(3)中间继电器

按照其在控制电路中的作用,中间继电器是将一个输入信号变为一个或多个输出信号的控制电器,其实质是一种电压继电器。所以并联于电路中,由于其触头数目较多,因此扩大了控制范围。由于中间继电器的数量多而电流小,为方便接线和更换,现常使用专用插座的连线方式,引出线固定在插座上。部分小型继电器也可以直接焊接安装在印刷电路板上。

2)交流固体继电器

由于微机实现自动控制已在很多领域实施,作为计算机与外界的接口装置,交流固体继电器得到了广泛运用。

固体继电器一般为有源元件,内部电路如图7-9所示,其输入部分为直流低电压,通过光电耦合电路控制晶闸管的导通与截止,由晶闸管的导通与截止控制桥式整流电路的导通与截止,从而控制交流负载的接通与断开。其输出电路和吸收电路可以保护固体继电器不被短时高压击穿。由于其输入部分为直流低电压驱动发光二极管,其输入电流也很小,可以直接用计算机等智能化设备控制。

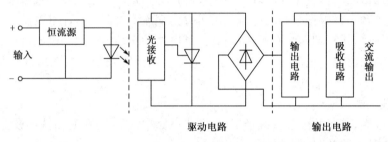

图 7-9 交流固体继电器内部电路

固体继电器具有以下优点:

(1)使用寿命长,大功率固体继电器是无触点开关,避免了大电流在频繁通过触点后造成触点损坏,大大提高了使用寿命。

(2)可用集成电路驱动,它采用直流输入控制,输入电流小,与逻辑电路兼容,用逻辑电平便可实现对大电流控制。

(3)隔离好,输出端与外壳之间高绝缘,输入端与输出端光电隔离,使得安装方便,并避免了输出功率负载时对输入端逻辑电平的影响。

(4)有过零功能,即零电压开,零电流关,冲击最小,对外界的电磁干扰也小。

(5)开关速度快。

其缺点是:漏电流大,接触电压大,触点单一,使用温度范围窄,过载能力差。

3. 时间继电器

时间继电器是接收到输入信号后延迟一段时间才进行响应的电器元件。

时间继电器按延时方式可分为通电(得电)延时和断电(失电)延时两大类。

1)通电延时时间继电器

通电延时时间继电器当线圈通电后触点要延迟一段时间才动作,延迟时间的长短可调。而线圈断电后,触点立刻复位。

通电延时时间继电器应用广,其符号如图7-10a)所示。

2)断电延时时间继电器

断电延时时间继电器是线圈通电后触点立刻动作,线圈断电后,延迟一段时间触点才能复位,延迟时间可调。其符号如图7-10b)所示。

3)时间继电器实现延时的方式

时间继电器实现延时的方式很多,大致有空气阻尼式、电子式、电磁式、电动式等,目前用的最广泛的是电子式。电子式时间继电器又可分为晶体管式时间继电器和计数式时间继电器。

(1)晶体管式时间继电器及延时调整

晶体管时间继电器的基本原理如图 7-11 所示,前半部分为电源,变压器将 380V 或 220V 交流电压变为较低的交流电压,经桥式整流、电容滤波变成直流,后半部分,K 为小型直流继电器的线圈。刚开始通电时,电容器 C_2 相当于短路,三极管 T 的基极电位为 0V,三极管不能导通,继电器不动作。之后,C_2 经 R 充电,基极电位越来越高,当达到 0.7V 左右

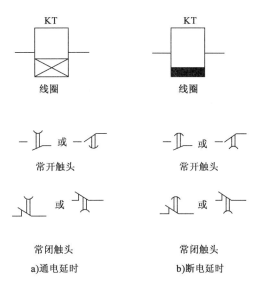

图 7-10 时间继电器的线圈及触头符号

T 导通,K 通电动作。这样,从时间继电器通电到 K 动作就延迟了一段时间。

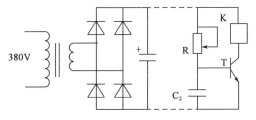

图 7-11 晶体管时间继电器基本原理图

通过调整 R 阻值的大小就可改变延时时间。一般的时间继电器均设有延时时间调整旋钮和时间刻度盘,可用于延时调整。应该注意的是电动式时间继电器在延时过程中不得调整延时调整旋钮,以防损坏其内部的机械部件。

晶体管式时间继电器具有工作可靠、造价低等优点。但是它的延时时间不能太长,精度也不高。

(2)计数式电子时间继电器及延时调整

计数式电子时间继电器可以克服晶体管式时间继电器的主要缺点。这种继电器的基本延时原理,就是采用对标准频率的脉冲进行分频和计数的延时环节来取代 RC 充放电的延时环节,标准频率脉冲发生器在指令信号作用后产生某一固定频率的脉冲,经分频器分频后得到所需的计数脉冲频率,将该计数脉冲送入十进制计数器进行计数,这样,每计一个脉冲就需要一定时间,例如送入计数器的计数脉冲频率是 10Hz,则每计一个脉冲就需要 0.1s。计数式时间继电器所计脉冲数的时间可通过译码显示电路直接用数码管显示出来,并通过由预置开关与门电路组成的比较环节调整其延时时间。

例如某继电器有三个预置开关,每开关有 10 个位置:将 S_1 置于 7 处,S_2 置于 8 处,S_3 置于 6 处,则当输入 687 个脉冲时,这个三位译码器的相应输出端即有信号输出(高电平),于是与门电路打开,输出信号经放大器驱动执行机构动作,总延时为 68.7s。改变预置开关的位置,就可以获得不同大小的延时,为了增大延时,只要增加分频器的分频系数或增加计数器的位数即可。某些时间继电器则采用多位的拨动开关进行延时设置,每个开关有 1 和 0 两个位置,不同开关设置组合对用不同延时时间。

这种时间继电器可以获得极长的延时(几小时甚至几昼夜),并具有较高的延时精度,容易

构成多路时间程序控制器,所以它在自动控制系统中得到越来越广泛的应用。它的缺点是抗干扰能力较差,延时值易受温度、电压波动的影响。

4. 热继电器

热继电器是利用电流的热效应而动作的电器,用来对电机进行过载保护。热继电器主要有发热元件和触点两部分组成,其工作原理及发热原件和触点符号如图 7-12 和图 7-13 所示。

1) 热继电器的结构及工作原理

如图 7-12 所示,双金属片 2 由膨胀系数不同的两种金属材料轧压而成。绕在双金属片上的发热原件 1 串联在电动机的主回路中,当通过发热原件的电动机电流超过允许值时,使双金属片受热变形向上弯曲而使扣板 4 脱扣,在拉簧 5 的作用下,通过连板 6 将常闭触头 7 打开,使控制回路断电,接触器跳开以保护电机。

由于热惯性,热继电器不能作短路保护,因为发生短路事故时,要求电路立即断开。

2) 热继电器的额定电流(整定电流)

热继电器的额定电流不是一个固定的值,而是一个范围,它在范围内是可调的。热继电器在通过整定电流情况下是长期不动作的。当电动机电流达到整定值的 105% 时,热继电器在 2h 内动作(热态);当电动机电流达到整定值的 120% 时,热继电器 20min 内动作(热态);当电动机电流达到整定值的 150% 时,2min 内动作;从冷态开始,热继电器通过 7 倍的整定电流大于 2s 动作。

3) 热继电器的调整

一般情况下调整热继电器的额定电流与电动机的额定电流相等。如电动机的额定电流为 18A,则转动调整旋钮,使 18A 对准标记即可,如图 7-14 所示。当安装条件不同时,允许作适当调整。尤其是当设备、电源等都正常,而热继电器频繁动作时,可能是热继电器的整定值偏小,可以适当加大热继电器的整定值。在高温场合热继电器的整定电流可调到电动机额定电流的 105%～120%。

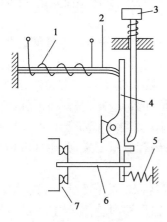

图 7-12 热继电器的结构

1-发热元件;2-双金属片;3-复位按钮;4-扣板;5-拉簧;6-连板;7-触头

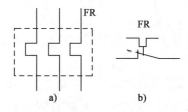

图 7-13 热继电器的发热元件及触头

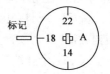

图 7-14 热继电器的调整

4) 热继电器的复位

热继电器在动作以后其复位有以下几种情况:

(1)触点自动复位。
(2)必须按动复位按钮,触点才能复位(手动复位)。
(3)自动复位、手动复位可以人为进行选择。

5)热继电器使用注意事项

由于三相异步电动机不会出现单相电流过载,而另两相电流正常的现象,故在接线中主电路可以只接两个发热元件。其实在一些热继电器内部也只装有两相的发热元件。

当一些热继电器长期使用或经过大电流动作之后,应对其进行保护测试,注意其动作值的变化情况,必要时进行动作值重调或元件换新。

5. 其他继电器

压力继电器、温度继电器、速度继电器常用做控制系统中的自动信号发信器,它们实际上是某物理量(如压力)控制下的开关,一般用来进行位式控制,具有不同的结构和工作原理。为防止双位控制中出现频繁的起停,要求控制继电器动作的某物理量在上升和下降过程中的动作值有交叉,即具有回差,以此将控制点变成控制段,防止控制量在动作值上下变化时继电器出现频繁的通断,所以位式控制继电器都有幅差调整。但如果幅差设得过大,也会出现控制不准确的问题。也有部分用于超限报警保护的继电器不设幅差调整,如制冷压缩机出口高压保护继电器。

1)YT—1226型压力继电器

下面介绍的YT—1226型压力调节用继电器实际上就是一个压力开关,其结构原理如图7-15所示。

YT—1226型压力调节器是双位作用式的。在比较杠杆9上对支点8作用着三个力矩,并互相平衡。它们是由测量波纹管11产生的测量力矩、给定弹簧16产生的给定力矩及幅差弹簧13产生的幅差力矩。当输入压力信号p_i达到压力下限值时,比较杠杆处于水平位置,这时动触头2离开静触头1而紧压在静触头3上。同时螺钉15离开幅差弹簧盘一段距离,幅差弹簧13对杠杆9不起作用。当p_i增大时,杠杆9绕支点8逆时针转动,通过拨臂7使舌簧5下边框左移,跳簧4被压缩储存弹性能。同时螺钉15与幅差弹簧盘接触,杠杆9再转动时不仅要克服给定力矩,还要克服幅差力矩。当杠杆9转过α角后,舌簧下边框正好与跳簧处在同一平面,跳簧4有了释放所储存的弹性能的机会,迅速把舌簧弹开,使动触头2离开触点3而与触点1闭合。当p_i降低时,杠杆9绕支点8顺时针转动,只有杠杆转到水平位置,舌簧下边框又转过α角与跳簧处于同一平面,跳簧再次把舌簧弹开使动触点2离开触点1,而与触点3闭合。p_i在上、下限值之间变化时,使跳簧保持原状态不变,也就是调节器的输出状态不变。

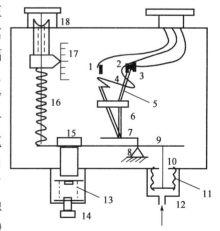

图7-15 YT—1226型压力调节器结构原理图
1,3-静触头;2-动触头;4-跳簧;5-舌簧片;6-跳簧支点;7-拨臂;8-支点;9-比较杠杆;10-顶杆;11-波纹管;12-测量室;13-幅差弹簧;14-幅差调整螺钉;15-作用螺钉;16-给定弹簧;17-给定值指示器;18-给定值调节螺钉

调整螺钉18改变给定弹簧16的预紧力,可调整触点动作的下限值 p_x;调整螺钉14改变幅差弹簧13的预紧力,可调整 $\Delta p = p_z - p_x$(即幅差值),其中 p_z 为触点动作的上限值。由上面的分析,若仅调整18,可调整动作下限值 p_x,且由于 Δp 不变,动作上限值 p_z 也变化;若仅调整13,则 p_x 不变, p_z 变化。若仅调整上限值 p_z 只需调整幅差 Δp 即可,但仅调整下限值 p_x 则需同时调整幅差 p_x 和 Δp。输入信号的下限值 p_x 用给定指针在标尺17上指示出来,螺钉14有红色标记,在它旁边的圆柱面上有0~10挡刻度。红色标记对准0挡, $\Delta p=0.07$MPa,红色标记对准10挡, $\Delta p=0.25$MPa。红色标记对准不同挡位时其幅差的计算公式为

$$\Delta p = 0.07 + (0.25 - 0.07) \times d/10 (\text{MPa})$$

式中: d ——挡位值。

2) WT—1226型温度继电器

WT—1226型温度继电器结构原理图如图7-16所示,图7-17是其工作原理示意图。当感温包1所感受的冷库温度达到整定值的下限时,由于主调节弹簧8的拉力矩大于波纹管3所产生的顶力矩,使杠杆4绕支点5顺时针转动,通过摇臂7和跳簧片9,使触点10与12断开。此时因止动螺钉21已触及底板, $\Delta S_2 = 0$;于是杠杆4不能继续顺时针方向转动而呈水平状态,螺钉6与弹簧座20则互相脱开,因 $\Delta S_1 > 0$,所以幅差弹簧19对杠杆4的转动不起作用。随着温度的升高,作用于波纹管上的压力也相应加大,于是克服主弹簧的拉力,使杠杆4逆时针方向转动一个角度 ϕ_1,此时螺钉6碰在弹簧座20上,即 $\Delta S_1 = 0$。若继续转动杠杆,就必须克服主弹簧的拉力和幅差弹簧的张力。当温度升至整定值的上限时,杠杆将转到 ϕ_2 角度上,杠杆4就通过跳簧片9将动触点10由静触点11转接至静触点12,接通电路。

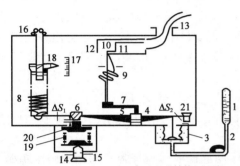

图7-16 WT—1226型温度继电器结构原理图
1-感温包;2-传压管;3-波纹臂;4-杠杆;5-刀口支架;6-螺钉;7-摇臂;8-主调弹簧;9-跳簧片;10-动触点;11,12-静触点;13-出线孔;14-幅差调节螺钉;15-幅差标尺;16-主调螺杆;17-主标尺;18-指针;19-幅差弹簧;20-弹簧座国;21-止动螺钉

从温度继电器动作过程中,我们可以看到,在降温控制中:

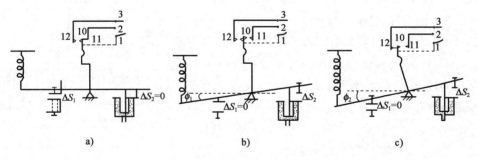

图7-17 WT—1226型温度继电器工作原理示意图

(1)主调弹簧拉力的大小决定了温度继电器设定的下限温度值,其数值大小可以从标尺17上反映出来。当幅差弹簧张力不变时,调节主调弹簧,则设定温度上限将随下限一起改变。

(2)幅差弹簧的压力大小决定了幅差的大小(设定温度上限和下限的差值称为幅差)。转

动幅差调节螺钉14,改变幅差弹簧的压力就能获得不同的幅差范围。当主调弹簧张力不变时,调节幅差弹簧只能改变设定温度上限。若要求温度控制在3～5℃,我们就把主调弹簧调到3℃,幅差范围调至2℃;则温度下降到3℃时,温度继电器触头断开;当库温回升到5℃时,温度继电器触头闭合,电路接通。

WT—1226型温度继电器有不同的规格,以适应不同的温度控制范围。选用时还要注意毛细管所需长度以及触头的电压容量。

温度继电器的温包应放在能正确反映温度的地方。安装注意防止损坏毛细管。

3)速度继电器

在自动控制中,有时需要根据电动机转速的高低来接通和分断某些电路,例如鼠笼式电动机的反接制动,当电动机的转速降到很低时应立即切断电流,以防止电动机反向起动,这种动作就需要速度(转速)继电器来控制完成。

速度继电器的转轴与电动机转轴连在一起。在速度继电器的转轴上固定着一个圆柱形的永久磁铁;磁铁的外面套有一个可以按正、反方向偏转一定角度的外环;在外环的圆周上嵌有鼠笼绕组。当电动机转动时外环的鼠笼绕组切割永久磁铁的磁力线而产生感生电流,并产生转矩,使外环随着电动机的旋转方向转过一个角度。这时固定在外环支架上的顶块顶着动触头,使其一组触头动作。若电动机反转,则顶块拨动另一组触头动作。当电动机的转速下降到某一值时,由于鼠笼绕组的电磁力不足,顶块返回,触头复位。因继电器的触头动作与否与电动机的转速有关,所以叫速度继电器,又因速度继电器用于电动机的反接制动,故也称其为反接制动继电器。图7-18a)为速度继电器的示意图,图7-18b)为速度继电器的符号。

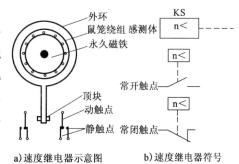

a)速度继电器示意图　b)速度继电器符号

图7-18　速度继电器原理及符号

使用速度继电器作反接制动时,应将永久磁铁装在被控制电动机的同一根轴上,而将其触头串联在控制电路中,与接触器、中间继电器配合,以实现反接制动。如果速度继电器设定值过高,致使过早地撤除反接制动,则会造成制动效果差。维修办法是重新设定整定值,这可以通过调节整定螺钉来实现。

三、熔断器、自恢复保险丝、装置式自动开关及无触点开关

1. 熔断器

普通熔断器的熔体用易熔合金制造,串联在电源和用电电路之间。当流过的电流超过其允许值时,熔体自动熔断,从而切断故障电路。

当流过熔断器的电流小于其额定电流时,熔断器可长期工作而不熔断。当流过的电流超过其额定电流时,也并不是立即熔断,而是要经过一定的时间使熔体的温度达到熔点后才会熔断。流过的电流愈大,熔断的时间愈短,熔断器的这一特性称为反时限特性。

1)组成及符号

FU ─▭─

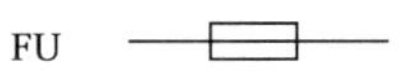

图7-19　熔断器符号

熔断器主要由熔断体(简称熔体,有的装在具有灭弧作用的绝缘管中)、触头插座和绝缘底板组成,其符号如图7-19所示。

熔体是核心部分,常做成丝状或片状。按熔体的热惯性大小不同,熔断器可分为速熔、中熔和缓熔三种。制造熔体的金属材料如下:

(1)低熔点材料:如铅锡合金、锌等。

(2)高熔点材料:如银、铜、铝等。

2)种类及特点

熔断器的种类及特点如表 7-3 所示。

常用低压熔断器的种类及基本特点　　　　　　　　表 7-3

序号	名称	主要型号	基本特点	用途
1	插入式	RC1A	由装有熔丝的瓷盖底座组成,熔断能力小	低压配电支线用,现在用得很少
2	螺旋式	RL1RL2	由瓷帽、熔体、底座组成,熔体内有石英沙,分断能力大	500V、200A 以下电路中
3	有填料封闭式	RT0	由装有石英沙的瓷管及底座等组成,分断能力大	500V、1kA 以下电路中
4	无填料封闭式	RM7 RM10	由无填料纤维密闭熔管和底座等组成,分断能力较大	500V、1kA 以下电路中
5	快速式	RLSRS0	分断能力大,熔断速度快	半导体器件短路保护
6	管式	R1	由装有熔丝的玻璃管、底座等组成	二次电路保护
7	高分断能力	RT16(NT)	高分断能力	线路、设备的短路保护
8	限流线	XLSG	高阻、低熔点导线,具有良好的限流性能	与断路器配合使用

3)熔断器的选择

在选择时应根据不同情况确定熔断器的类型和额定电流。在一般控制电路中,应选择熔体的额定电流略大于该电路正常工作时最大电流的中熔型熔断器。选择电动机主电路的熔断器时情况较为复杂,通常应根据起动方式,起动电流的大小,起动时间的长短,起动频率等来综合考虑熔断器的型号和熔体的额定电流。

(1)在只有照明、电热设备的电路中熔体的额定电流 I_{NF}(保险丝额定电流)应等于或稍大于各负载的额定电流 I_{NL}(负载额定电流)之和,即 $I_{NF} \geqslant \sum I_{NL}$。

(2)在轻载、不频繁起动的电动机电路中:$I_{NF}=(2.5 \sim 4)I_N$。

(3)在重载、频繁起动的电动机电路中:$I_{NF}=(3 \sim 6)I_N$。

4)更换熔断器注意事项

(1)一般应在不带电的情况下取下熔断器管进行更换,有些熔断器允许在带电的情况下用专用工具取下,但应当将负荷切断,以免发生危险。

(2)应更换同容量、同类型的熔体,不可随意加大熔体的容量。

(3)不可用铜、铁、铝等普通金属丝代替熔体。

2. 自恢复保险丝

自恢复保险丝是由经过特殊处理的聚合树脂及分布在里面的导电粒子组成。在正常操作下聚合树脂紧密地将导电粒子束缚在结晶状的结构外,构成链状导电通路,此时的自恢复保险丝为低阻状态,线路上流经自恢复保险丝的电流所产生的热能小,不会改变晶体结构。当线路发生短路或过载时,流经自恢复保险丝的大电流产生的热量使聚合树脂融化,体积迅速增长,形成高阻状态,工作电流迅速减小,从而对电路进行限制和保护。当故障排除后,自恢复保险丝重新冷却结晶,体积收缩,导电粒子重新形成导电通路,自恢复保险丝恢复为低阻状态,从而完成对电路的保护,无须人工更换。

3. 装置式自动开关

装置式自动空气开关也称为塑壳式(装置式)自动空气断路器,用于不太频繁的接通或断开电路,在船舶上大多作为配电开关来使用,兼有控制(作为开关使用,控制电路的接通、断开)、保护两大功能。如现在电气控制箱中常做为电源开关使用的无熔丝式断路器(NFB)就可进行短路保护。

塑壳式自动空气断路器的结构比较简单,有触头系统、灭弧装置、自由脱扣机构,可以具有过载、短路和失电压保护,通常一只开关只带过载或短路保护功能,当然也可采用既有过载又有短路保护的复式脱扣器。当被保护电路出现短路故障时,其内部的电磁脱扣器动作;当被保护电路过载时,其内部的热脱扣器动作,使动、静触头分开,将故障电路和电源分开,保证其余部分正常工作,现代某些产品还带有固态继电器式或微机控制式的过电流保护装置。

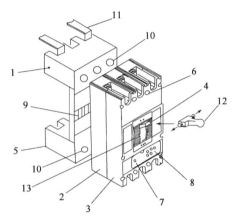

图 7-20 插接塑壳式自动空气断路器
1-电源接线端;2-断路器底座;3-断路器上盖;4-手柄;
5-负荷端;6-固定螺丝;7-手动脱扣按钮(试验用);
8-电磁脱扣调整盘;9-辅助连接块;10-拆卸插件;
11-电源端导线;12-延伸接长手柄;13-触头状态指示

塑壳开关的合闸操作一般是手动操作,操作手柄具有四个位置:合闸位、脱扣位、分闸位与复位位;也有电动操作,可在外部装设电动机合闸操作机构。图 7-20 所示为插接式的三菱 ABE—S 型断路器,插接式连接便于更换开关,只需将开关本体的固定螺丝拆下即可取下开关,而无需拆开连接线。但应注意取下开关之前应先将其分断。

塑壳开关使用中,因保护或远距离操纵引起自动跳闸后,再合闸时应先将手柄推向下端复位位,使自由脱扣机构处在"再扣"状态,然后才可合闸。

4. 无触点开关

闸刀开关、按钮开关是开关,继电器、接触器等电器实际上也是一种开关,它们都是带触点开关电器。而如前述的交流固体继电器等,则属于无触点开关。无触点开关大多属于半导体器件。

四、电磁制动器间隙的调整

拖动位能性负载的电机都带有刹车装置,如起货机、锚机、吊艇机等,如一般常用的电磁制动器。电磁制动器刹车间隙的大小对设备的正常运行及安全是非常重要的,间隙过大可能造成制动不良,甚至刹不住车;而间隙过小,则可能无法正常运转,甚至烧坏刹车片。这类电磁制动器都是断电刹车,其结构形式多种多样,但基本原理都一样:工作时电磁铁通电,吸引电磁圆盘克服弹簧力打开刹车,电机运转;停止时电磁铁断电释放,弹簧压迫电磁圆盘与刹车圆盘摩擦实现刹车。图7-21a)、b)是两种不同形式的刹车装置。

1. 刹车间隙的测量

刹车间隙是指打开刹车时摩擦片与刹车圆盘间的间隙。图7-21a)刹车装置是通过测量电磁铁与电磁圆盘间的间隙来测量刹车间隙的,电磁铁与电磁圆盘间的间隙越大说明刹车间隙越大。这类装置应该在断电状态下进行测量。测量时打开测量孔,用塞尺测量电磁铁与电磁圆盘间的间隙,在1mm左右为正常。如果过大应当调整。图7-21b)刹车装置是直接测量电磁圆盘与刹车圆盘间的间隙,测量时必须在无负载情况下通电进行。测量过程是这样的:打开测量孔,拆下电机的电源线,操作控制装置使电磁铁通电,用塞尺分别测量摩擦片两边的间隙,在0.3~0.6mm范围为正常。

2. 刹车间隙的调整

通过测量如果发现刹车间隙过大应当及时处理。有的刹车装置可以通过调整使刹车间隙减小,如图7-21a)刹车装置,电磁铁与外壳是螺纹连接的,可向下旋转电磁铁使刹车间隙减小。有的刹车装置可以通过减少垫片的厚度使刹车间隙减小。图7-21b)刹车装置只能通过更换摩擦片使刹车间隙减小。

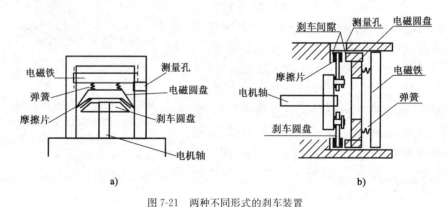

图7-21 两种不同形式的刹车装置

第二节 电气控制线路图

电气控制线路图是一种描述电气控制原理的线路图,它便于工程人员分析电路和实施维修。控制线路的绘制以及电机、电器元件符号的图示,各国都有自己统一的标准。我国自1990年起实施新制定的电气系统图形和文字符号。电气控制线路图按其作用分为电气原理图、安装接线图及电气设备布置图。各种图绘制有一定的规则,掌握这些规则对看图有很大帮助,下面主要介绍电气原理图和安装接线图。

一、电气原理图

电气原理图是用来说明电气控制系统工作原理的,其绘制原则是为了便于阅读及了解电气动作原理。通常按以下原则进行绘制。

(1) 常把主电路与辅助电路分开来画，并分别以粗实线与细实线表示。一般主电路画在图的上端或左边，而辅助电路画在图的下端或右边。

(2) 辅助电路(包括控制、信号及监视电路)中的电源线垂直画在两旁或两条平行线紧靠主电路，各分支电路一般按控制电器的动作顺序由上到下平行绘制或自左到右平行绘制，不同作用的电路也可以分别集中画在一起(如各种信号电路)。

(3) 各种元件及其部件在线路的位置是根据便于阅读的原则来安排的，因此同一元件的各个部件往往不是画在一起，如接触器的线圈和触头是分开画在各处的。为方便看图，一般在图中线圈或触头处均标有其触头或线圈的位置信息。

(4) 所有图形符号及文字符号必须按规定的标准画出。所有电器触头按"平常"状态画出(即电器线圈不通电或动作机构没有受外力作用时的状态)。

(5) 每个电器都必须标有能表明该电器作用的文字符号，例如，KM—接触器，KA—继电器等。如果在一个线路中，有些电器的类型和作用相同，则这些电器应该使用统一文字符号，但是要在文字符号前加注次序号码，例如：1KM，2KM 等。同一电器的线圈和触头要用相同的文字符号，例如某接触器的线圈用 1KM 表示，其主、副触头也必须用 1KM 表示。

(6) 两根以上导线的电气连接处画一个实心圆点表示连接。

(7) 为了阅读方便并在安装、调整、检修时易于找到有关元件及部件，对各元件的接线端及导线加注有编号。

(8) 对于主令控制器操纵的线路，为了读图方便，图中应附有主令控制器的触头闭合表或标注其触头闭合的符号。

二、安装接线图

安装接线图简称接线图，是安装和维修电气设备必不可少的图纸。安装接线图应包括控制线路的所有电气部件，在绘制中按以下原则画出。

(1) 在图中应表示出各电器的实际位置，同一电器的各元件要画在一起。

(2) 要表示出各电机、电气之间的电气连接，凡是导线走向相同的可以合并画成单线。

(3) 图中各元件的图形和文字符号应与原理图一致。

(4) 图中应标明导线的型号及规格。

(5) 图中应标明接线柱的标号。

第三节 三相异步电动机基本控制环节

一、三相异步电动机的点动控制和连续运行控制

1. 电动机的点动控制

点动控制的特点在于设备的起动、运行和停止都必须在操作人员的直接参与下完成。图 7-22 是电动机单向点动控制原理电路图。按下按钮 SB_1，接触器 KM 线圈通电，其常开主触头闭合，电动机按规定的转向通电起动并运行。在运行过程中，操作人员要一直保持按钮在接通

状态。当松开按钮 SB_1 后,KM 的线圈失电,衔铁释放,其常开主触头断开,电动机断电停转。船上盘车机设有这种控制方式使电动机的起动、停止灵活自如。

2. 电动机的连续运行控制

连续运行控制的特点在于设备的起动和停止需要操作人员参与,但起动后的连续运行则由控制电器来保持。图 7-23 是电动机起动后保持连续运行的控制电路。该控制电路的主要特点:一是采用了自锁控制环节,接触器 KM 线圈通电后,一方面其主触头 KM_1 闭合接通电动机的电源,使电动机起动,另一方面其自锁触点 KM_2 闭合,当起动按钮 SB_1 断开后通过自锁触点 KM_2 保证接触器 KM 线圈继续通电,使电机连续运转。二是停止按钮 SB_2 的常闭触点串联在接触器线圈回路或自锁触点支路中,当按下停止按钮 SB_2 后切断接触器 KM 线圈电源,使接触器释放,电动机断电停止运行,同时自锁触点断开,保证在 SB_2 的常闭触点恢复闭合状态后,接触器仍保持在释放状态。

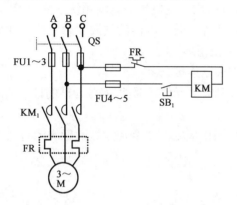

图 7-22 三相异步电动机点动起动控制电路

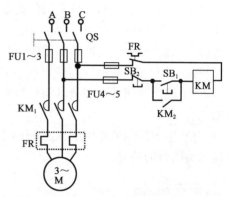

图 7-23 三相异步电动机连续运行控制电路

二、三相异步电动机的自锁和互锁控制

1. 自锁控制

如前所述,将接触器的常开辅助触点和起动按钮的常开触点并联后再和接触器的线圈串联构成自锁控制环节。利用自锁控制环节可实现起动后连续运行,如图 7-23 所示。在报警及保护电路也常用到自锁,当报警触点闭合后,利用与其并联的继电器常开触点将其短接,使继电器线圈持续得电,维持报警状态直至修复故障并按下复位按钮,接触自锁为止。

2. 互锁控制环节

要求两个电器不能同时工作。当一个工作时另一个必须不工作,这种控制关系称为互锁控制。例如电动机的正向接触器通电时,其反向接触器必须失电。在接触器控制电路中,将接触器的辅助常闭触点串联到对方的线圈回路中,即可构成电气互锁控制环节。如图 7-24 所示,若接触器 1KM 通电,则其串联在 2KM 线圈回路中的常闭触点 1KM 必定断开,确保 2KM 线圈断电;如果接触器 2KM 通电,则串联在 1KM 线圈电路中的常闭触点 2KM 必定断开,确保 1KM 线圈断电。

此外,如图 7-25 所示,将正向起动按钮 1SB 和反向起动按钮 2SB 各自的常闭触点和对方的常开触点相互串联,亦可构成按钮机械互锁环节。该控制电路具有电气互锁和机械互锁双重互锁功能。

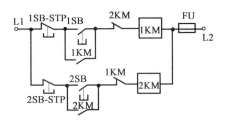

图 7-24 电气互锁控制环节

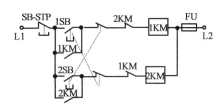

图 7-25 电气及机械双重互锁控制环节

三、多地点控制环节

船舶机舱中的许多设备,如滑油泵,海水泵等,往往要求既能在机旁控制,又能在集中控制室等多个地点进行起、停控制。采用多地点控制环节可以满足这种控制要求。

如图 7-26 所示,将两个(或以上)起动按钮的常开触点并联后再和两个(或以上)停止按钮的常闭触点串联接入接触器线圈电路中即可构成两(多)地点控制环节。为便于设备检修,机旁的停止按钮一般带有机械式的锁扣装置,可以锁在停的位置上。

值得注意的是在某些控制电路中起动和停止按钮都采用常开触点,则此时的起动按钮应并联连接,停止按钮也应并联连接。

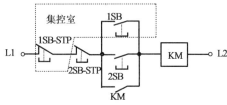

图 7-26 两地点控制环节

四、限位开关的限位控制

限位开关又称行程开关,当运动部件到达极限位置时,限位开关会动作以停止该运动。

图 7-27 是伙食升降机控制原理电路,下面以提升货物过程为例说明其工作原理。按下提升起动按钮 1SB,提升接触器 1KM 线圈获电,其主触头 1KM1 闭合使电动机正向起动运行以提升货物。当起落架上升到规定位置时,随起落架一起上升的挡块使上限位的微动开关 1CK 动作,其常闭触点断开,接触器 1KM 线圈断电,主触头断开使电机停止运行,起落架停在上限位置。在这种情况下,由于 1CK 已断开,即使按下提升起动按钮 1SB,接触器 1KM 也不能获电吸合。只有当按下下降起动按钮 2SB,才能使接触器 2KM 获电动作,电动机反向起动下降货物。图中右面是按钮及电铃灯光电路,用于在升降操作中进行上下联络。

五、主令控制和零位保护

主令控制器是一种多位置、多回路的控制开关电器,应用于频繁操作并要求有多种控制状态的场合。主令控制器的触头小且电流小,但操作轻便,允许操作频率较高,适应于按顺序操纵多个控制回路。

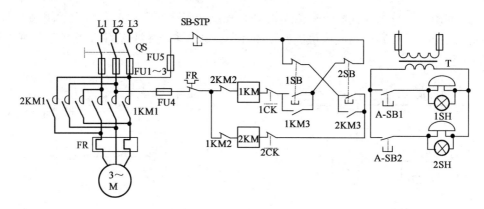

图 7-27 伙食升降机控制电路

主令控制器除可控制电路动作外,还可和继电器配合起到零压保护功能。如图 7-28 为电动起货机的零压保护控制线路部分。控制手柄在零位时,SA_1 接通,零压继电器 KA 线圈有电,常开触点 KA_1 闭合进行自锁。起货机工作时(如起货),主令手柄离开零位,SA_1 断开,SA_2 接通,接触器 KM_1 线圈通电(电动机正转),其常闭辅助触点 KM_1 断开接触器 KM_2 线圈支路,实现互锁。

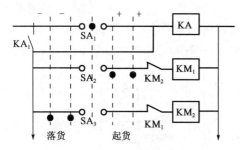

图 7-28 起货机零压保护及互锁线路

工作中若出现电源电压消失或大幅度下降,KA 衔铁释放,触点 KA_1 断开,切断控制电路(系统停止工作)。当电源恢复时,尽管 SA_2 接通,但由于 KA_1 断开使控制电路断电,起货机不能工作。只有将主令手柄扳回到零位后,使 KA 线圈有电触点闭合,才能再次使起货机工作,实现了零压保护。零压保护可以防止停电时主令控制器手柄未回零,通电后设备自行运行而造成事故。

六、顺序控制

某一电器必须在另一电器运行后才能起动,这一控制关系称之为顺序控制,也成为连锁控制。例如在锅炉自动控制系统中,必须在风机正常运行一定时间后才能喷油点火;车床的主轴电动机必须在滑油泵正常运行后才能起动等。图 7-29 是具有顺序控制关系的两台电动机的控制电路,其中图 7-29a)是主电路,要求只有在电动机 1M 正常运行后 2M 才能起动。图 7-29b)、c)是实现这一控制的两种顺序控制方式。

图 7-29b)中,利用接触器 1KM 的辅助常开触点来实现对 2KM 的顺序控制。操作时,应首先按下电动机 1M 的起动按钮 1SB,使接触器 1KM 获电,其主触头闭合,电动机 1M 通电起动并运行,1KM 的常开辅助触点闭合自锁,才能使接触器 2KM 线圈通电成为可能。如果 1KM 失电,其自锁触点断开,接触器 2KM 会立即断电,1M 和 2M 同时停止运行。

图 7-29c)中,将 1KM 的另一常开辅助触点和 2KM 的线圈串联,同样可以实现顺序控制功能。

还有一种顺序控制电路如图 7-30 所示,它能实现只有在 1KM 通电后 2KM 才能通电;同

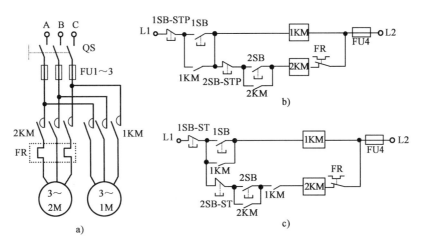

图 7-29 顺序控制环节

时,只有在 2KM 断电后,1KM 才能断电的连锁控制功能。图中,1KM 的一个辅助常开触点 1KM1 为自锁触点,保证按下 1SB 后 1KM 线圈通电,另一个辅助常开触点 1KM2 和 2KM 的线圈串联,保证 2KM 只有在 1KM 动作后才能通电,实现了前一功能。

另外,2KM 的辅助常开触点 2KM1 是 2KM 的自锁触点,另一个辅助常开触点 2KM2 和 1KM 的停止按钮 1SB—STP 并联,只要 2KM 不断电(2KM2 仍闭合),就不可能使 1KM 断电。

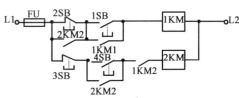

图 7-30 另一种顺序控制电路

七、双位控制

船舶机舱中的许多设备,如压力水柜的水位(压力)、空气瓶内的空气压力、锅炉的蒸汽压力、锅炉水位等,并不需要严格地维持在一恒定值上,通常只要求这些量值保持在某一高限值和低限值之间则可。采用双位控制可满足上述控制要求。

下面以压力水柜中的水位控制为例说明双位控制系统的工作原理。图 7-31a)是压力水柜的示意图。密封的水柜的上部是空气,当用给水泵向水柜加水时,其上部的空气被压缩,压力随之升高,当水位升高到高限水位 H 时,内部气压为高限压力 PH,这时应使给水泵停止运行;同样,当水位下降到低限水位 L 时,对应于低限压力 PL,这时应使给水泵开始工作,再次向水柜中打水。

图 7-31b)是用压力继电器作为检测比较和控制元件的压力水柜液位双位控制电路。当水位下降到低水位 L 以下时,高压开关 KPH 和低压开关 KPL 均在闭合状态,此时若将转换开关 S 放到自动 A 位置,则接触器 KM 获电并自锁,使给水泵运行向水柜打水,水柜液位上升,柜内压力升高,先使低压开关 KPL 断开,但由于接触器辅助触点 KM2 的自锁作用,接触器 KM 仍保持通电,水泵继续工作,水位上升,直到水位上升到高限值 H 时,高压开关 KPH 断开,接触器 KM 失电,水泵停止打水。此后当水位下降至正常值时,虽然高压开关 KPH 闭合,但因低压开关 KPL 和接触器 KM 的触点 KM2 是断开的,接触器 KM 无法获电,水泵仍处

于停机状态。直到水位再降至低限水位 L 时，低压开关 KPL 接通，水泵才能再次起动运行。为了防止水泵频繁起、停，高低水位之间的差值不能设得过小。

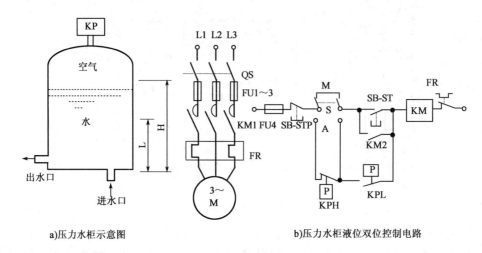

a) 压力水柜示意图　　　　　　b) 压力水柜液位双位控制电路

图 7-31　压力水柜液位双位控制

第四节　三相异步电动机典型控制电路

一、三相交流异步电动机的转向控制

船舶上的许多机械设备，如锚机、绞缆机及起货机等都要求既能正转又能反转。三相异步电动机的转向是由定子三绕组上所加三相交流电源的相序决定的，将三相电源的任意两根相线对换，便可改变其相序从而实现三相异步电动机的正反转控制（或称之可逆控制）。图 7-32 是用按钮和接触器控制的三相异步电动机可逆控制电路。

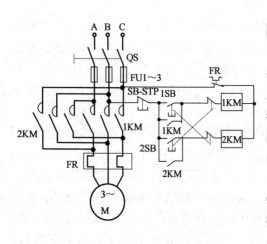

图 7-32　异步电动机正反转控制电路

按下正向起动按钮 1SB，正转接触器 1KM 线圈通电而反转接触器 2KM 失电，正转接触器 1KM 的常开主触头 1KM 闭合将三相异步电动机的三相定子绕组按 A-B-C 相序通电，电动机正向起动运行；当按下反向起动按钮 2SB 时，反转接触器 2KM 线圈通电而正转接触器 1KM 线圈失电，反转接触器 2KM 的常开主触头 2KM 闭合将电动机的三相定子绕组按 C-B-A 相序通电，电动机反向起动运行。该电路设有机械互锁保护，但未设电气互锁。另应注意，该电路在换向时将会出现反接制动过程（后述），制动期间定子电流很大，因而只能用于控制容量较小的电动机。

二、三相异步电动机的起动控制

1. 三相鼠笼异步电动机的星—三角降压起动电路

大型电动机直接起动由于电流较大需采用降压起动,图 7-33 是由时间继电器控制的鼠笼式三相异步电动机星—三角起动控制电路图。由于在星—三角起动过程中,存在从星型向三角形接法的切换,切换时机的控制一般常用时间原则,即时间继电器延时到后进行,此外还可以用电流继电器按电流原则和用转速继电器按转速原则对电动机接法切换进行控制。后两种方法线路复杂,但效果更好。

图 7-33 的起动过程如下:按下起动按钮 SB-ST,接触器 1KM 线圈通电并自锁,同时接触器 3KM 和时间继电器 KT 线圈通电,1KM 的主触头 1KM1 和 3KM 的主触头 3KM1 将定子三相绕组接成星形,电动机起动运转。经一定时间后,电动机的转速已达一定值,时间继电器 KT 的常闭延开触点 KT2 断开,接触器 3KM 线圈断电;KT 的常开延闭触点 KT1 闭合,接触器 2KM 线圈通电并通过辅助触点 2KM2 自锁,其主触头 2KM1 闭合,将三相绕组接成三角形,电动机接成三角形正常运行,其辅助触点 2KM3 实现与 3KM 接触器的电气互锁,其辅助触点 2KM4 将 KT 线圈电源切断,防止其长时间通电而烧坏线圈。

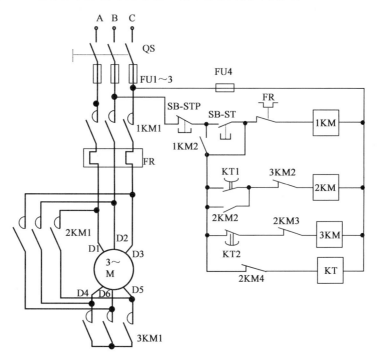

图 7-33 异步电动机 Y-△降压起动控制电路

2. 三相绕线异步电动机的转子串电阻起动电路

绕线式异步电动机由于起动转矩大,易于调速而广泛应用与电动起重设备中。在起动中其转子电路需要串接电阻,随着起动的进行,转速逐渐升高,起动电阻应逐渐减小,直至最后被短接。这样起动时机械特性软,起动转矩大而转速低;正常运行时机械特性硬,运行转速高。

图 7-34 为绕线异步电动机的转子串电阻起动电路,其三相起动电阻接为星型,每相电阻又分为三部分:R1/3/5,R2/4/6,R7/8/9。图中的 KA1/2/3 分别为串联在起动电阻中的电流继电器,其动作值为依次减小的关系。

当按下起动按钮 SB2 后,主接触器 KM1 线圈得电并自锁,其主触点 KM1-3～KM1-5 闭合,电动机得电运行。由于此时转子电流大,故电流继电器 KA1/2/3 均吸合,其触点 KA1-1、KA2-1、KA3-1 均闭合,继电器 KA4 线圈得电并自锁,KA4-1 触点闭合。此时 KA1-2、KA2-2、KA3-2 均断开,接触器 KM2/3/4 的线圈均失电,其在起动电阻线路中的触点均断开,故此时所有起动电阻同时接入转子电路,保持最大值。随着转子电流逐渐减小,KA1 最先释放,KA1-2 闭合,KM2 线圈得电,KM2-1/2-2 触点闭合,将起动电阻 R5/6/9 短接;之后 KA2 释放,将起动电阻 R3/4/8 短接;最后 KA3 释放,将起动电阻 R1/2/7 短接,即起动电阻全部短接,起动过程结束。

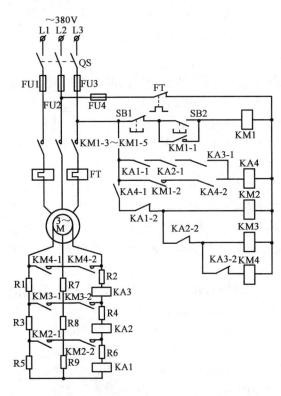

图 7-34　绕线机转子串电阻起动控制电路

三、三相异步电动机的制动控制

制动的目的在于使电动机转子尽快停止转动。制动的方法可分为机械制动和电气制动两大类。电气制动又可分为反接制动、能耗制动、再生(发电)制动三种。但是不管采用哪种制动方式,都是产生和电动机转动方向相反的转矩以迫使电动机尽快停转。

1. 反接制动

电动机断电后,由于其转子的惯性作用,仍要按原方向继续转动,这时如果给电动机接上相序相反的电源,则电动机就会产生和原运行转矩相反的制动力矩,使电动机很快停止转动,这时要及时切断制动电源,以免电动机又反向起动。

图 7-35 是单向运行的异步电动机反接制动控制电路图。按下起动按钮 SB-ST,接触器 KM-R 吸合,电动机起动并运行,同时带动速度继电器 KS 一起转动,当电动机的转速达到 120r/min 以上时,速度继电器的常开触点 KS 闭合,接通中间继电器 KA 线圈的电源,KA 的触点 KA1 闭合自锁;同时 KA2 闭合,但因接触器 KM-R 获电,KM-R3 已断开,KM-B 不能通电,仅为反接制动准备了条件。当要停车时,按下停止按钮 SB-STP,接触器 KM-R 断电释放,切断电动机的电源,同时其常闭触点 KM-R3 闭合,由于电动机的转速仍较高,KS 的触点仍为闭合状态,中间继电器 KA 仍通电吸合,触点 KA2 接通反接制动接触器 KM-B 的电源,使电动机的定子磁场因电源的相序改变而反向旋转,产生制动力矩,迫使电动机转子的转速降低,当其转速降至 120r/min 以下时,速度继电器 KS 的触点断开,中间继电器 KA 失电释放,其常

开触点 KA2 断开,使制动接触器 KM-B 失电,切断反接制动电源,靠机械刹车将电动机停止。这一反接制动过程约需 1~3s。

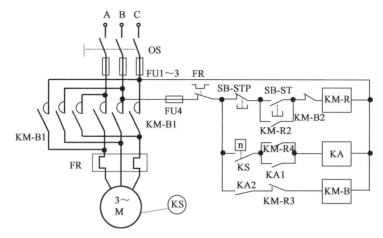

图 7-35　单向运行反接制动控制电路

对于功率在 2~3kW 范围,起动和制动操作不十分频繁的电动机宜采用反接制动。为了限制制动电流,对于功率较大的电动机,在进行反接制动时,必须在定子电路(鼠笼式)或转子电路(绕线式)串电阻。

2. 能耗制动

能耗制动原理:在电动机的定子绕组断电后,立即在其任意两相绕组上加上一直流电源,于是在定子绕组中产生一个静止的磁场,转子在这个磁场中旋转产生感应电动势,转子电流与固定磁场所产生的转矩和电动机的原来方向相反,产生制动作用,使电动机很快停止。

图 7-36 为能耗制动控制电路图,当电机起动运行时,接触器 KM-R 通电并自锁,其辅助常闭触点 KM-R3 断开,制动接触器 KM-B 不能通电。要停车时,按下停车按钮 SB-STP,一方面 KM-R 失电切断电动机的交流电源,另一方面 KM-R3 闭合,制动接触器 KM-B 通电,其触点闭合给电机的两相绕组加上一直流电源,进行能耗制动,此期间时间继电器 KT 通电,经一定时间后,KT 的延开触点断开,使制动接触器 KM-B 断电,完成制动过程。

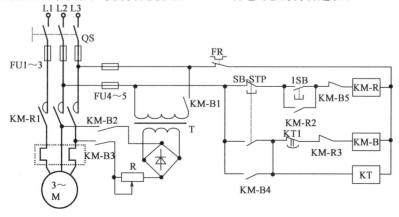

图 7-36　异步电动机能耗制动

直流电源由单相桥式整流电路提供，电阻 R 用于调节电流的大小从而改变制动强度。通常直流电流为电动机的额定电流的 0.5～1.0 倍。

3. 机械制动控制

机械制动是指在切断电动机电源后，用机械方法产生一个与电动机转子转动方向相反的制动力矩使电动机的转子尽快停下来，通常用制动电磁铁来控制。

图 7-37 和图 7-38 是两种用电磁铁控制的机械制动控制电路。由图 7-37 可见，在电动机运行期间，制动电磁铁的线圈 BRK 是通电的，它所产生的电磁吸力克服复位弹簧的弹力，把闸松开，电动机正常运行；而当电动机断电时，电磁铁线圈断电，靠复位弹簧的作用使闸刹紧而制动。在船舶起货机上常采用这种控制方式，当吊起货物过程中突然停电时实现机械制动，防止货物落下造成事故。

图 7-38 不同，在电动机运行期间，制动电磁铁 BRK 并不通电，刹车松开，而当按下停车按钮 SB-STP 时，一方面按钮的常闭触点断开，接触器 KM 线圈断电，使电动机停止运行，与此同时，按钮的常开触点闭合，使制动接触器 KM-B 通电吸合，于是制动电磁铁 BRK 获电进行刹车。当按钮松开制动电磁铁失电，刹车又松开。

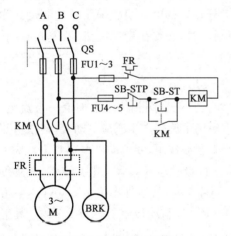

图 7-37 断电时机械制动

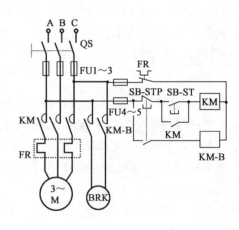

图 7-38 通电时机械制动

第五节 电动机保护环节

在电力拖动系统设计时，不仅应保证设备在正常工作条件下安全运行，而且还应考虑到在异常情况下保证设备和人身的安全。为此，必须在系统中设置必要的保护环节。最常见的电气保护环节有短路保护、过载保护、欠电压保护、失电压或零电压保护等。

一、短路保护

电流不经负载而直接形成通路称为短路，也可在负载内线圈匝间形成短路。在船舶电网中，由于导线电阻很小，短路时将会在回路中产生很大的短路电流，并使线路电压大幅下降，如果不加保护，将造成电网中的电器设备不能正常工作，严重的短路故障会使发电机过载而烧毁,甚至引起火灾。短路保护就是在发生短路时能及时地把短路电路与电源隔开,从而保证电网中其余部分正常工作。

常用的短路保护措施有:在电路中装设自动空气断路器(自动空气开关 NFB)、自恢复保险丝、熔断器(俗称保险丝)等。一般主电路常用 NFB,控制电路常用熔断器。

二、过载保护

对于大多数电气设备,当电流短时间超过其额定值(即过载)时,并不一定会立即损坏,但长时间或严重的过载会减少其寿命或损坏,因而是不能允许的。故在电路中要装设过载保护。应注意的是,过载保护都需要适当的保护动作延时。

过载保护的原理是:当被保护电器出现长时间过载或超强度过载时,利用过载时出现的热效应、电磁效应等使过载保护电器动作,使被保护设备脱离电源。

可用于过载保护的电器有多种,常用过载继电器来实现过载保护。热继电器和过电流继电器是两种最常用的过载继电器,有些自动空气开关也具有过载保护功能。

热继电器是利用过载时的热效应来使保护电器动作以实现保护。过电流继电器则是利用电磁效应使保护电器动作来实现过载保护。由于后者一般不具有保护动作延时的功能,故往往更适用于短路保护。

电力拖动系统中广泛采用热继电器来对电动机进行过载保护。图 7-39 所示的鼠笼式三相异步电动机控制电路中,FR 为热继电器,对电动机起过载保护作用。它有两个发热元件,分别串入电动机定子绕组电路的两相中,而其常闭触头串联于控制电路的接触器 KM 线圈电路中。当电动机过载时,过载电流使发热元件温度升高,经过一定时间后,热继电器动作,其常闭触头断开,使接触器 KM 线圈断电,KM 的主触头断开,于是电动机电源被切断而得到保护。

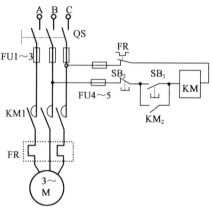

图 7-39 三相异步电动机连续运行控制电路

在电动机定子的两相电路中分别串入发热元件的原因是,除了在电源正常时能对电动机进行过载保护外,当电动机出现单相运行时,也能起保护作用。

热继电器动作后,其触头不能立即复位,必须等到双金属片冷却后,按下复位按钮使杠杆机构重新锁定后,热继电器才恢复到动作前的状态(常闭触点闭合)。

三、失电压保护和欠电压保护

在电动机正常工作时,如果电源电压消失,电动机将会因失压而停止运行。在一般情况下,这不会对电动机造成损害。但如果电源电压又突然恢复正常时,将会出现两个方面的问题:一是在操作或维修人员毫无准备的情况下如果电动机起动运转,很可能造成人身事故和设备损坏;二是对于电网来说,如果许多电动机同时起动(称自起动),则由于它们的起动电流远大于正常运行时的额定电流而出现不允许的过电流和线路电压降。使电气设备不能正常运行。失电压保护(又称零电压保护)的目的正是为防止出现上述两方面问题而设置的保护。

当电动机运行时,如果电源电压下降(欠电压),电动机的转矩便会降低,转速下降而影响电动机的正常运行,严重时还会因绕组过热而损坏电动机。

图7-39为鼠笼式三相异步电动机控制电路。这种控制电路具有欠电压和失电压保护功能。因为当电源电压降低到小于接触器KM的释放电压(一般为正常工作电压的85%)时,或电源失压时接触器动铁芯释放,其主触头断开,电动机断电中止运行。同时自锁触点已断开,在再次按下起动按钮前接触器不会通电,因而电动机不会自行起动运行,起到欠电压保护和失电压保护(零电压保护)作用。

第六节 电动机控制线路故障查找与维护

当电动机控制线路发生故障时,应及时查出原因加以排除,通常可采用以下方法查找。

一、故障诊断与查找的一般方法

1. 通过直观判断、查找故障

1)看

看现象、看仪表、看状态。看现象主要看设备有无火花,有无线头脱落,熔断器的记号是否脱落,热继电器是否跳开,应动的器件是否动作等来判断故障。当电器设备出现短路、接地、接触不良等情况时往往会有火花产生,而产生火花的地方就是故障点;看仪表,很多设备都带有电流表或其他仪表,通过这些仪表就能发现故障。如电机过载时,电流表的指示值肯定大;看状态就是看设备的运行情况和平时是否一样,如果不一样,查查原因往往就能找到故障。

2)听

根据听到的设备运行的声音来判断故障。如电机轴承损坏或定转子相擦时会有异样的声音产生;接触器铁芯太脏或短路环断裂会有较大的噪声;接触器被卡住通电时会有嗡嗡声而不能吸合等。通过听声音就可以大致判断出故障原因。

3)闻

有些设备温度过高或烧坏时,会闻到一些特殊的气味,据此可以判断一些故障。

4)摸

手摸机壳由感受温度的高低来判断故障。如电机散热不良往往就是通过用手摸发现的。有些设备(如电磁阀)通电后温度会升高一些,如果温度没有升高,则说明它没有通电(实际应当通电),就是有故障。

5)问

有些设备往往在操作过程中发生故障,或者因为误操作或不知道线路作了改动而发生故障,自己不在现场,因而需要问明故障发生的原因、过程、现象等以此来帮助判断查找故障。尤其是自己不太熟悉的设备,向操作者了解设备的正常工作状况和特点对判断故障很有帮助。

2. 通过测量查出故障

当通过一些直观的办法不能找出故障的原因时,就要借助分析图纸,通过测量电压、电流、电阻、绝缘等办法查出故障,这是故障查找的主要方法。这里我们仅对电动机控制电路故障的测量方法进行介绍。

其基本步骤和方法如下:

1)根据设备的工作特点、故障现象,判断故障性质和可能存在的环节,确定查找的主要目标。譬如根据熔断器是否烧断的现象,可以初步判断是否发生了短路故障,对于短路故障应该采用断电检查方式,针对主电路或控制电路的短路逐一排除。

2)分析电路图,根据需要采用适当的测量方法找出故障的具体部位,排除故障。

(1)断路性质的故障

这类故障往往是在操作过程中发现的,主要表现为整个电路或某一部分某一支路不能正常工作。

①整个电路不能工作

这类故障绝大部分发生在热继电器或熔断器上,查找步骤为:

a.复位热继电器(如有),重新操作,如电路正常,则控制电路故障排除,分析热继电器跳开的原因并排除。

b.复位热继电器重新操作如电路仍不正常,检查主电路和控制回路熔断器,如有损坏,则更换新的。重新操作,如电路正常,则故障排除。

c.如电路仍不正常,则要根据电路图,从不正常的部分开始,利用测电压或测电阻的办法,查出故障器件加以排除(具体办法在后面的例子中介绍)。

②部分电路不能工作

当整个电路只有一部分不能正常工作,就要根据图纸分析该部分工作需要满足的条件,先区分开主电路和控制电路的故障,然后按照自上到下对相应电路逐一检查。

(2)短路性质的故障

主要表现为:通电后或操作后主电路或控制电路熔断丝烧断,换新后仍然烧断,查找方法为:

①主电路熔断丝正常,控制回路熔断丝烧断

这种情况属于控制回路故障。切断电源,用万用表 $R \times 10\Omega$ 挡测控制回路两端,如电阻值为0或很小,则为控制回路短路。可将整个电路分成两块,测每一块的电阻值,找出电阻值小的那一块,再把它分成两块,测量每一块的电阻值,再找出电阻值小的那一块,把接点分开,测每一路的电阻,在电阻值小的那一路找出故障点。

②主电路熔断丝正常,控制回路熔断丝不操作正常,但是一操作就烧断

这类故障的故障点在操作开关后面,可能是操作开关后面直接短路,也可能是接触器(或继电器)触点动作后引起后面短路。可把接触器(或继电器)线圈与电路断开,拆开该点所有支路,测量每一支路的电阻,找出电阻为零或最小的那一路,检查具体原因加以排除。

如果短路现象排除,在带电的情况下用绝缘材料按动接触器(或继电器)使其触点闭合,如果电路仍正常,则是接触器(或继电器)线圈烧坏,更换接触器(或继电器)线圈即可。

如果按动接触器(或继电器),电路仍然烧断,则是与接触器(或继电器)常开触点有关的控制电路有故障,可测所有常开触点输出端与它相连的电源间的电阻,查出短路故障点加以排除。

③主电路熔断丝烧断,控制回路熔断丝正常

这类故障的故障点在主电路,主电路故障一般出在电机上,或主电路接触不良,电机起动时间过长而使熔断器烧断。可从热继电器处将电机线拆下,在热继电器处测三相电压看是否正常。如果电压不正常,检查接触器的主触点及主电路有关器件,找出故障点。如果电压正常,则故障一般在电机上(也有可能主触点接触不良但查不出来),检查电机是否被卡住,连接导线是否短路,电机绕组是否有故障,根据情况加以排除。如果全部正常,新安装电机有可能是电机接法错误或熔断器容量偏小。

(3)其他故障

如果操作后接触器或继电器发出嗡嗡声而不能吸合,不是器件被卡住就是器件两端电压低。可通过按动器件和测器件两端电压的办法加以区分。如果按动器件阻力较大,则是器件被卡住,拆下器件,通过观察找出原因加以排除。如果线圈两端电压太低,而电源电压正常,则是电路接触不良,查出接触不良点加以排除。

二、故障诊断举例

图7-40是一个最简单也是最常用的三相异步电动机直接起动、停止控制电路,以此电路为例介绍电气线路的故障分析与查找方法。

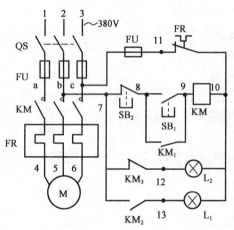

图7-40 三相异步电动机直接起动、停止控制电路

1.电路的工作原理

合上电源隔离开关QS,在电路正常情况下,L_2指示灯亮,表明电源正常,按下起动按钮SB_1,接触器线圈KM得电,接触器吸合,接触器的主触点闭合,电机通电运转。同时,常开辅助触点KM_1闭合,保持电路继续有电(自锁触点),KM_3断开,L_2指示灯灭,KM_2闭合,L_1指示灯亮,电动机起动成功。电路中FR是起过载保护作用的。熔断器FU主要起短路保护作用。按下停止按钮SB_2,接触器线圈KM失电,接触器跳开,电动机停转,KM_3闭合L_2指示灯亮,KM_2断开L_1指示灯灭。

2.故障分析

如果合上电源开关L_2指示灯不亮,则可能有两方面的原因,一是可能电源有问题或热继电器跳开,二是可能L_2指示灯回路有问题。可先按热继电器复位按钮,看L_2指示灯是否亮,如果仍不亮,按起动按钮,看电动机能否起动。

如果电动机能起动,则是L_2指示灯回路有问题,检查L_2指示灯回路。可测10、12两点间的电压,如果电压为380V,L_2指示灯坏,如果电压为0V,KM_3触点坏或线路有断路。

如果电动机不能起动(接触器不能吸合),则是电源有问题,可先检查主电路熔断器,方法如下:

1)测电压法

将万用表拨到交流500V挡,在熔断器下端(图中a、b、c处)测电压U_{ab}、U_{ac}、U_{bc},如果哪一次电压不是380V,则是主电路熔断器烧断。假设U_{ab}不是380V,可将接 b 相的一支表笔移到熔断器上端测,如果移动后测的电压是380V,则 b 相的这个熔断器烧断,换新以后再测 X、X 两相,如果移动后测的电压不是380V,将移动的表笔移回 b 点,再移动 a 相的一支表笔到 X 相熔断器的上端,如果移动后测的电压是380V,则 a 相这个熔断器烧断。其他两相亦然。此法称为交叉法判断熔断器的好坏。如果三次电压都是380V,则主电路熔断器正常,检查控制回路熔断器,可测 7、11 两点间的电压,如果不是380V,则控制回路熔断器烧断。

用交叉法判断熔断器的好坏应注意的几个问题:

(1)一定要测三次。有人以为测电压U_{ab}、U_{ac}为380V,可以判断三个熔断器都是好的,这样认为是不全面的,如中间一相熔断器烧断,由于指示灯 L2 的存在,测电压U_{ab}、U_{ac}都为380V。

(2)三次电压一定要正常。即如果电源电压为380V,则测三次都应为380V,如果有一次或两次虽然有电,但是电压远远小于380V,都应判断为熔断器有问题。

(3)即使三次电压都正常也不一定没问题。有时候熔断器接触不良,存在较大的接触电阻,用万用表测电压都是380V,但是有负载时电路不能正常工作,这一点应特别注意。此问题可用万用表测电阻的办法查找。

2)测电阻法

切断电源,将万用表拨到 R×10Ω 挡并调零,分别在三个熔断器两端测电阻,哪一个电阻值不为零哪一个熔断器就坏了。

如果主电路熔断器没有问题,再检查控制回路熔断器。

如果合上电源开关,L2 指示灯亮,但是按动 SB1 按钮接触器不能通电吸合,则故障出在电路图中 7、8、9、10 这条支路上,也可用以下两种办法测量。

(1)测电压法:将万用表拨到交流 500V 挡,先测 10、8 之间的电压,如果电压不是380V,则是 SB2 坏了,如果电压是380V,则 SB2 是好的,再按住 SB1 按钮测 10、9 之间的电压,如果电压不是380V,则是 SB1 坏了;如果电压是380V,则是 KM 线圈坏了。

(2)测电阻法:切断电源,将万用表拨到×1Ω 挡并调零,先测 7、8 之间的电阻,看是否为 0Ω,如果不是,SB2 按钮坏了;如果是,SB2 按钮是好的。再按住 SB1 按钮,测 8、9 之间的电阻,看是否为 0Ω,如果不是,SB1 按钮坏了;如果是,SB1 按钮是好的。再将万用表拨到×100Ω 挡(其他挡也可以,但不要用×1Ω 挡),测线圈两端,如果通,线圈是好的;如果不通,线圈断了。

我们也可以依照上面的思路排查出其他支路的故障。

如果合上电源开关,L2 指示灯亮,但是按动 SB1,接触器发出嗡嗡声不能吸合。这种现象有两个可能:一是接触器被卡住,二是接触器线圈两端电压过低。可按住 SB1 按钮测线圈两端的电压,如果电压正常,则是接触器被卡住,找出卡住的原因,加以排除即可。如果通过测电压,发现电源电压正常,但是线圈两端电压不正常,则故障出在电路中某处接触不良。这种故障用测电阻的办法比较容易发现,测到哪个器件虽然导通但电阻值比较大,就是哪个器件接触不良(不包括线圈)。用测电压的办法可以这样测:先不按 SB1 按钮测 7、10 之间的电压,如果是380V,再按下 SB1 按钮测,如果电压大大降低,则问题出在 7、10 之前的电源部分,可逐步向前测。如果按住按钮还是380V,则问题出在 7、10 之间,按住 SB1 按钮逐点测电压,经过哪个器件电压突然降低,问题就出在哪个器件上,如螺丝松动、线头氧化、触点接触不良等。

如果按动按钮接触器吸合,但电动机发出嗡嗡声不能运转。这类故障出在主电路上,可能的原因很多,首先用前面介绍的方法检查 a 相熔断器是否烧断,如果烧断,换新的以后再试;如果仍不能运行,检查接触器的主触点是否接触不良。可以打开灭弧罩检查主触点是否有烧蚀严重而接触不良,也可以拆下电动机接线(必须拆下电动机接线,否则时间长了可能把电动机烧坏),在接触器下端测电压,看三相电压是否正常,如果电压不正常,则是接触器触点接触不良。接触器触点接触不良,一般情况可以将触点清洗一下,再将底盖打开,将铁芯处的垫片减少一两片,增加超程即可。严重烧蚀应更换触点或接触器。如果各处都正常,就应检查电动机接线是否有断路或接触不良,电动机绕组是否断路,电机转子是否被卡住,负载是否过重等原因,发现问题加以解决,即可排除故障。

对于比较复杂的电路,最好在电路没出故障之前,就把图纸分析清楚,了解电路的工作原理和每个器件的作用及特点。这样查找故障时,就可以先通过分析判断故障可能存在的环节,结合图纸看看应该动作的器件是否动作进行检查。有时通过分析就能直接判断出故障器件和部位,然后通过测量加以证明就可以了。当一个故障现象可能有多个可能的原因时,应当先从最简单、最容易出问题的地方查起,如果没有问题,再查复杂的地方,即先易后难,逐一排除,最终查出故障,排除故障。以免把简单的问题复杂化,另外,最好用两个以上的办法证明同一个故障。例如我们用测电压的办法测出某接触器线圈断了,可用测电阻的办法再测一次。用测电阻的办法证明某触点接触不良,可用一根导线将该触点短接,看电路是否恢复正常。如果恢复正常,确实就是该触点接触不良。

查找和排除线路故障时一定要仔细周密,尽量按原电路修复,避免故障扩大。在不得已的情况下必须更改电路,应在图纸上作出标明,有条件时及时恢复,以免给后来者造成不必要的麻烦。

三、常用控制电器的维护保养

为了保证电器设备的可靠运行应经常作好电器设备的维护保养工作。

1. 控制箱的维护保养

控制箱箱体要保持清洁干燥、接地可靠,箱门平时应处于关闭状态,箱内所有器件、导线等应保持清洁干燥,不得有油污、水及其他液体。较长时间不用的控制箱应切断电源。有烘潮电阻的控制箱,不得切断烘潮电阻的电源。

2. 继电器、接触器的维护保养

(1)经常保持接触器、继电器的清洁,定期以压缩空气吹干净接触器、继电器上的灰尘,或用刷子蘸电器清洗液刷净,以免影响接触器继电器的工作。

(2)定期检查接触器的触头压力、开距,使之保持在规定的范围内。

(3)定期检查铁芯与衔铁接触是否紧密,清除接触处的污物。

(4)接触器灭弧罩应安装牢固,灭弧栅片数不得缺少,若有破裂或烧损严重应更换。

(5)弹簧长期使用后,当失去弹性或断裂时,应及时换新。

(6)要定期检查接触器、继电器的各紧固件是否松动,与导线连接的紧固件松动后,会使接触电阻增大,引起局部发热。

(7)定期检查线圈、铁芯的温度是否过高,声音是否正常。

(8)定期检查接触器、继电器触点的闭合情况,严重缺损的触点应当更换,一般情况只要保持触点清洁就可以了。触点稍有不平或变色是正常现象,不要锉擦,否则将缩短触头寿命。严重不平的触点可以用细砂纸或小锉适当打磨,打磨后的动、静触点应保持面接触而不要点接触。

(9)更换接触器、继电器时要注意其规格和工作电压与原来相同,特别要注意不能以额定电流小的接触器代替额定电流大的接触器。更换线圈要注意线圈电压与原来的相同,否则该电器不能正常工作或烧毁线圈。

3. 接触器常见故障的判断及处理方法

1)线圈断线或烧毁

当接触器线圈加额定电压而接触器不动作(没任何反应),或用欧姆挡测线圈电阻为∞时,可判断为线圈断了。当接触器线圈通电后控制回路熔断器烧断,可判断为线圈烧了(如果线圈处有火花可以肯定是线圈烧了)。处理方法:线圈换新或按原来的数据重绕。

2)触点接触不良、过热或熔焊

接触器断电后常闭触点不通,吸合后常开触点不通,即为触点接触不良,可以清洁触点并通过增加超程(减少底盖垫片数量)加以解决。如果触点缺损严重应当更换触点。接触器触点过热(一般不易被发现)可能是触点过脏、触点压力小或触点容量不够造成的,可根据情况加以处理(清理触点,增加超程,更换大接触器)。接触器断电后主触点跳不开,则属于触点熔焊,这一般是长时间使用或短路故障造成的。可用螺丝刀撬开,然后将触点轻轻打磨一下。

3)铁芯噪声大

如果噪声很大,则是铁芯短路环断了或脱落,应当更换铁芯或更换短路环。如果噪声不太大,则是铁芯面脏了,取出铁芯将铁芯接触面清洁一下。

4)卡住

当接触器通电后发出嗡嗡声,衔铁不动作,则可能是被卡住,或线圈两端电压太低。电压太低,可能是线路接触不良或电源电压低。如果电源电压正常,切断电源按动接触器的主触点,若按不动则是卡住。打开接触器,找出卡住的原因排除即可。

5)铁芯被粘住

接触器断电后跳不开或经过一段时间跳开,如果不是触点熔焊的话,就是铁芯处有油污将铁芯粘住,拆出铁芯将油污擦干净即可。

4. 热继电器的维护保养

(1)热继电器在使用中需定期用布擦去灰尘和污垢,双金属片应保持原有光泽,若表面有锈蚀,可用布蘸汽油轻轻擦净,但不宜用砂布擦光。

(2)热继电器的动作机构应正常可靠,可用手拨动几次观察。复位按钮应灵活。调整部件不得松动,刻度盘应对准需要的刻度值。

(3)热继电器的接线螺丝应拧紧,触头必须接触良好,盖子应盖好。

(4)检查元件是否良好时,只能打开盖观察,不得将热元件卸下,若必须卸下时,在装好后应进行通电实验。

(5) 热电器在使用过程中,若设备发生故障引起巨大短路电流后,应检查双金属片有无显著变形,若已变形或无法准确判断时,都需要进行通电实验。因双金属片变形或其他原因使动作不准时,只能调整部件,绝对不能弯折双金属片。

思 考 题

1. 简要说明绘制电路图的方法。
2. 点动控制和连续控制有什么区别?
3. 如何区分自锁、互锁和连锁?
4. 在多地点控制中其常开和常闭按钮如何连接?
5. 主令控制器为何要有触头闭合表?
6. 双位控制系统若电动机动作频繁如何调整?
7. 星-三角降压起动适用哪种连接的电动机?
8. 反接制动、能耗制动及机械制动有何区别?
9. 电动机通常有哪些保护?其参数如何设定?
10. 如何进行断电查找故障?
11. 如何进行带电查找故障?

第八章　机舱辅机电力拖动及控制系统

机舱辅机电力拖动控制系统是船舶电力拖动控制系统的重要组成部分,包括泵、风机、压缩机、机舱起重设备、机修设备等各种机舱辅助机械的驱动电动机的控制及保护电路,其控制电路的数量在整个船舶电力拖动控制系统中是最多的。在其控制下,可根据辅机的运行要求,实现电动机起动、制动、调速、反转、停止以及生产过程的自动化。本章主要介绍继电-接触器控制系统及部分模块电路控制下的一些典型机舱辅机控制电路实例。

第一节　泵 的 控 制

泵是向液体传送机械能,用来输送液体的一种机械,在船上使用非常广泛。在不同的系统中,泵的具体功能各异,其控制要求也不尽相同,除常规的控制及保护外,一般还包括出口低压保护、起动建压时间控制、自动切换、自动顺序(分级)起动、遥控应急切断等。

一、泵的常规控制

1. 柴油发电机预润滑油泵的控制功能

该泵的主要作用是为处于自动起动备用状态的柴油发电机提供一定压力的润滑油,以使其满足随时可以起动的状态,其控制线路如图 8-1 所示。当柴油发电机停机时,该泵运行对发电机进行预润滑;起动发电机后,当转速超过某一设定值时其自动停止,此时轴承等的润滑油压力由柴油发电机本身自带的泵来提供;停止发电机后,当发电机转速低于某一设定值时其再次自动起动,继续进行预润滑。该泵可手动控制,也可自动控制。

2. 控制线路图中控制元件及符号介绍

(1) 189:主开关,为 NFB(No Fuse Breaker)式空气开关。

(2) 188:接触器。

(3) 151:热继电器,对电动机进行过载保护。

(4) M:三相交流异步电动机。

(5) TR11:变压器,440/110V,100V·A。

(6) WL、GL、RL:分别为电源(白色)、运行(绿色)、故障(红色)指示灯。

(7) 188/T:时间继电器,设定值为 30s,为起动中的泵出口压力建压时间;即在起动过程中由于泵转速低,出口低压保护暂停;延时到后,泵起动结束,出口低压保护投入运行。

(8) 103/C、103/T:分别为手动起动、停止按钮。

(9) CS/11:手动自动控制转换开关。

(10)PB/11:复位开关。

(11)PS:泵出口低压保护用压力继电器(压力开关)。

(12)114/N:发电机控制屏内的速度继电器(Speed Relay),即发电机运行达设定转速时,该继电器的触头断开。

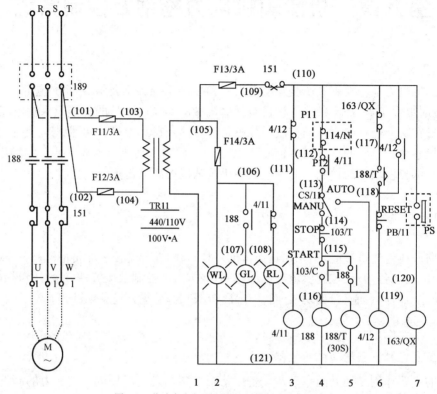

图 8-1　柴油发电机预润滑油泵控制线路原理图

在该图的控制线路部分的下方,标有数字1～7,是为方便看图所列的线号,即为图中的一列控制线路。控制线路中的(101)～(121)为元件的接线端或导线编号,值得注意的是凡是直接连接在一起的导线及端子,采用同一个编号,如图中的(110)导线编号,即连接有热继电器、速度继电器、压力继电器、中间继电器等共6个触点。该导线编号在实际控制箱中的连接导线或接线端子上都有标注。

PS及114/N为控制箱的外接元件,一般装在泵现场,在图中有虚线框标出。另外,其接线分别是(110)、(112)和(110)、(120),一般接在控制箱的接线端子排上。

3.泵的控制过程

1)手动控制功能

首先,合上主开关189(电源灯亮),将CS/11"手动-自动"控制转换开关转"手动"位,然后按一下起按钮,因发电机停机时,第4路速度继电器114/N触头闭合;因第5路188/T线圈此前未得电,其第6路常开延闭触头不会瞬间闭合(无论线圈188/T是否有电),第6路4/12线圈不得电,故第3路其触头闭合,使得线圈4/11得电,第4路4/11触头亦闭合。因此,第4、5路线圈188、188/T均得电,主触头闭合电动机起动、运转,第5路辅助触头188自锁。当

188/T延时到时,其第6路触头188/T闭合。但在此之前,泵的出口已建立起压力,第7路压力开关PS已闭合,线圈163/QX得电,其第6路触头163/QX已断开,第6路线圈4/12没电,线圈188、188/T保持有电,电动机正常运转,运行灯亮。

在泵正常运行时,若按一下第4路停止按钮103/T,则第4路线圈188失电,电动机停止运行,此为正常停机。

若在泵正常运行时,发电机达发火转速,第4路速度继电器触头114/N断开,使第4路线圈188失电,电动机停止运行,此为正常停机。

若泵的出口压力过低(故障),第7路压力开关PS断开,第7路线圈163/QX失电,其第6路触头163/QX闭合,导致第6路线圈4/12得电,其自锁触头自锁,同时,使得第3路线圈4/11失电,导致其第4路触头断开,从而使第4路线圈188失电,电动机停止运行。此为故障停机,故障灯RL亮。

当出现短路、过载故障时,电动机同样可以故障停机。

2)自动控制功能

合上主开关189(电源灯亮),将4CS/11"手动-自动"控制转换开关转"自动"位,据上述分析可知:正常情况下,发电机处于停机状态时,第4路速度继电器触头114/N闭合;因第6路常开延闭触头188/T不会瞬间闭合(无论线圈188/T是否有电),第6路4/12线圈没电,其第3路触头闭合,使得线圈4/11得电,第4路4/11触头,使得线圈188得电。主触头闭合使电动机起动、运转;同时,188/T线圈得电,其第6路触头188/T延时闭合,但因泵本身无机械故障,在第6路触头188/T延时闭合前,因压力已正常时,第7路压力开关闭合,线圈163/QX得电,其第6路触头断开,导致第6路线圈4/12保持失电,线圈188继续得电,电动机继续运行。

当发电机达发火转速,第4路速度继电器触头114/N断开,使第4路线圈188失电,电动机停止运行,正常停机。

若泵的出口压力过低(故障),电动机亦报警停机,使预润滑油泵停止运行。

4.泵的控制故障分析

在本泵控制的系统中,自动控制可正常工作,但手动不能起动,下面分析其原因:

由此现象可知:自动控制能正常工作,说明电源、主电路均正常,且控制电路中,接线端(105)至(113)及线路(116)至(121)可正常工作。因此可判断故障应处于线路(113)至(116)之间。借助万用表,利用带电测量法断电测量排除法,均可较容易地查出并排出故障。

二、泵的自动切换控制

为主、副机服务的燃油泵、滑油泵、冷却海、淡水泵等辅机,其重要性不言而喻,为了工作可靠和控制方便均设置两套机组。机组不仅能在机旁控制,也能在集控室进行遥控;而且在运行中当运行泵出现故障或非正常停止时能实现备用泵自动切换,即备用泵自动投入工作,之后原运行泵停止运行(未停止时)并发出声光报警信号,以保证主、副机等重要设备持续处于正常工作状态,这就是重要辅机的自动切换功能。图8-2和图8-3为1、2号主机海水泵的自动切换控制线路的主电路和辅助电路,其工作原理分析如下。

1. 泵的遥控手动控制

将电源开关 QS_1、QS_2 合闸,遥控-自动选择开关 SA_{11}、SA_{21} 置于遥控位置。对于 1 号泵,按下起动按钮 SB_{11},则继电器 KA_{10} 线圈通电,接触器 KM_1 线圈回路 KA_{10} 触头闭合,1 号泵电动机通电起动并运行,同时 KA_{10} 触头闭合自锁。在 1 号泵正常运行时,若按下停止按钮 SB_{12},则 KA_{10} 线圈断电,使接触器 KM_1 线圈失电,1 号泵停止运行。

2 号泵的手动控制与 1 号相同,且两台泵可以同时手动起停控制,实现双机运行。

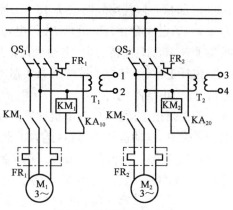

图 8-2 泵自动切换主电路

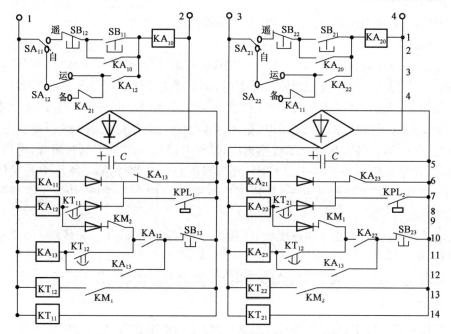

图 8-3 泵自动切换辅助电路

2. 泵的自动切换控制

1)泵的正常起动过程

以 1 号泵为运行泵,2 号泵为备用泵为例,其自动控制过程说明如下:

准备状态(即两台泵都处于备用状态):将电源开关 QS_1、QS_2 合闸,遥控-自动选择开关 SA_{11}、SA_{21} 置于自动位置。1、2 号的运行-备用选择开关 SA_{12}、SA_{22} 均置于备用位置,此时对 1 号泵控制电路来说,其各主要控制电器工作情况分析为:13 支路 KM_1 辅助触点断开,时间继电器线圈 KT_{12} 不得电,其 11 支路触头断开,所以线圈 KA_{13} 不得电,其 6 支路常闭触头闭合,使线圈 KA_{11} 得电,从而使 2 号泵控制电路的 4 支路 KA_{11} 断开,因此 KA_{20} 线圈不得电,KM_2 线圈不得电;同样道理,2 号泵控制电路中,触头 KA_{21} 也断开,因此 KA_{10} 线圈不得电,KM_1 线圈也不得电。14 支路 KT_{11} 线圈得电,其 8 支路触头延时闭合;6 支路 KA_{13} 处于闭合状态,所以

线圈 KA_{12} 也通电。因此,1 号泵控制电路中,线圈 KA_{11}、KA_{12}、KT_{11} 得电,而线圈 KA_{13}、KT_{12}、KA_{10}、KM_1 不得电。同理,2 号泵相应线圈工作状态与之类似,即 2 号泵控制电路中,线圈 KA_{21}、KA_{22}、KT_{21} 得电,而线圈 KA_{23}、KT_{22}、KA_{20}、KM_2 不得电。

正常运行:若 1 号泵为运行泵,2 号泵为备用泵,则应将 SA_{12} 置于运行位置,SA_{22} 置于备用位置。对于 1 号泵有:3 支路 SA_{12} 和 KA_{12} 均闭合,所以 1 支路线圈 KA_{10} 得电,其电路中相应触头闭合,使 KM_1 线圈得电,从而接触器主触头闭合,1 号泵电动机起动并运转;同时 13 支路 KM_1 触头闭合,使线圈 KT_{12} 得电;其 11 支路触头延时闭合,使 11 支路线圈 KA_{13} 得电;其 6 支路 KA_{13} 常闭触头断开,但在此之前压力开关 KPL_1 已经闭合,从而保持 KA_{11}、KA_{12} 线圈有电。同理分析可知:2 号泵仍处于备用状态,其控制电路工作状态与前述备用时相比没有发生变化。

2)运行泵失压的自动切换控制

当运行泵故障失压时备用泵的自动切入:当 1 号泵由于机械等故障原因造成失压时,其压力开关 KPL_1 断开,使线圈 KA_{11} 失电;相应的 2 号泵控制电路中 4 支路 KA_{11} 触头闭合,2 支路线圈 KA_{20} 得电,KM_2 线圈得电,其主触头闭合,2 号泵电动机起动并运转;同时 1 号泵控制电路中 9 支路 KM_2 触头断开,使 8 支路线圈 KA_{12} 失电,其 3 支路触头 KA_{12} 断开;1 支路线圈 KA_{10} 因此失电,其主电路线圈 KM_1 失电,主触头断开,1 号泵停止运转,并发出声、光报警。

3)运行泵故障停机的自动切换控制

当运行泵由于热继电器动作等原因而故障停机时,备用泵同样可以自动起动。当 1 号泵热继电器动作,FR_1 触点分断,1 号的控制线路电源 1-2 失电;KA_{11} 线圈失电,其在 2 号控制线路 4 支路的触点闭合,1 支路线圈 KA_{20} 得电,KM_2 线圈得电,其主触头闭合,2 号泵电动机起动并运转。这就实现了自动切换的过程。

3. 泵的顺序起动控制

当全船跳电,在电网再次恢复供电后,为迅速恢复整个电力系统的正常运行,自动电力管理系统可设置顺序起动(自动分级起动)环节,用于为主、副机运行服务的各种重要辅机与舵机、冰机及其他各类泵等设备的再起动,分级的目的是为了防止众多设备同时起动时的冲击电流可能会再次形成发电机假性短路而导致主开关跳闸,分级起动顺序按负荷的相对重要性排列,每一级起动之间的间隔时间约为 4~8s。

该控制线路具有顺序起动控制功能:当泵处于自动状态,假设此时 1 号泵为运行状态,当全船电网复电后,14 支路 KT_{11} 线圈开始得电,其 8 支路触头经延时后闭合;6 支路 KA_{13} 处于闭合状态,所以线圈 KA_{12} 也通电;3 支路触点 KA_{12} 闭合,1 支路线圈 KA_{10} 得电,KM_1 线圈得电,其主触头闭合,1 号泵电动机自动起动运转。可见 KT_{11} 的延时就是该泵的分级起动时间。

4. 故障分析举例

1)在图 8-2 和图 8-3 主机海水泵的控制电路中,若时间继电器 KT_{11} 调整不当,会出现什么异常?

在自动控制过程中,若时间继电器 KT_{11} 调整过短,从前述分析可知:时间继电器 KT_{11} 线圈通电延时已到时,触头 KT_{11} 闭合,线圈 KA_{13} 得电,其常闭触头 KA_{13} 断开;而此时,泵的排出

压力开关 KPL_1 还未来得及闭合,导致 KA_{11} 失电,从而备用泵起动,运行泵停止运行。

2)在图 8-2 和图 8-3 主机海水泵的控制电路中,若不设二极管或二极管击穿,会导致哪些异常?

该控制系统中,若第 2 个二极管击穿或不设,则泵出现故障,泵的排出压力开关 KPL_1 断开时,线圈 KA_{11} 不会失电,备用泵不能起动,运行泵不能停止运行,可能导致机损事故发生。

三、泵的模块控制

随着电子技术、集成电路和微机控制的发展,除传统的继电-接触器控制电路外,在电力拖动控制中也出现了模块控制电路,即将按钮、开关、指示灯、继电器、控制及保护功能电路等集中在一块印刷电路板上,板上一般设有控制电子线路,甚至微机控制电路。该类电路模块的使用提高了控制电路的可靠性,也减小了控制电路的体积,并且更易于制造及安装、更换。模块中一般只有辅助电路,没有主电路。在其使用中,应注意以下几点:

(1)根据不同拖动控制电路的功能,船舶电力拖动控制系统要配备几种不同的模块,但在更换模块备件时,要注意板上的拨动开关、可调电阻、跳线等的设置与原模块一致。

(2)在进行控制箱内的绝缘测试时,为防止损坏模块中的电子线路,应先将其连接线拆开,测试完毕后再予以恢复。

(3)在电气备件管理中,注意配备充足的电力拖动控制模块备件以备维修之用。

图 8-4 为船舶通用海水泵(GS 泵)的控制电路,其控制模块中设有 CPU。在这种电脑控制方式中,其控制功能与常规控制方式相同,在维护、保养、查找故障时,应了解其各输入、输出信号、元件及电气符号的意义与作用,并能根据板上指示灯显示确认电脑是否正常工作,参考说明书中的控制流程图,具体分析电路的控制原理。

该泵可实现驾驶台和集控室两处起停控制,并设有控制位置选择开关。电动机采用星-三角的起动方式,并设有出口失压保护报警及建压时间控制环节。该图的控制元件及符号介绍如下:

1.控制线路图中控制元件及符号介绍

(1)52/89:主开关,为 NFB 式空气开关。

(2)88、42、6:分别为接触器;4X、19X、42X、88A、TT3、TT4、RY、RY1 为中间继电器,RL 为故障报警红色指示灯。

(3)51:热继电器,对电动机进行过载保护。

(4)M:三相交流异步电动机。

(5)TR:变压器。

(6)INPUT、OUTPUT:分别为电脑控制单元(电源电压为 5VDC,WL 为白色电源指示灯)的输入、输出信号端。电动机的起动、停止、保护等功能的信号由 INPUT 端输入;而输出信号使继电器线圈 4、5 得电去控制电动机的起、停等动作。CPU 为处理控制单元,GL 灯亮(绿色)表示电脑处于运行状态。

(7)T1、T2、T3、T4:分别为时间继电器。

(8)3C、3T、3R:分别为起动、停止、复位按钮。

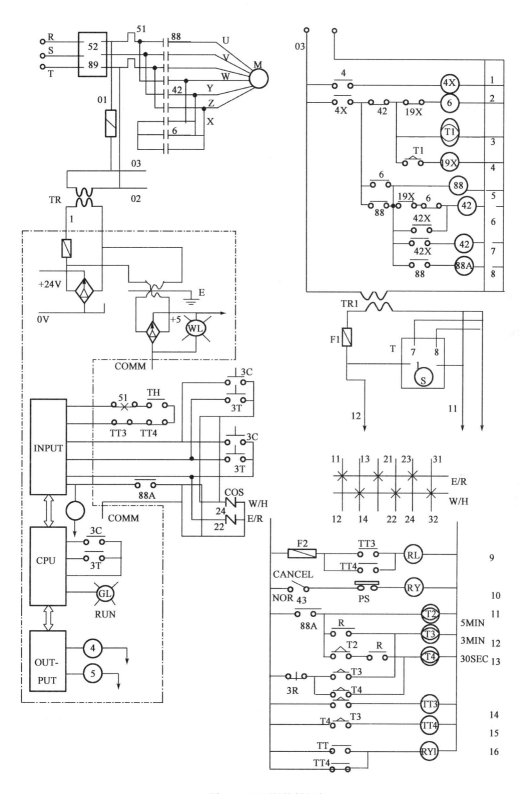

图 8-4　GS 泵的控制电路

(9) COS：为"驾控"、"集控"转换开关，"驾控"时线端 13 至 14、23 至 24、33 至 34 通，"集控"时线端 11 至 12、21 至 22、31 至 32 通。

(10) PS：为压力开关，泵的压力正常时断开。

(11) TH：为电机过热温度(保护)开关。

2. 泵的控制过程

1) 该泵的起动控制过程

合上主开关 52/89，在控制系统正常的情况下，输入信号中热继电器的常闭触头 51 闭合，TH 亦闭合；因线圈 TT3、TT4 未得电，其作为输入信号的两个常闭触头闭合。此时按一下起动按钮 3C，电脑接到起动信号，经过 CPU 处理后，其输出信号使继电器线圈 4 得电，其第 1 路常开触头闭合使线圈 4X 得电，第 2 路常开触头 4X 闭合；此时因第 4 路时间继电器 T1 常开延闭触头不会瞬间闭合，19X 线圈不得电，线圈 42X、42 也未得电，故第 3 路常闭触头 42 和 19X 均闭合。因此，线圈 6 得电而其 5 路常开触头闭合后，第 5 路线圈 88 也得电。这样，主电路中，主触头 88 和 6 均闭合，电动机"Y"星形接法进行降压起动。第 6 路常开触头 88 闭合自锁。与此同时，3 路时间继电器通电，其 4 路触头延时准备闭合。当 T1 延时到达(此时泵已达稳定转速)，其 4 路触头闭合，线圈 19X 得电，它一方面使 2 路 19X 触头断开，线圈 6 失电，第 6 路触头 6 闭合；另一方面第 6 路 19X 闭合。42X 线圈得电，一方面自锁触头自锁；一方面使第 7 路线圈 42 得电。这样，主电路中，主触头 88 保持闭合，而主触头 6 断开，主触头 42 闭合，电动机由"Y"星形接法转换成"△"三角形接法进行全压状态下的正常运行。

需要停泵时，按一下停止按钮 3T，电脑接到停泵信号，经过 CPU 处理后，其输出信号使继电器 4 失电，其第 1 路常开触头断开使线圈 4X 失电，第 2 路常开触头 4X 闭合断开使第 2~8 支路线圈均失电，主电路中，主触头 88、42 均断开，电动机停止运转。

2) 泵的故障检测及保护

(1) 正常情况下，10 路开关 43 打在"NOR"位，泵压力未建立起时，压力开关 PS 闭合，线圈 RY 得电。而线圈 88 得电后，8 路线圈 88A 亦得电，其 11 路触头 88A 闭合，这样时间继电器 T2、T3 均得电，其触头延时准备动作，但在未及动作时，压力开关 PS 断开，线圈 RY 失电，时间继电器 T3、T4 均失电，继电器线圈 TT3、TT4 不得电，电动机正常运转。若 3min 内，泵压力仍未建立起来，则时间继电器 T3 延时到，其 14 路触头闭合，导致线圈 TT3 得电，其电脑输入端常闭触头 TT3 断开。电脑接到该信号后，经 CPU 处理后，使继电器线圈 4、5 断电，发出停泵指令。若 3min 内，泵压力建立起来，在时间继电器 T2 通电 5min 后，其 13 触头 T2 闭合，如果泵的出口压力过低，压力开关 PS 闭合，线圈 RY 得电，13 路触头 RY 亦闭合，时间继电器 T4 通电，30s 后，TT4 线圈得电，向电脑送入停泵的输入信号去停泵。即泵出口压力过低超过 30s，泵停止运转。此时已锁住故障，按复位按钮可解除。

(2) 当电动机过载时，电动机主电路中 51(热元件)通过的电流过大，其常闭触头断开，向电脑送入停泵的输入信号去停泵；同理，当电机本身过热时，"GS"泵电机过热温度(保护)开关 TH 断开，也可向电脑送入停泵的输入信号去停止泵的运行。

(3) 若 10 路开关 43 打在"CANCEL"位，可取消故障检测，即泵出口压力过低时也不停止运行。

3) CPU 电力拖动控制模块的控制方法

从前面的分析，我们可知该控制模块的输入及输出均为开关量；如 51、TH、TT3、TT4 四个触点并联作为一个输入开关量,就是该泵的运行条件,当这 4 个触点均闭合时,输入开关量为闭合,即满足运行条件;但任一个断开后,输入开关量为分断,即不满足运行条件。CPU 根据输入量和程序确定输出量,该图中是 4、5 号两个输出继电器,该继电器装于印刷电路板上,实际电路仅用了 4 号继电器。由于该继电器触头容量小,故需外接的 4X 中间继电器再去带动后续电路。

第二节 压缩机的控制

压缩机控制电路应具有自动起停控制和保护功能,保护一般包括滑油低压、出口高压等,另外还具有卸载功能,对活塞式压缩机而言一般是减缸卸载。

一、空压机控制

现代化船舶柴油主机和柴油发电机的功率越来越大,起动能源主要依靠高压的压缩空气。同时压缩空气在船舶的其他系统中也有广泛的应用:例如用于主机遥控系统的控制空气,用于其他自动控制系统中气动元件的压缩空气,船用汽笛,船舶杂用压缩空气,压力水柜中的压缩空气,作为气动工具(如气动敲锈锤、气动扳手)动力源的压缩空气等,大型现代化船舶还使用压缩空气进行压载水排放控制。因此,船舶空气压缩机(容压机)系统是船舶辅机系统的重要组成部分。

在船上船舶主空压机一般都设有两套机组,并经常设计成为互为备用的系统,可同时使用,也可单独使用。空压机可以"手动"起停控制,也可以根据空气瓶内的压力进行自动起停控制。空压机控制系统的常用保护措施有:空压机滑油低压停车保护、空压机缸套冷却水高温停车保护、气瓶气压过高通车保护等,此外线路还具有卸载起动及运行中放残的控制功能。

1. 控制线路图中控制元件及符号介绍

图 8-5 是 CPU 模块式的空压机控制电路,其控制元件及符号说明如下:

(1)52/89:主开关,为 NFB 式空气开关。

(2)88、42、6:分别为接触器;19X、42X、88A、63Y、23X 为中间继电器,RL1、RL2 为故障报警红色指示灯。

(3)51:热继电器,对电动机进行过载保护。

(4)M:三相交流异步电动机。

(5)TR:变压器。

(6)INPUT、OUTPUT:分别为电脑控制单元(电源电压为 5VDC,WL 为白色电源指示灯)的输入、输出信号端。电动机的起动、停止、保护等功能的信号由 INPUT 端输入;而输出信号使继电器 4、5、AUT、FSX 得电去控制电动机的起、停等动作。CPU 为处理控制单元,GL 灯亮(绿色)表示电脑处于运行状态。

(7)T1、T2、T3、T4:分别为时间继电器。

(8)3C、3T、3R1、3R2、A/M:分别为起动、停止、复位按钮、自动/手动控制模式选择按钮。

(9)PS:为压力开关,泵的滑油压力正常时断开;P2 为控制空压机自动起、停的压力开关。

(10) MV：为卸载起动及放残用电磁阀。
(11) TH：为空压机缸套冷却水过热保护温度开关。

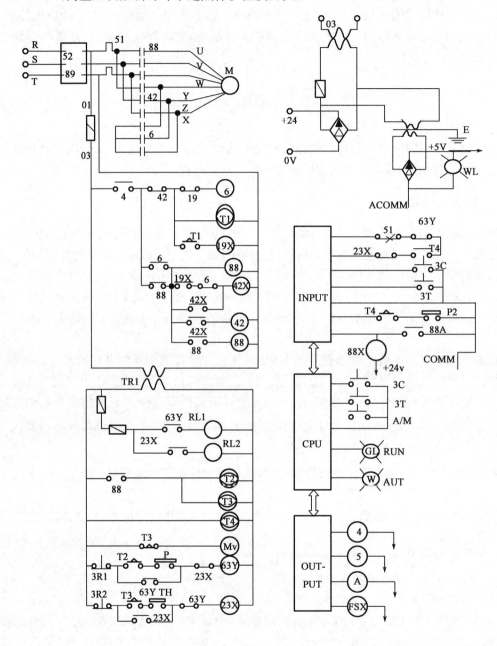

图 8-5 空压机控制电路

2. 空压机的控制过程

1) 起停控制

当该电路电源接通后，时间继电器 T4 线圈得电，延时后其接在 CPU 输入模块上的触点闭合，为空压机的自动起动做好准备。该延时就是空压机的自动顺序起动延时。如果空压机此时处于自控模式,且气瓶压力到下限,P2 触点闭合,则空压机起动运行,起动电路采用星-三角的形式,同于前面的 GS 泵线路,这里就不再重复分析了;之后随空压机运行,当压力达上限后,P2 断开,空压机停。

使用 A/M 按钮可进行空压机控制模式选择,如选择手动,则通过起停按钮进行控制。

2)保护及卸载控制

除热继电器的过载保护以外,该线路还有滑油压力低及缸套冷却水温度高保护,除前述的压力和温度开关外,还分别通过 T2、T3 时间继电器,63Y、23X 继电器来进行控制。当空压机开始起动后,T2 线圈得电开始计时,其延时到后触点闭合,若此时滑油压力仍不足,P 触点仍闭合,则 63Y 线圈得电并自锁,其连在 CPU 输入模块上的常闭触点断开,通过控制模块停空压机,并且 63Y 常开触点闭合,将故障红灯 RL1 点亮。由于 63Y 自锁,排除故障后必须通过 3R1 复位键接解除自锁。冷却水高温保护的控制过程与此基本类似。

空压机在起动过程中需要进行卸载,以减小起动负荷。这通过一个卸载电磁阀 MV 来控制,该阀还具有放残的作用。在空压机开始起动后,时间继电器 T3 线圈得电计时,其常闭触点保持闭合,接通卸载电磁阀进行卸载起动;当延时到后,T3 常闭触点断开,MV 线圈失电,电磁阀闭合,卸载结束。

二、制冷压缩机控制

在制冷压缩机的起停自动控制系统中,压缩机的自动起停控制是通过装设在压缩机吸入口的低压开关的通断来实现的。当系统中各冷库的温度全部达到设定的下限温度后,各冷库的供液电磁阀全部关闭,所有的液态冷剂都无法通过供液电磁阀进入蒸发器并回到压缩机的吸入口,于是压缩机的吸入压力越来越低,直至降低到低压开关设定的下限值时,低压开关动作(断开),使压缩机停止工作。而当某一个或多个冷库温度升高到设定的上限值时,相应的供液电磁阀打开,对应的冷库蒸发器又有冷剂流入并汽化而回到压缩机的吸入口,于是压缩机吸入口的压力升高,当升高到低压开关的设定上限压力时,低压开关动作(闭合),压缩机自动起动运行。这一过程实现了压缩机吸入口压力对压缩机的自动起停控制。

此外,为了使系统安全、高效工作,还应有相应的保护和控制环节。

(1)高压保护:当压缩机的排出口压力过高时,高压开关断开,压缩机自动停止运行,以免损坏压缩机。

(2)油压保护:要使压缩机正常工作,应在压缩机运行后建立一定的滑油压力,若在压缩机起动后设定的时间内没有建立起滑油压力,则油压开关断开,使压缩机停止工作。

(3)压缩机的负荷控制:在大功率制冷压缩机起动时,如果负荷重载起动,因起动电流很大,将会对电网造成很大的冲击,最好能使压缩机在低负荷的情况下起动;在压缩机运行后,最好能使压缩机的输出自动按制冷量的要求变化。对制冷压缩机的卸载机构,当系统的制冷量需求较低时,压缩机的吸入口压力较低(但在停机压力之上),控制器将输出信号使卸载机构动作,压缩机就在低负荷下减缸运行。

1.船舶伙食冰库制冷系统控制电路工作原理

RKS10F 制冷压缩机控制电路如图 8-6 所示。其中的控制元件介绍如下:

(1) OPS：滑油压力保护开关。工作原理：由压差开关、电加热元件和延时开关触点组成。在油压建立前，差压开关闭合，加热元件通电，若在设定时间（如 45s）内建立起油压，则差压开关断开，延时开关触点不动作，否则延时开关触点断开。

(2) HPS：高低压开关中的高压接点，排出压力高时断开。

(3) LPS：高低压开关中的低压接点，吸入压力低于停机压力时断开；LPC：卸载压力开关。当压缩机吸入压力降低到卸载设定值时，该开关触点闭合。

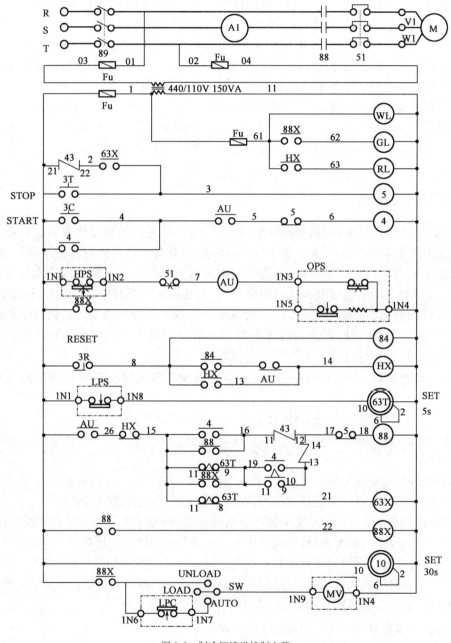

图 8-6 制冷压缩机控制电路

(4)TH：温度开关。

(5)MV：卸载电磁阀。当卸载压力开关触点 LPC 闭合时，MV 动作，带动卸载机构顶开吸气阀片，实现卸载及能量调节。

(6)89：主开关。

(7)SW：卸载选择开关。

(8)43：控制模式选择开关：自动模式时，触点 13-14、21-22 闭合，11-12 分断；手动模式时，相反。

(9)88、MC：主接触器。

(10)AX、AU、HX、63X、88X、TX、5、4、84：辅助继电器。

(11)T、63T、10：时间继电器。

(12)3C、3T、3R：起动、停止、复位按钮。

(13)51：压缩机马达过载保护继电器。

2.RKS10F 制冷压缩机控制电路工作原理

工作原理：合上图 8-6 中的电源主开关 89，电源接通后，电源指示灯 WL 亮，表示电源正常。时间继电器 10 通电吸合，其触点 10(11,9) 延时后闭合。辅助继电器 84 通电吸合，其常开触点闭合，为辅助继电器 HX 通电做好准备。当压力正常时，高低压开关的高压接点 HPS 闭合；在停机状态下，油压保护开关 OPS 闭合；压缩机电机不过载时，51 闭合，使辅助继电器 AU 通电吸合，它连接于 HX 线圈回路中的触点 AU 断开，4 线圈和 88 线圈回路中的触点 AU 闭合。在吸入压力不低的情况下，高低压开关的低压接点 LPS 闭合使时间继电器 63T 线圈通电吸合，其常开触点 63T(11,9) 延时后闭合，常闭触点 63T(11,8) 延时后断开，使线圈 63X 不能通电。

1)手动控制方式

将选择开关 43 打至"MANU"位置，其触点 43(11,12) 闭合。当按下起动按钮 3C 后，中间继电器 4 通电吸合并自锁，其常开触点 4(15,16)、4(19,20) 闭合，4(15,16) 闭合使主接触器 88 通电吸合并自锁，其主触点闭合使压缩机起动运行；辅助触点闭合使线圈 88X 通电动作，从而使其触点 88X(61,62) 闭合，运行指示灯 GL 亮；触点 88X(1N1,1N5) 闭合使油压保护开关的加热元件通电加热；触点 88X(1N1,1N6) 闭合为卸载电磁阀 MV 通电做好准备；触点 88X(15,19) 也要闭合。还有两个触点 88X 也要闭合，一个触点闭合使记录器的外部电路导通，另一个触点闭合使 R/P COMP. INTER LOCK 的开关闭合。若要手动使压缩机停止工作，可按下停止按钮 3T，使辅助继电器 5 通电动作，其常闭触点 5 断开，使辅助继电器 4 和主接触器 88 失电，88 的主触头断开切断压缩机马达电源，压缩机停止工作。辅助触点断开使辅助继电器 88X 失电，从而使运行指示灯 GL 熄灭。

2)自动控制方式

将选择开关 43 打至"AUTO"位置，其触点 43(13,14) 闭合。使主接触器 88 通电吸合并自锁，其主触点闭合使压缩机起动运行。以下情况同手动方式相同。直到压缩机的吸入压力低于 LPS 整定的下限值时，LPS 断开，时间继电器 63T 失电，其常开触点 63T(11,9) 立即断开，常闭触点 63T(11,8) 立即闭合。63T(11,8) 闭合使线圈 63X 通电，从而使辅助继电器 5 通电动作，其常闭触点 5 断开，使辅助继电器 4 和主接触器 88 失电，88 的主触头断开切断压缩机马达电源，压缩机停止工作。辅助触点断开使辅助继电器88X失电，从而使运行指示灯GL熄灭。

3）保护

当压缩机排出压力过高使HPS断开，或滑油在规定时间内压力持续过低使OPS断开，或压缩机马达过载使压缩机马达过载继电器51断开时，辅助继电器AU失电，此时，88线圈回路中的AU触点会断开，不管选择开关43在自动还是在手动控制方式，都会使主接触器88失电，压缩机都将被迫停止运行，起到保护作用。HX线圈回路中的AU触点闭合使HX继电器通电吸合并自锁，HX(61,63)触点会闭合，故障指示灯RL亮表示故障停机。88线圈回路中的HX触点会断开，确保压缩机不能起动，只有在重新起动压缩机时先按下"RESET"按钮使HX继电器失电，88线圈回路中的HX触点闭合，为主接触器88通电做好准备。

4）能量控制

SW为卸载方式选择开关，若开关SW放在"AUTO"位置，当压缩机的吸入压力下降到整定的卸载压力以下时，卸载压力开关LPC闭合，卸载电磁阀MV动作，带动卸载机构顶开吸气阀，压缩机卸载或卸缸轻载运行；若开关SW放在"LOAD"位置，电磁阀MV始终不能有电，压缩机不能卸载；若开关SW放在"UNLOAD"位置，只要压缩机运行，卸载电磁阀就能通电而强制卸载运行。

第三节　自清洗滤器的自动控制

一、空气反冲式自清洗滤器的自动控制

图8-7为空气反冲式自清洗滤器的结构示意图，该滤器由4个滤筒、1个控制旋转本体及驱动电机等部分组成。滤筒装有滤网等滤清装置。在清洗时，由电动机驱动旋转本体依次对准各滤筒。在同一时间只有1个滤筒处在被清洗状态，其他3只滤筒在正常工作。被清洗的滤筒由旋转本体切断进油通路。此时电磁阀S_1通电，控制活塞9上部空间通大气，下部空间通气源P_0经减压阀4送来的压缩空气，抬起控制活塞，打开控制阀和排污阀。压缩空气进入清洗滤筒并从滚筒内向滤筒外冲洗，这与油的流动路线（从滤筒外向滤筒内）正好相反，故称反冲式自清洗滤器。被冲洗下来的污垢由排油口排出。大约冲洗1min，电磁阀S_1断电，下路通，气源P_0经减压阀3送至控制活塞上部空间。由于控制活塞上、下受气压作用的面积差把活塞压下，关闭控制阀和排污阀，停止对该滤筒的清洗。然后起动电动机2带动旋转本体转动，并对准下一个滤筒进行清洗。每当滤器进出口压差高于某值（如0.09MPa）时，开始清洗。当滤器进出口压差低于某一值（如0.03MPa）时，停止清洗。

滤器自动清洗动作是由控制电路来实现的。图8-8是自清洗滤器自动控制原理图。

合上电源开关S，因时间继电器RT尚未动作，其触头RT(1-3)/6闭合，冲洗电磁阀S_1通电，上路通，控制活塞9上部空间通大气。控制活塞下面空间的压缩空气0.3~0.4MPa将控制活塞抬起，打开控制阀8和排污阀7进行冲洗。时间继电器RT达到延时时间动作，其触头RT(1-3)/6断开，RT(1-2)/6闭合，冲洗电磁阀S_1断电停止冲洗动作。当滤器进出口压

差 ΔP_1 大于某值时,压差开关动作,其触头 $\Delta P_1/3$ 闭合。因 ΔP_2 是常闭的,所以接触器 $C_1/3$ 通电动作,触头 C_1 闭合,电动机转动,触头 $C_1/6$ 断开,在电动机转动期间电磁阀 S_1 不能通电。电动机在转动时,凸轮开关 CS/5 闭合,继电器 $R_1/5$ 有电,其触头 $R_1/4$ 闭合,使接触器 $C_1/3$ 保持通电。同时,继电器 R_1 的常闭触头 $R_1/9$ 断开,时间继电器 RT 断电,其触头 RT/6 立即从(1—2)断开,合于(1—3),为冲洗作准备。当电机驱动旋转本体转到对准下一个滤筒时,凸轮开关将被顶开,CS/5 断开。继电器 $R_1/5$ 断电,其常开触头 $R_1/4$ 断开,接触器 $C_1/3$ 断电,电动机停转;其触头 $C_1/6$ 闭合,冲洗电磁阀 S_1 通电,进行清洗。继电器 $R_1/5$ 断电后,其常闭触头 $R_1/9$ 闭合,时间继电器 RT/9 通电。它延时时间约 1min。在延时时间内,继电器 RT 触头开关状态不变,保持对滤筒的清洗。达到延时时间后,继电器 RT 触头从(1—3)断开,合于(1—2)。电磁阀 S_1 断电停止冲洗,接触器 C_1 通电,再次起动电机驱动旋转本体对准下一个滤筒进行冲洗。以后重复上述动作,直到滤器进出口压差 P_1 小于规定值时,触头 $\Delta P_1/3$ 断开,接触器 C_1 断电,电动机停转。

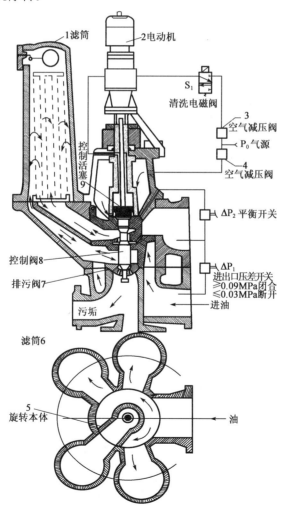

图 8-7 空气反冲式自清洗滤器结构示意图

如果清洗后无效果，说明滤器有故障。当滤器进出口压差大于 0.12MPa 时，报警触头 ΔP_3 闭合发出报警信号。ΔP_2 是冲洗状态指示压力开关，在冲洗时，因冲洗腔内压力高使其动作，$\Delta P_2/8$ 闭合，冲洗指示灯 L_3 亮，而触头 $\Delta P_2/3$ 断开。当冲洗时间已到，电磁阀 $S_1/6$ 断电，冲洗腔压力降低，状态指示压力开关 ΔP_2 复位，$\Delta P_2/8$ 断开，冲洗指示灯 L_3 灭。触头 $\Delta P_2/3$ 闭合，为电动机转动做好准备。图中 PB 是手动冲洗按钮开关，用于手动清洗；h 为计时器；e 为热保护继电器；L_1 为电源指示灯；L_2 为故障指示灯。

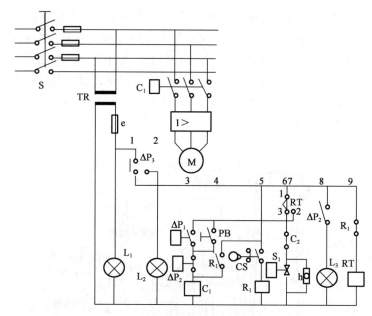

图 8-8 空气反冲式自清滤器控制电路

二、油反冲式自清洗滤器的自动控制

油反冲式自清洗滤器主要是利用滤过的油进行反向流动，达到冲洗的目的。它主要由驱动机构和滤清机构组成。

驱动机构的作用是转动冲洗控制阀。驱动机构可以用电动机驱动，也可以是液压执行机构。本例是采用液压执行机构，它利用被滤清过压力 0.2～0.3MPa 的油作为驱动动力。驱动机构输出轴摆动，通过棘轮机构带动反向冲洗控制阀，可间断地定向转动，也可以用手柄通过棘轮机构使之转动，进行手动操作清洗。滤清元件共 26 个，分上、下两组布置。待滤油从进油孔进入后，从冲洗阀外部通过，分别进入滤清元件内部，并由内向外流出。被滤清的油进入上、下集油腔，经由相应通道从滤器出口排出。冲洗阀对准的一组滤清元件与进油通道隔离，与冲洗排油通道相通，则集油腔的油就从这组滤清元件外部向内流入，从冲洗阀流向排油管。此时，反向流动的油把积存在滤清元件内侧的污垢冲掉，以达到冲洗的目的。当冲洗控制阀转到对准另一组滤清元件时，就对另一组进行反向冲洗。

这种自清洗滤器有两种冲洗周期。如果滤器进出口压差低于 0.06MPa 时，则以较长的周期进行冲洗。此时，冲洗时间和间断时间由时间继电器 TR_3 和 TR_2 控制，如图 8-9 所示。当压差大于 0.06MPa 时，冲洗时间由时间继电器 TR_3 和 TR_4 控制，其特点是间断时间较短。

第八章 机舱辅机电力拖动及控制系统

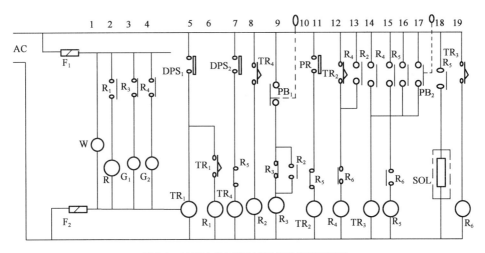

图 8-9 油反冲式自清洗滤器自动控制原理图

滑油循环泵运行后,滤器开始工作。此时泵运行开关 PR/11 闭合,触头及 $R_5/11$ 也是闭合的。因继电器 $R_5/15$ 尚未通电,经延时后时间继电器 $TR_2/11$ 动作,其触头 $TR_2/12$ 闭合;继电器 $R_4/12$ 通电动作,其触头 $R_4/15$ 闭合;继电器 $R_5/15$ 通电动作,触头 $R_5/18$ 闭合;这时冲洗排油电磁阀 SOL/18 通电打开冲洗排油阀,进行冲洗。时间继电器 $TR_3/14$ 也通电,开始计时。冲洗时间达到后,触头 $TR_3/19$ 闭合,继电器 $R_6/19$ 通电动作,其常闭触头 $R_6/12$、$R_6/15$ 均断开;继电器 $R_4/12$ 和 $R_5/15$ 都断电,触头 $R_5/18$ 断开,冲洗排油电磁阀 SOL/18 断电关闭冲洗排油阀,停止冲洗。继电器 $R_6/12$、$R_6/15$ 闭合,为再一次冲洗做好准备。由于继电器 $R_5/15$ 断电,常闭触头 $R_5/11$ 闭合,时间继电器 TR_2 通电。当延时时间达到后,继电器 R_4 和 R_5 通电,再次进行清洗,时间继电器 $TR_3/14$ 通电对冲洗时间进行计时。如此由时间继电器 TR_3 和 TR_2 控制滤器进行间断的冲洗,其冲洗的间断时间较长。

当进出口压差大于 0.06MPa 时,冲洗周期由时间继电器 TR_4 和 TR_3 控制,其周期较短。此时压差开关 $DPS_2/7$ 闭合,时间继电器 $TR_4/7$ 通电,达到延时时间后动作,其触头 $TR_4/8$ 闭合。继电器 $R_2/8$ 通电动作,其触头 $R_2/4$ 闭合。继电器 $R_5/15$ 通电动作,冲洗排油电磁阀 SOL/18 通电进行清洗,同时时间继电器 $TR_3/14$ 通电,对清洗计时。在 $R_5/15$ 通电时,其触头 $R_5/7$ 断开。时间继电器 $TR_4/7$ 断电,其触头 $TR_4/8$ 立即断开。继电器 $R_2/8$ 断电时,其触头 $R_2/14$ 断开,但继电器 $R_5/15$ 与 $TR_3/4$ 仍保持通电。当冲洗时间达到后,时间继电器 $TR_3/14$ 动作,其触头 $TR_3/19$ 闭合,继电器 $R_6/19$ 通电,其常闭触头断开,继电器 $R_5/15$ 断电,停止冲洗,其触头 $R_5/7$ 闭合。时间继电器 $TR_4/7$ 达到延时时间后动作,其触头 $TR_4/8$ 闭合,再一次进行冲洗。如此循环动作,直到压差减小到使压差开关 DPS_2 断开,又恢复到由时间继电器 TR_2 和 TR_3 对冲洗进行周期较长的间断控制。

当滤器进出口压差大于 0.08MPa 时,压差开关 DPS_1 闭合,时间继电器 $TR_1/5$ 通电,经延时后其触头 $TR_1/6$ 闭合,继电器 $R_1/6$ 通电动作,其触头 $R_1/2$ 闭合,红灯亮。指示灯 G_1 是进行压差冲洗记忆的,表示有过压差冲洗过程,指示灯 G_2 表示正在冲洗,$PB_1/9$ 是压差冲洗记忆指示灯复位按钮,PB_2 为手动冲洗控制按钮。

思 考 题

1. 何为自动切换控制功能？请分析书中的主机海水泵自动切换控制过程。
2. 何为自动顺序起动控制功能？请分析书中的主机海水泵自动顺序起动控制过程。
3. 空压机控制电路中有哪些保护功能？请分析书中电路图的保护过程。
4. 制冷压缩机控制电路中有哪些保护功能？请分析书中电路图的保护过程。
5. 制冷压缩机如何实现自动起停控制？请分析书中电路图的控制过程。
6. 空气反冲式和油反冲式自动冲洗滤器的控制有何相同之处？

第九章 甲板机械电力拖动及控制系统

甲板机械对于船舶的安全营运至关重要。根据其拖动形式的不同，可分为电动、液压、蒸汽、压缩空气等几种常见类型。电动和电动液压（由电力拖动设备如电动机拖动液压泵以产生油压）甲板机械都设有电力拖动及控制和保护系统，但由于工作原理不同，其拖动及控制有较大的区别：如电动系统需要对拖动电机进行起停、转向及转速控制，而一般液压系统的拖动电机是连续定向定速运行的。为保证甲板机械的安全运行，其保护电路必不可少，其中的一大部分是各种限位保护，这也是本章的重点内容之一。

第一节 起货机的电力拖动与控制要求

船舶起货机是保障船舶具有自行装卸货能力的一种重要机械技术装备。船舶的营运周期主要由航行时间和停泊时间两部分组成，而停泊时间的长短主要取决于装卸货物的速度。因此提高装卸效率，对加速船舶周转、降低航运成本具有重要意义。许多船舶配备起货机械（特别是干货船），以提高船舶对装卸设备不足的港口和港外锚地装卸货的适应能力。

船用起货机按拖动方式可分为蒸汽起货机、电动液压起货机和电动起货机。

蒸汽起货机在一般的船舶上已不采用，但在油轮上因其运行过程中不会产生电火花仍有应用。

电动液压起货机因其调速平滑、无级、运行平稳、传动效率高及电气控制线路简单而获得越来越广泛的应用。缺点是价格高昂，制造精度要求高，油管道系统复杂，漏油时不易修复，油液中如果渗入空气会产生噪声等。这是目前船舶实际使用最多的形式。

电动起货机具有便于实现自动控制和远距离控制，振动和噪声小，能较好地满足起货机对拖动控制的要求等。随着电力电子技术的发展，目前采用可控整流及变频技术的电动系统在船上逐渐被广泛采用。

按照起货机的起吊形式，可分为吊杆式起货机和悬臂回转式起货机（克令吊）两种。吊杆式起货机又可分为单吊杆式和双吊杆式两种。

一、交流电动起货机的主要类型

1. 变极调速鼠笼式异步电动机系统

它是通过改变三相异步电动机定子旋转磁场的磁极对数来进行调速的。根据调速的特点不同又可分为恒功率调速和恒转矩调速两种。它的优点是结构简单，便于维护和保养。缺点是起动冲击电流大，对电网的运行不利，调速是有级的，不平滑。

2. 发电机-电动机系统(F-D 系统)

它是通过交流电动机拖动直流发电机产生直流电供给直流电动机,再由直流电动机带动起重机械运行的拖动系统。由于是对直流电动机进行调速的,故调速平滑、范围广且控制简单。但一次投资大,维修保养工作量大。

3. 可控整流器-电动机系统

它是通过可控整流设备产生直流电供给直流电动机,再由直流电动机带动起重机械运行的拖动系统。由于是对直流电动机进行调速的,故调速平滑、范围广且应用日渐广泛。

4. 电动液压起货机

它是用交流电动机拖动油泵,通过改变油泵的油压和油量实现调速的。其优点是平滑无级,运行稳定,过载能力强,对电动机要求不高,电气控制简单,运行可靠,维护工作量小。缺点是机械制造工艺要求高,油路复杂,漏油时不易修复。

二、电动起货机对电力拖动的要求

电动起货机的拖动电动机直接或通过减速箱拖动负载,拖动输出的刚性强,其对电力拖动系统有以下要求:

(1)要求拖动电动机过载能力好,起动力矩足够大。
(2)要求拖动电动机具有较软的机械特性,以自动适应轻载快速运行、重载慢速运行。
(3)拖动电动机调速范围要广,通常要求 n_{max}/n_{min} 在(7～10)范围。
(4)要求选用转子转动惯量尽量小的拖动电动机。
(5)应选用防水式电动机。
(6)应选用重复短时工作制的电动机。

三、交流电动起货机对控制电路的要求

起货机的控制电路必须保证起货机工作效率高,工作可靠,操作灵活。常用的变极调速电力拖动系统的控制电路一般设有主令控制器,主令手柄一般应设有零位,提升各挡和下降各挡,以满足起货机的提升、下降、停止和调速的要求。通常其控制电路应满足以下要求:

1. 控制电路中应设有逐级自动起动线路

为了加快起动过程,降低接触器断开电流,当手柄从零位快速扳到提升或下降的高速挡时,应能逐级延时起动。起动时间应小于 2s。

2. 控制线路中应具有三级自动制动功能

为了减轻电磁制动器的负担,缩短制动过程,当手柄从高速挡快速扳到停车时,应有以下三级制动停车过程:转速高时单独电气制动,速度降低到一定值后电气与机械联合制动,速度接近于零时单独机械制动直到停车,制动时间应小于 1s。

3. 控制线路应设有逆转矩控制环节

为了防止发生中速绕组和高速绕组的反接制动,避免过大的冲击电流,当主令控制器手柄从提升的高速挡快速扳到下降的高速挡(或反向操作)时,应首先实现从高速挡到零挡的自动

制动停车过程,然后再实现零位到反向高速挡的自动起动过程。上述电动机的制动和起动按程序进行的控制方式称为逆转矩控制。

4.控制线路应具有防止货物自由跌落的保护措施

下降货物时,应有电气制动以保证货物等速下降;在起动时应先接通低速绕组电源后才能松开电磁制动器;在换挡过程中,当主令控制器手柄在两挡中间位置时,起货电动机应总有一个绕组通电,如在提升货物时,中速绕组通电低速绕组才能断电,高速绕组通电后,中速绕组才能断电。

5.应能保证不发生中速和高速堵转现象

即中速或高速绕组通电时电磁制动器不应抱闸,或者说当电磁制动器抱闸时,中速和高速绕组应立即断电。

6.采用通风机冷却的起货机

应在打开风门,风机运行后才能起动起货机;当风机故障停止运行时,起货电动机只有低速绕组可以通电运行,以便放下吊在空中的货物。

7.控制线路应设有失电压保护、单相保护、过载保护和短路保护等保护措施

此外,还应设置应急切断开关,以便在紧急情况下能应急停车。

第二节 交流恒转矩变极调速起货机的控制

对变极调速三相异步电动机的不同极对数的绕组而言,如果按照恒功率设计,由于它们的额定功率相同,很显然低速绕组的最大提升力矩较大,高速绕组的最大提升力矩较小;如果按照恒转矩设计,由于不同绕组的最大提升力矩一致,故高速绕组的额定功率较大而低速绕组的额定功率较小。例如在某三速变极调速电动起货机中,4极和8极的中、高速绕组按恒功率设计,4极为高速半载级其速度快但起重量小,用于轻载或空钩运行;8极为额定中速级,可在额定负载下中速运行;28极为低速级,其起动力矩大而起动电流小,以适应货物低速起吊和着地的要求。

一般恒转矩变极调速和恒功率变极调速的三相交流异步电动起货机的不同在于:恒转矩调速电动起货机起动力矩大,但起动电流也大,约为额定电流的5～6倍(恒功率调速电动起货机约为额定电流的2倍);恒转矩调速电动起货机高速时的转矩比恒功率调速电动起货机大;恒转矩电动起货机高速时可提升额定负载而恒功率调速电动起货机高速时只能提升半载(若高速全载则会发生过载);恒转矩调速电动起货机无需超载保护环节或设置相对简单,整个控制电路简单,维护修理方便,而恒转矩调速电动起货机必须设置超载保护环节。

本节要分析的"西门子"交流电动起货机是一种恒转矩变极调速的三相交流异步电动起货机。其拖动电动机为交流鼠笼式三速异步电动机,定子有三套独立的绕组,可提供三种不同的转速。图9-1为西门子交流三速电动起货机主电路,图9-2为其控制电路,下面分析其工作原理。

一、控制线路分析

1. 准备（主令控制器手柄在零位）

当要使用起货机时，应先打开起货电动机的风门，风门打开后，风门开关 b_{12} 自动闭合，风机接触器 $11-C_{16}$ 通电吸合，其主触头 $10-C_{16}$ 闭合，风扇电动机 m1 电源接通，风机起动运行

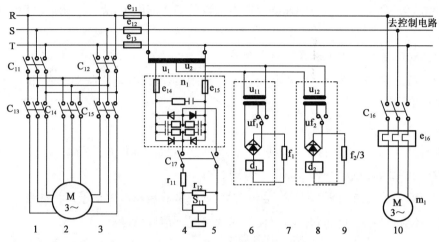

图 9-1 "西门子"交流电动起货机主电路图

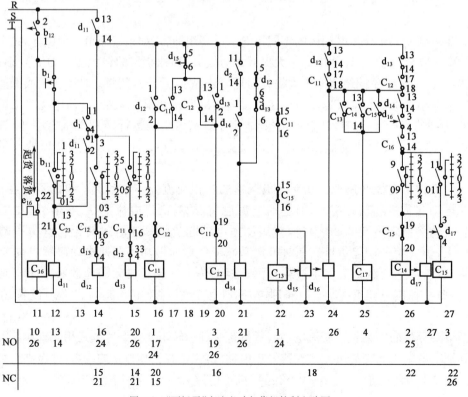

图 9-2 "西门子"交流电动起货机控制电路图

第九章 甲板机械电力拖动及控制系统

以冷却起货电动机；C_{16} 的常开辅助触头 $26-C_{16}(13,14)$ 闭合，为中速接触器 $26-C_{14}$ 和高速接触器 $27-C_{15}$ 接通做好准备，保证只有在风机运行的条件下起货机才能进入中、高速运行。

在正常情况下，应急停止开关 $12-b_1$ 是闭合的，同时主令控制器手柄在零位上，主令控制器触头 $12-b_{11}(1,01)$ 是闭合的，故失电压继电器 $12-d_{11}$ 通电吸合，其触头 $13-d_{11}(1,2)$ 闭合自锁(在低速绕组不过载时，$6-d_1$ 通电吸合，$13-d_1(11,4)$ 闭合时)，组成零电压保护电路；$14-d_{11}(13,14)$ 闭合，向控制电路供电。

由于此时中速接触器 $26-C_{14}$ 和高速接触器 $27-C_{15}$ 均为失电状态，接触器 $22-C_{13}$ 通电吸合，其主触头 $1-C_{13}$ 闭合，为低速绕组通电做好准备；其辅助触头 $25-C_{13}(13,14)$ 闭合，为制动接触器 $25-C_{17}$ 通电吸合做好准备。$22-C_{13}$ 通电的同时，时间继电器 $23-d_{15}$ 也通电，其常闭延开触点 $18-d_{15}(5,6)$ 延时断开，切断再生制动回路。

因在零位时上升继电器 $14-d_{12}$ 和下降继电器 $15-d_{13}$ 在失电状态，中、高速跳闸继电器 $21-d_{14}$ 通电吸合，在中、高速绕组不过载 $8-d_2$ 通电吸合，$21-d_2$ 闭合的情况下，常开触点 $21-d_{14}(1,2)$ 闭合自锁；$26-d_{14}(13,14)$ 闭合，为中、高速运行做好准备。

2. 起货第一挡

当主令控制器 b_{11} 扳到起货(上升)第一挡时，主令触头 $14-b_{11}(3,03)$ 接通，上升辅助继电器 $14-d_{12}$ 通电吸合，$16-d_{12}(1,2)$ 闭合，上升接触器 $16-C_{11}$ 通电吸合，其主触头 $1-C_{11}$ 闭合，接通低速绕组电源；$14-d_{12}$ 的常闭触点 $15-d_{12}(3,4)$ 断开，使下降辅助继电器 $15-d_{13}$ 断电而组成正反转互锁；$14-d_{12}$ 的常开触点 $24-d_{12}(13,14)$ 闭合，由于 $24-C_{11}(17,18)$ 已经闭合，故电磁制动接触器 $25-C_{17}$ 通电吸合，其常开触点 $4-C_{17}$ 闭合，电磁制动器 $4-S_{11}$ 通过整流器获电动作，松开刹车，使起货电动机低速运行。这里 C_{11}、C_{17} 之间组成了程序连锁，确保电动机低速绕组先通电，S_{11} 才能通电松闸，避免了重物自行落下的可能。$25-C_{17}$ 通电的同时，时间继电器 $24-d_{16}$ 通电，它的常开延闭触点 $26-d_{16}(3,4)$ 延时闭合，为向中、高速接触器 $26-C_{14}$ 和 $27-C_{15}$ 通电做好准备。这里延时的目的是为了保证在手柄快速扳到中、高速挡时，有足够的时间进行低速起动，以防直接进行中、高速起动造成对起货电动机的冲击。

在此期间，若起货电动机的中、高速绕组不过载，$8-d_2$ 吸合，中、高速辅助继电器 $21-d_{14}$ 获电并自锁，其常开触点 $26-d_{14}(13,14)$ 闭合，使中、高速接触器有通电的可能，否则 $8-d_2$ 释放，$21-d_{14}$ 失电，起货机不能进入中、高速运行。

3. 起货第二挡

当主令控制器手柄从起货第一挡扳到起货第二挡时，主令触头 $26-b_{11}(9,09)$ 接通，中速接触器 $26-C_{14}$ 通电吸合，其主触头 $2-C_{14}$ 闭合，中速绕组通电，起货机中速运行；其常闭辅助触点 $22-C_{14}(15,16)$ 断开，低速接触器 $22-C_{13}$ 断电，使低速绕组断电，保证电动机在换挡过程中不会中断供电。同时 $23-d_{15}$ 失电，$18-d_{15}(5,6)$ 立即闭合，为停车或反向操作时进行再生制动做好准备。

与此同时，时间继电器 $26-d_{17}$ 通电，其常开延闭触点 $27-d_{17}(3,4)$ 延时闭合，为第三挡高速运行做好准备。

4. 起货第三挡

将主令控制器手柄扳到起货第三挡时,主令触头 $27-b_{11}$(11,011)闭合,高速接触器 $27-C_{15}$ 通电吸合,其主触头 $3-C_{15}$ 闭合接通高速绕组,使起货电动机高速运行;其辅助触点 $26-C_{15}$(19,20)断开,中速接触器 $26-C_{14}$ 失电,$2-C_{14}$ 断开,中速绕组断电,保证在换挡过程中不会中断向起货电动机供电。

在上升各挡时,电磁刹车接触器 $25-C_{17}$ 始终保持通电吸合状态,以保持刹车松开。

5. 主令控制器手柄从零位快速扳到起货第三挡

因为主令控制器手柄在零位时已有 $12-d_{11}$、$11-C_{16}$、$21-d_{14}$、$23-d_{15}$、$22-C_{13}$ 通电吸合,当控制手柄突然扳到起货第三挡时,主令控制器触头 $14-b_{11}$(3,03)、$26-b_{11}$(9,09)、$27-b_{11}$(11,011)闭合,这时 $14-d_{12}$ 和 $16-C_{11}$ 先后通电,使低速绕组通电,同时 $25-C_{17}$ 因 $24-d_{12}$(13,14)、$24-C_{11}$(17,18)、$25-C_{13}$(13,14)已接通而使 $25-C_{17}$ 线圈获电,其常开触头 $4-C_{17}$ 接通,电磁制动器 $4-S_{11}$ 通电而松闸,起货电动机首先在低速起动。在 $25-C_{17}$ 线圈通电的同时,时间继电器 $24-d_{16}$ 也通电,经约 0.25s 延时后,其常开触点 $26-d_{16}$(3,4)闭合,使中速接触器 $26-C_{14}$ 线圈通电吸合,起货电动机转换到中速绕组加速运行,$22-C_{13}$ 和 $23-d_{15}$ 失电断开低速绕组并使 $18-d_{15}$(5,6)闭合,为再生制动做好准备。在 $26-C_{14}$ 通电吸合的同时,时间继电器 $26-d_{17}$ 通电,经约 0.5s 延时后,其常开延时闭合触点 $27-d_{17}$(3,4)闭合,使高速接触器 $27-C_{15}$ 通电吸合,起货电动机转换到高速绕组加速到高速运行,常闭触点 $26-C_{15}$(19,20)断开,$26-C_{14}$ 失电,中速绕组断电。

由上分析可见,主令控制器手柄突然从零位扳到起货第三挡时,起动过程与手柄的操作速度无关,而是通过时间继电器 $24-d_{16}$ 和 $26-d_{17}$ 的延时控制,按时间原则自动起动并逐步加速到高速运行。不会出现高速、中速绕组堵转,也不会出现直接高速起动的情况。

6. 主令控制器手柄从起货第二、三挡突然扳回零位

由于在第二(或三)挡时,中速(或高速)接触器 $26-C_{14}$(或 $27-C_{15}$)的线圈是通电吸合的,其常闭触点 $22-C_{14}$(15,16)或 $22-C_{15}$(15,16)断开,时间继电器 $23-d_{15}$ 处于断电状态,其常闭延开触点 $18-d_{15}$(5,6)是闭合的。这为接通再生制动电路做好了准备。当手柄突然回到零位时,一方面上升辅助继电器 $14-d_{12}$ 断电释放了,其常开触点 $16-d_{12}$(1,2)断开;同时手柄回零位后 26、27 回路也断开,$26-C_{14}$ 和 $27-C_{15}$ 断电,其常闭触点 $22-C_{14}$(15,16)和 $22-C_{15}$(15,16)闭合,使 22 回路接通,低速接触器 $22-C_{13}$ 和时间继电器 $23-d_{15}$ 同时通电。时间继电器 $23-d_{15}$ 的常闭延开触点 $18-d_{15}$(5,6)在延时期间还未断开,$16-C_{11}$ 的自锁触点 $17-C_{11}$(13,14)使 $16-C_{11}$ 继续保持通电吸合状态,又因低速接触器 $22-C_{13}$ 在零位时是通电吸合的,这使得低速绕组和电源是接通的,使起货电动机进入再生制动状态。

在上升辅助继电器 $14-d_{12}$ 断电的同时,其常开触点 $24-d_{12}$(13,14)断开,电磁制动接触器 $25-C_{17}$ 线圈失电,制动电磁铁线圈 $4-S_{11}$ 的直流电源被切断,但因 S_{11} 是大电感元件,它将通过电阻 r_{12} 放电并在短暂时间内维持松闸状态,到 S_{11} 放电到不足以使电磁铁吸合时释放而使制动器刹车。此期间因 $18-d_{15}$ 还未断开,故再生制动和机械制动同时起作用(联合制动)。

最后,当时间继电器 d_{15} 延时结束,$18-d_{15}$(5,6)断开,接触器 $16-C_{11}$ 断电释放,低速绕组断电,靠机械制动使起货电动机停车。

7. 落货

落货各挡或从零位快速扳到落货二、三挡;或从落货二、三挡快速扳回零位都与起货时的情况相类似,所不同的是:落货时下降辅助继电器 $15-d_{13}$ 取代了 $14-d_{12}$;下降接触器 $20-C_{12}$ 取代了 $16-C_{11}$,起货电动机反转。由于货物是位能性负载,在落货时使电动机处于再生制动状态下运行,电动机使货物匀速下降。

8. 主令控制器手柄从起货第三挡快速扳到落货第三挡(或相反)

其过程为先三级制动减速,后按时间原则逐级反向起动过程。

主令控制器手柄在落货状态时其触点 $14-b_{11}(3,03)$ 断开,上升辅助接触器 $14-d_{12}$ 断电释放,其常开触点 $24-d_{12}(13,14)$ 断开,使制动接触器 $25-C_{17}$ 和 $4-S_{11}$ 相继延时释放,同时在手柄过零位时使中速接触器 $26-C_{14}$ 和高速接触器 $27-C_{15}$ 也都相继断电释放,其常闭触点 $22-C_{14}(15,16)$ 和 $22-C_{15}(15,16)$ 闭合,使低速接触器 $22-C_{13}$ 通电吸合,时间继电器 $23-d_{15}$ 同时通电。在 $23-d_{15}$ 延时时间内,其常闭延开触点 $18-d_{15}(5,6)$ 仍然闭合,加之 $17-C_{11}(13,14)$ 的自锁作用,上升接触器 $16-C_{11}$ 继续保持有电吸合状态,$15-C_{11}(15,16)$、$20-C_{11}(19,20)$ 断开迫使下降辅助继电器 $15-d_{13}$ 和下降接触器 $20-C_{12}$ 不能获电,防止了起货电动机在高速状态下反接制动的可能。由于低速接触器 $22-C_{13}$ 和上升接触器 $16-C_{11}$ 仍然吸合接通低速绕组的电源,起货电动机进入再生制动状态。同时制动接触器 $25-C_{17}$ 断电释放,制动电磁铁线圈 $4-S_{11}$ 延时释放刹车,又逐渐加入了机械制动,此期间既有再生制动,又有机械制动,故称联合制动。待 $23-d_{15}$ 延时结束,其常闭延开触点 $18-d_{15}(5,6)$ 断开,上升接触器 $16-C_{11}$ 断电释放,再生制动完毕。由于 $16-C_{11}$ 断电后,其常闭触点 $15-C_{11}(15,16)$ 闭合,下降辅助继电器 $15-d_{13}$ 获电,其常开触点 $20-d_{13}(1,2)$ 闭合,下降接触器 $20-C_{12}$ 通电吸合,由于低速接触器 $22-C_{13}$ 已经吸合,故电动机低速绕组以反转相序通电,同时制动接触器 $25-C_{17}$ 得电,制动电磁铁线圈 $4-S_{11}$ 开始打开刹车,此时电动机进入低速的反接制动状态,使其正转转速降低至零,之后再进行低速的反转起动。之后就是开始按落货方向(反转)逐级延时起动,并加速到要求的下降转速(中速或高速)后稳定运行,这种控制称为"逆转矩控制"。

二、控制线路的保护环节

1. "逆转矩控制"

"逆转矩控制"的主要目的是防止电机出现中、高速运行状态下的反接制动,以防止电路出现过电流。其电路控制过程见第二部分第 8 条所述,在此不再重复。

2. 防止货物自由跌落

(1)在货物下降时,起货电动机处在再生制动状态下运行,使货物等速下降。

(2)在换挡过程中,中速接触器 $26-C_{14}$ 通电吸合,其常闭触点 $22-C_{14}(15,16)$ 断开后,低速接触器 $22-C_{13}$ 才断电,断开起货电机低速绕组的电源;高速接触器 $27-C_{15}$ 通电吸合,其常闭触点 $26-C_{15}(19,20)$ 断开后,中速接触器 $26-C_{14}$ 才断电,断开起货电机中速绕组的电源;即使在主令控制器手柄在两挡中间位置时,总是有一个接触器吸合,使起货电动机对应的一个绕组通电,保证货物不会自由下落。

3. 应急切断

如遇控制器失控或其他紧急情况时,可按下应急按钮 $12-b_1$ 切断控制电路电源,使起货机立即停止工作。

4. 失电压保护(零电压保护)

用零电压继电器 $12-d_{11}$ 和主令控制器触点 $12-b_{11}(1,01)$ 来实现零电压保护。当出现失压后又恢复供电时,必须先将主令控制器手柄扳回到零位,$12-d_{11}$ 才有可能再次获电并自锁,控制电路电源才会接通。这样可防止手柄不在零位时失电后又恢复供电的情况下自动起动造成意外事故。本起货机采用断电刹车方式,断电后电磁刹车靠弹簧力复位刹紧,防止货物下落伤人。

5. 起货机过载保护

用安装在起货电动机低速绕组内部的热敏电阻 $7-f_1$ 来控制低速挡保护跳闸单元 $6-u_{11}$,用安装在起货电动机中、高速绕组内部的热敏电阻 $9-f_{2/3}$ 来控制中、高挡保护跳闸单元 $8-u_{12}$,以实现过载保护。当低速绕组长期过载时,热敏电阻 $7-f_1$ 的阻值升高,使 $6-u_{11}$ 中的电流继电器 $6-d_1$ 释放,断开 $13-d_1(11,4)$,零电压继电器 $12-d_{11}$ 断电使整个控制电路失电,起货机停止工作。同样,当中、高速绕组长期过载时,$9-f_{2/3}$ 电阻值升高,使 $8-u_{12}$ 中的 $8-d_2$ 释放,其常开触点 $21-d_2(11,14)$ 断开,$21-d_{14}$ 失电,触点 $26-d_{14}(13,14)$ 断开,中、高速接触器 $26-C_{14}$、$27-C_{15}$ 断电,起货机不能在中、高速运行而只能低速运行。

6. 风机过载保护

用热继电器 $10-e_{16}$ 来实现。风机过载时,$10-e_{16}$ 动作,$11-e_{16}(21,22)$ 断开,风机接触器 $11-C_{16}$ 断电释放,风机停止工作。同时其常开触点 $26-C_{16}(13,14)$ 断开,使 26 和 27 回路断电,起货机不能在中、高速运行而只能在低速运行。

7. 短路保护

由熔断器 $e_{11} \sim e_{13}$ 来实现。

8. 断相保护

电动机在缺相的情况下运行时,将会使电动机过热而损坏。由于本电路的控制电路由三相供电,在电源的任一相失电的情况下都能使控制电路失电,电动机都会停止运转而起保护作用。

第三节 电动液压起货机

船舶所用电动液压起货机主要有单杆、双杆及旋转式等几种类型。在近几年新造的灵便型散货船上配备的基本都是液压旋转式起货机,通常称为克令吊,它一般被安置于两个货舱中间的甲板上,每船有 4~5 台。克令吊的操纵室及马达房,以及吊臂、索具等都组装在回转座台上,多可实现 360° 的连续回转。

*一、液压系统基本知识

液压系统中采用液压传动,就是利用液体静压力传递原理进行能量与信息传递。液压传动具有三个特点:力的传递靠液体压力来实现;运动速度的传递靠液体的流量来实现;自锁靠液压元件对液压油的"密封"来实现。

液压传动装置由四大元件组成:动力元件、执行元件、控制元件和辅助元件。

1. 液压泵

液压泵是利用工作腔容积的变化来进行吸、排液压油,按其工作原理属容积式泵,常见的液压泵按其结构分有齿轮式、螺杆式、叶片式和柱塞式等。

1) 径向柱塞泵

径向柱塞泵因其柱塞布置垂直于传动轴而得名。它由柱塞、缸体、浮动环、传动轴、配油轴和壳体等组成。

2) 轴向柱塞泵

轴向柱塞泵因其柱塞布置平行于传动轴而得名,本章节以斜盘式轴向柱塞泵为例进行讨论。它由斜盘、缸体、传动轴、配油盘、柱塞副和泵壳等组成。

2. 液压马达

液压马达的作用是将液压能转换成机械能,与液压泵的作用相反。船用低速大扭矩液压马达常见的有活塞连杆式、静力平衡式、内曲线式和叶片式等几种,大多为双向定量型或有级变量型。

1) 活塞连杆式液压马达

该液压马达由活塞、连杆、偏心轮(输出轴)、配油轴和壳体等组成,配油轴与输出轴间有十字形联轴器,确保配油轴与输出轴同步回转,连杆采用球铰与活塞相连,大端则有导环与挡圈压紧在偏心轮表面上,进、回油经配油轴分配后经流道与工作腔相通。

2) 静力平衡式液压马达

该马达由空心柱塞、压力环、五星轮、输出轴(偏心轮、配油轴、输出轴共为一体)和缸体等组成,该型马达可以做成双排,双排时为平衡径向力,偏心轮偏心方向相差180°,并在控制阀作用下可以进行有级调速。

3) 内曲线式液压马达

该型马达为多柱塞、多作用(常见有 8 柱塞,6 作用;10 柱塞,8 作用)液压马达,故它的输出转矩大;低速稳定性好(0.5r/min 以下);只要选用合适的导轨曲线就能获得十分均匀的转速与转矩;只要作用次数与柱塞数的最大公约数≥2 时,马达上的径向力完全平衡;工作可靠,机械效率和容积效率都比较高。

3. 液压阀件

按基本功能分为方向控制阀、压力控制阀和流量控制阀三大类。

1) 溢流阀

属于压力控制阀,主要依据液体压力和弹簧力相互平衡的原理工作。图形符号如图9-3所示,阀前系统的油液,即 A 管的油液,可以通过虚线所示的控制油路进入阀体内,当 A 管油压达到整定的数值时,液体压力与阀体内弹簧(图中以波折线表示)力平衡,而阀被开启,使 A 管与 B 管接通,将 A 管油液泄出。

图 9-3 溢流阀

溢流阀的重要作用是在油压过高时,泄出油液,借以保护油泵和油路系统的安全以及保持阀前油路系统压力的稳定。作为安全阀时,溢流阀为常闭的,作为系统压力调节时,溢流阀常开,使多余的压力油不断地从溢流口泄出而流回油箱,起溢流定压作用。

2) 单向阀

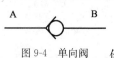

图 9-4 单向阀

又称止回阀,图形符号如图 9-4 所示,其功用是使油液单向流动而不能倒流,即从 A 管流向 B 管。

3) 换向阀

按操作方式分手动、机动、电动、液动、电液动等,按滑阀的可变位置分二位与三位等,按滑阀的通路数目分二通、三通、四通、五通等。

液动二位二通阀是用液体压力油操作,有两个工作位置及两条通路(A 和 B)。当压力油经控制油路(虚线所示)进入阀体时,控制油的压力克服弹簧力,使阀芯处于上位,即 A 和 B 两油路不通的工作位置,如图 9-5a)所示;当没有控制油或压力太低时,弹簧使阀处于下位,即 A 和 B 两油路接通的工作位置,如图 9-5b)所示。

液动二位三通阀有三条通路(A、B、O)。当控制油进入阀体内克服弹簧力时,阀处于 A、B 两油路接通,油路 O 被隔开的工作位置,如图 9-6a)所示;当不通控制油或压力太低时,弹簧力使阀处于 A、O 两油路接通,而 A、B 两油路被隔开不通的工作位置,如图 9-6b)所示。

电动二位三通阀为电动换向阀,一般称为电磁换向阀,简称电磁阀。图 9-7 是电动二位三通阀,与液动不同之处是改用电磁铁操作。电磁铁通电时,A、B 两油路接通,电磁铁断电时,A、O 两油路接通。

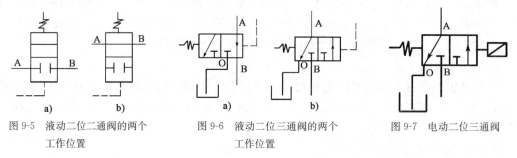

图 9-5 液动二位二通阀的两个工作位置   图 9-6 液动二位三通阀的两个工作位置   图 9-7 电动二位三通阀

4) 单向节流阀

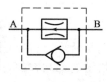

图 9-8 单向节流阀

流量控制阀的一种形式,图形符号如图 9-8 所示。当从 A 管进油时,油可通过单向阀畅通,经 B 管排出,反之,从 B 管进油时,则不能畅通而受到一定限制,起到节流的作用,其流量大小可以调节。图中上半部分为简单节流阀的符号,是一种简易式流量控制的阀门。

4. 电动液压起货机的工作原理

电动液压起货机主要由油泵机组、油马达及各种控制阀等组成,通过管路连接构成液压传动系统:油泵的作用就是向油马达提供压力油液,而油泵由电动机拖动,故称电动液压起货机;油马达也叫液动机,用以拖动起货机卷筒转动,油马达的转动是利用高压油来推动。油泵、拖动油泵的电动机及其起动设备合称为油泵机组,各种控制阀用来控制和调节液压系统中油的压力、流量和方向等,以保证拖动系统平稳而又协调的工作。与发电机-电动机起货机的功能相似,油泵机组相当于发电机组,是动力元件,将原动机的机械能转变为油液的压力能;油马达相当于电动机,是执行元件,将液体的压力能转变为机械能输出给工作机械;各种控制阀相当于开关的控制设备,主要包括控制液体通、断和流向,液体压力、流量等控制元件,作用是保证执行元件获得所需要的运动方向、运动速度和作用力(力矩);而管路相当于导线,作用是对油液净化、冷却及实现其他所需要的辅助功能。一般主油泵与油马达构成独立的闭合循环回路,因此该系统称为"闭式系统"。

在双吊杆式电动液压起货机中,其左、右吊杆的卷筒驱动系统完全对称,各有一套相同的液压元件和控制线路。在单杆吊和克令吊中,设有起落货、变幅和回转三套驱动系统,分别控制吊钩上下、吊臂上下及吊杆或机身的旋转,单杆吊一般三套驱动系统都用钢丝卷筒驱动,克令吊则前两套用卷筒,回转用内外齿轮啮合装置驱动。

为了准确迅速停车,油马达可配用"液压制动器(俗称油刹车)",它与电磁制动器类似,不同之处是改用油压操作,当刹车油缸内通入压力油时,制动器弹簧被压缩,制动器松闸,油马达可以自由旋转,当刹车油缸的压力油放出时,在弹簧作用下,使装于油马达轴端的摩擦轮与制动件之间产生摩擦力而实现刹车。

有些液压系统中除主油泵外还有辅油泵,用以向主油泵循环系统提供油液,并向液压刹车(相当于电磁铁刹车)系统提供压力油,一般它和主油泵之间设有连锁保护(顺序保护),辅油泵先起动,之后主油泵才可起动。

5. 电动液压系统故障排除与恢复运行

停用的液压装置每月必须做一次检查性运转。注意检查安全保护装置的工作和电气绝缘是否正常,请按说明书规定的时间间隔和部位对铰链、轴承、滑轮和其他暴露在外的摩擦部件加润滑油和润滑脂。

液压系统起动以后,可以进行空载试运转,检查有关设备、控制装置等。若无不正常情况即可开始带负荷试运转,检查运转性能是否良好,有无振动、冲击、噪声、爬行等不良现象。液压系统常见故障及处理方法如表9-1所示。

液压系统常见故障及处理方法 表9-1

故障现象	产 生 原 因	排 除 方 法
系统无压力或压力过低	①溢流阀开起。由于阀芯被卡住,不能关闭。阻尼孔堵塞,阀芯与阀座配合不好或弹簧失效; ②其他控制阀阀芯由于故障卡住,引起卸荷; ③液压元件破损严重,或密封损坏,造成内外泄漏; ④液位过低,吸油堵塞或油温过高; ⑤泵转向错误,转速过低或动力不足	①修研阀芯与壳体,清洗阻尼孔,更换弹簧; ②找出故障部位,清洗或研修,使阀芯在阀体内运动灵活; ③检查泵、阀及管路各连接处的密封性,修理或更换零件和密封; ④加油,清洗吸油管或冷却系统; ⑤检查动力源
流量不足	①油箱液位太低,油液黏度大,过滤器堵塞,引起吸油阻力大; ②液压泵转向错误,转速过低或空转磨损声重,性能下降; ③回油管在液位以上,空气进入; ④蓄能器漏气,压力及流量供应不足; ⑤其他液压元件及密封件损坏引起泄漏; ⑥控制阀动作不灵活	①检查液位,补油,更换黏度适应的液压油,保证吸油管直径; ②检查原动机、液压泵及液压泵变量机构,必要时换泵; ③检查管路连接及密封是否可靠; ④检查蓄能器性能与压力; ⑤修理或更换; ⑥调整或更换

续上表

故障现象	产 生 原 因	排 除 方 法
泄漏	①接头松动,密封损坏; ②板式连接或法兰连接接合面螺钉紧力不够或密封损坏; ③系统压力长时间大于液压元件或辅件额定工作压力; ④油箱内安装水冷式冷却器,如油位高,则水漏入油中;如油位低,则油漏入水中	①拧紧接头,更换密封; ②预紧力应大于液压力,更换密封; ③元件壳体压力不应大于油封许可压力,更换密封; ④拆修
过热	①冷却器通过能力过小或出现故障; ②液位过低或黏度不合适; ③油箱容量小或散热性差; ④压力调整不当,长期在高压下工作; ⑤油管过细过长,弯曲太多造成压力损失增大,引起发热; ⑥系统中由于泄漏,机械摩擦造成功率损失过大; ⑦环境温度高	①排除故障或更换冷却器; ②加油或更换黏度合适的油液; ③增大油箱容量,增设冷却装置; ④调整溢流阀压力至规定值,必要时改进回路; ⑤改变油管规格及油路; ⑥检查泄漏,改善密封,提高运动部件加工精度、装配精度和润滑条件; ⑦尽量减少环境温度对系统的影响
振动	①液压泵:吸入空气,安装位置过高,吸油阻力大,齿轮齿形精度不够,叶片卡死断裂,柱塞卡死动不灵活,零件磨损使间隙过大; ②液压油:油位太低,吸油管插入液面深度不够,油液黏度太大,过滤器堵塞; ③溢流阀:阻尼孔堵塞,阀芯与阀座配合间隙过大,弹簧失效; ④其他阀芯移动不灵活; ⑤管道:管道细长,没有固定装置,互相碰击,吸油管与回油管太近; ⑥电磁铁:电磁铁焊接不良,弹簧过硬或损坏,阀芯在阀体内卡住; ⑦机械:液压泵与电动机联轴器不同心或松动,运动部件停止时有冲击,换向缺少阻尼,电动机振动	①更换进油口密封,吸油管至泵吸油口高度要小于500mm,保证吸油管直径,修复或更换损坏零件; ②加油,吸油管加长浸入规定深度,更换合适黏度油液,清洗过滤器; ③清洗阻尼孔,修配阀芯与阀座间隙,更换弹簧; ④清洗,去毛刺; ⑤增设固定装置,扩大管道间距离及吸油管和回油管距离; ⑥重新焊接,更换弹簧,清洗及研配阀芯和阀体; ⑦保持泵与电动机轴同心度不大于0.1mm,采用弹性联轴器,紧固螺钉,设阻尼或缓冲装置,电动机做平衡处理
冲击	①蓄能器充气压力不够; ②工作压力过高; ③先导阀、换向阀制动不灵及节流缓冲慢; ④液压缸端部没有缓冲装置; ⑤溢流阀故障使压力突然升高; ⑥系统中有大量空气	①给蓄能器充气; ②调整压力至规定值; ③减少制动锥倾角或增加制动锥长度,修复节流缓冲装置; ④增设缓冲装置或背压阀; ⑤修理或更换; ⑥排除空气
噪声和杂音	①液压泵吸空或发生故障; ②溢流阀动作失灵; ③机械振动; ④系统进入空气	①检查液压泵进油管路、油面位置、油液黏度及油箱透气情况,检查液压泵的故障,及时排除; ②维修并更换溢流阀; ③检查油管是否出现撞击,油管振动及液压泵与电动机安装不同心,并及时排除; ④利用排气装置排气,开车后快速全程往返数次排气

续上表

故障现象	产 生 原 因	排 除 方 法
爬行	①系统进入空气,引起系统低速爬行; ②油液不干净; ③导轨润滑油过少; ④液压缸安装与导轨不平行; ⑤液压元件故障; ⑥液压系统的问题,回油无背压	①排除系统进入空气的各种因素; ②清洁或更换油液; ③调整润滑压力,采用防爬导轨油润滑; ④以导轨为基准,调整液压缸; ⑤修理或更换液压阀,修磨液压缸; ⑥增加回油压力

二、电动液压克令吊电气设备组成

电动液压克令吊的电气设备主要安装于操纵室及马达房内,包括电源、电力拖动、控制及保护、照明等设备。

1. 供电用滑环电刷装置

由于克令吊大多都可以顺时针或逆时针连续旋转,如果采用普通电缆对其供电,此时就会使电缆拧坏,所以克令吊都设有滑环电刷装置供电,一般共设四组,分别是R、S、T三相电及机壳接地。该装置设在旋转部分与机座相连处的中轴上,每年应打开进行一次检查、清洁。

2. 控制室内电气设备

控制室是操纵人员进行装卸操作的地方,内有各种操纵克令吊的装置。

1) 操纵台

操纵台上设有主油泵、油冷却器风机的起停按钮及各指示灯,吊臂低位限位保护的旁路钥匙开关等,内部则有电路控制印刷线路板。

2) 操纵手柄

一般有两个,右侧一个控制起落货,左侧一个控制变幅及回转,由手柄控制液压阀来实现。另由手柄带动凸轮来控制零位开关的开合,起货、变幅、回转三个动作分别由三个凸轮带动六个零位开关。

3. 马达房内电气设备

马达房占据了克令吊回转部分的主要空间,主要的机电设备都在这里。

1) 马达起动箱

主要是主油泵马达的星-三角起动控制电路及各种限位保护控制。由于甲板上潮气大,箱内一般还设有去潮加热器。

2) 主马达

内设去潮加热器,有些马达内还安装了保护用温度开关,当电机绕组过热时会进行保护停机。

3) 限位开关箱

为保证克令吊正常工作,需要有各种安全及限位保护开关,它们大多安装在马达房内。其中在限位开关箱内设吊钩高位、低位及吊臂高位、低位和最低保护等限位开关。在图9-9中,我们可以了解其内部结构。开关箱内有两个螺杆,分别通过链轮与吊机的变幅和起货钢丝绞车相连,当绞车转动时,螺杆被带动,其上的滑块也就随之左、右移动。滑块的每一个位置与吊臂或吊钩的每一个具体位置相对应,所以可以在箱子内相对于吊臂或吊钩的极限位置处安装上限位开关,当滑块运动到此处时拨动开关,使其动作,从而停止绞车的转动,达到限位保护的目的。例如图 9-9 中的 D 为吊钩高位限位开关,当进行吊钩升高的操作时,图中下面的一根螺杆在链轮带动下转动,该螺杆上的滑块随之往右动,当吊钩升至极限高位时,滑块也刚好移动至限位开关 D 处,使其动作,停止继续升高,并给出报警信号。

图 9-10 中绘出了吊钩和吊臂的五个极限位置。吊臂的高位极限定在与水平夹角 80°的位置,低位极限为 25°,正常装卸作业时吊臂在此角度范围内运动。当作业完成后,为将吊臂放回支架就需由船员使用钥匙开关旁路吊臂低位(25°)极限,使其继续下放至支架上。此时,吊臂的最低限位起作用,设定在与水平夹角 −5°的位置。吊钩的高、低限位是在吊臂与水平夹角 25°时定义的,如图所示分别距吊臂前端为 L_1 及 L_2,一般高位极限 L_1 为 4m 左右,而低位极限时,吊货绞车上应能剩余钢丝 2~3 卷,不同的船具体值有所差别,可参考各自的设备说明书。

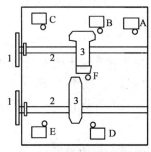

图 9-9　限位开关箱内部结构

1-链轮;2-螺杆;3-滑块;A-吊臂高位限位开关;B-吊臂低位限位开关(25°);C-吊臂最低限位开关;D-吊钩高低限位开关;E-吊钩低位限位开关;F-差值(防碰撞)限位开关

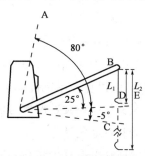

图 9-10　克令吊限位示意图

A-吊臂高位;B-吊臂低位;C-吊臂最低位;D-吊钩高位;E-吊钩低位

4) 其他的限位及保护开关

当吊机落货时,如果货物已放在了甲板上而操作人员仍未停止钩头下放,会造成绞车上钢丝卷的松脱和乱缠,因此要设立松索保护开关。当钢丝拉紧时,它压紧此开关,而当松索时,钢丝对开关的压力下降,开关上滚轮弹出而动作。部分靠近前桅或生活区的克令吊,为防止碰撞,不能做 360°的回转,这时要设置左、右转的限位开关,一般为拨动行程开关式。另外,马达房内还有液压油柜低位、液压油高温等其他保护开关。

5) 电源变压器

由于对克令吊供的是 440V 的三相电,而吊机上还有马达及起动箱加热器、探照灯、日光照明灯、风扇、电源插座等 110V 用电设备,所以要设有电源变压器,将 440V 的三相电转换为 110V 电源,其容量一般在 2kW 左右。

三、液压克令吊电路实例分析

现以一种日本 20 世纪 90 年代末制造的液压克令吊为例,讲述它的电气工作原理,如图 9-11 所示。在该电气控制线路中,主接触器、热继电器等元件安装在马达房内的起动箱内,而控制用的中间继电器、时间继电器等设在一块印刷线路板上,该板安装在控制室内的操纵台里面。这种使用印刷线路板的马达起动控制线路在新造船上已广泛使用,它的优点是减小了中间继电器等无须通过大电流的控制元件体积,并且大大减少了接线的数量(以印刷线路代替),适合批量生产,降低成本。

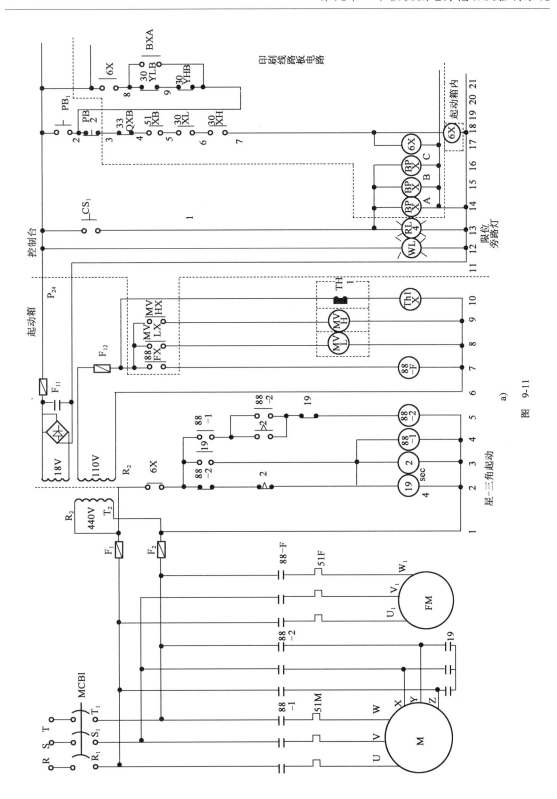

图 9-11

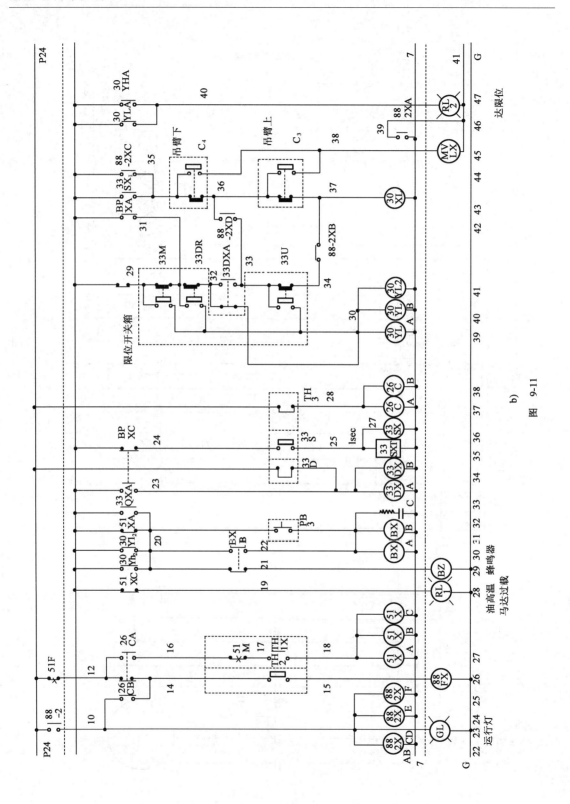

图 9-11

第九章 甲板机械电力拖动及控制系统

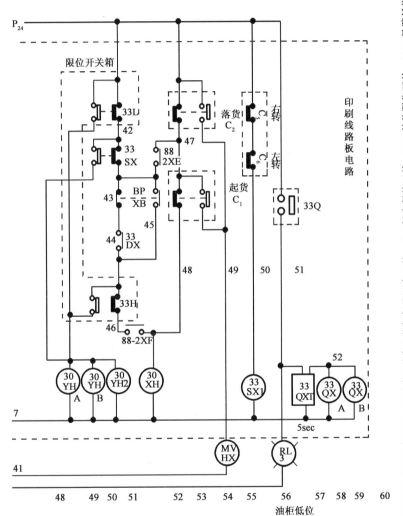

图9-11 液压克令吊电气控制线路图

TH_1-马达温度开关；TH_2-油冷却器控制温度开关；TH_3-液压油高温停机保护温度开关；33S-松索保护开关；33D-差值限位开关；33M-吊臂低位限位开关；33DR-吊臂最低限位开关；33U-吊臂高位限位开关；33L-吊钩低位限位开关；33H-吊钩高位限位开关；MVH-起落货控制电磁阀；MVL-变幅控制电磁阀；33Q-液压克令吊油柜低位浮子开关；PB_1-主油泵起动按钮；PB_2-主油泵起动按钮；PB_3-故障确认按钮；C_1-C_6-手柄处零位开关；CS_1-吊臂低位(25°)限位旁路钥匙开关

1. 主油泵马达的起动

由于该马达的功率较大,为减小起动电流对电网的冲击,所以采用了星-三角的起动方式。在图中第18列的PB_1、PB_2分别是马达的起停控制按钮,由PB_2下面的四个触点可以得到马达正常起动的条件。

(1)油柜内液压油位正常,第18列的33QXB触点闭合。

(2)第26、27列中,油冷却器及主油泵马达的热继电器正常,其触点51F、51M闭合;主油泵马达温升正常,其内的温度开关TH_1闭合,27列中TH1X触点闭合;另液压油温度正常,其第37列中的保护开关TH_3闭合,第27列的26CA触点闭合,所以51XB线圈得电,其在18列中的触点闭合。

(3)第56列中,吊机左右转手柄位于中位,零位开关C_5、C_6闭合,33SX1得电,其在第43列的触点闭合;同时由于变幅手柄中位,C_3、C_4闭合,30XL线圈得电,18列中的触点闭合。

(4)同理,第53列,起落货手柄中位,C_1、C_2触点闭合,18列中的30XH触点闭合。

这时按下PB_1,第17、18列中的两个6X线圈得电(两者分别在印刷线路板上及启动箱内),第2列中的6X触点闭合,马达进行星-三角启动,在时间继电器2延时期内,接触器88-1、19得电,马达以星形接入电路启动,延时动作后,88-1、88-2得电,马达以三角形接法正常运行。另6X在20列的触点闭合,当吊机未达限位时,30YLB、30YHB闭合;或限位动作时,按下第31列的PB_3进行确认后,第21列的BXA触点闭合,20列线路连通,在PB_1松开后对6X线圈进行自保,维持主油泵的运行。

2. 限位开关动作原理

下面通过图9-11中第39~47列的吊臂变幅控制电路来分析一下限位开关的动作原理,该线路中共设有3个限位开关。在吊臂的升高操作中,当其与水平夹角达到80°时,限位开关33U动作,其常开触点闭合,30XL线圈得电,6X线圈失去自保而失电,第2列中的触点断开,各接触器失电断开,主油泵停机;23列中,88-2触点断开,各88-2X线圈失电,39节点处的88-2XA触点断开,变幅控制电磁阀线圈MVL失电,所以吊臂停止动作。由于33U的常开触点闭合,30YLA、B及30YL2线圈得电,它们在20及40节点处的触点闭合,给出声光报警信号。此时操纵人员按下控制台上的PB_3按钮,22节点处PXA、B线圈得电并自保,21节点处的触头断开,蜂鸣器停止,但RL_2限位报警红灯仍亮着。由于第21列的BXA触点已闭合,把20列断开的30YLB触点作用抵消,按下PB_1后,主油泵正常起动。操纵人员向放低吊臂方向扳动操纵手柄,C_4的常开触点闭合,MVLX线圈得电,MVL电磁阀得电动作,吊臂下放,至33U复位之后,30YLA、B及30YL2线圈失电,RL_4熄灭,克令吊又回到了正常工作状态。

前面讲过吊臂有低位和最低两个限位,通过钥匙旁路开关CS_1来控制,平时的装卸作业由码头工人操纵吊机,开关打在正常位;作业完成后,船员可用钥匙将开关打到旁路位,13列中CS_1闭合,RL_4旁路警示灯亮,同时BPX各线圈得电,42列中的BPXA触点闭合,把33M限位开关短路,使其失去作用,因此吊臂可以在25°夹角后继续下放,落到支架上放好。如果吊臂一直放到了水平夹角-5°,则最低限位开关33DR动作,吊臂停止下放,油泵马达停止并给出声光报警。

吊臂的高位限位开关 33U 的动作过程与前类同,大家可自行分析一下。

3. 其他保护开关的动作原理

33S 是松索保护开关,落货过程中发生松索故障时闭合,33SXT 线圈得电,经 1s 的延时后,33SX 线圈得电,其在 42 节点处的触点动作,30YHA、B 及 $30YH_2$ 得电,吊钩停止下放,油泵马达停止并给出声光报警。按下确认钮 PB_3 后,警报声停止,油泵可重新起动。将起落货手柄向上拉,C_1 的触点动作,起落货控制电磁阀 MVH 得电,吊钩就又升起,绞车上的钢丝也重新绞紧了。

因为吊钩的最高限位是在吊臂水平夹角 25°时定义的,而我们知道吊钩与吊臂前端的距离与吊臂的水平夹角也有关系:当吊臂下放时,由于克令吊顶滑轮与吊臂前端距离变长,此时即使起落货钢丝绞车不动,吊钩也会向臂端产生位移。所以在吊臂低角度下放时可能产生钩头与臂端的碰撞。33D 叫做差值限位开关,也称防碰撞开关,就是为了防止这种情况。它安装在限位开关箱内表示吊臂位置的滑块上,由表示吊钩位置的滑块来拨动它,使其动作。在图 9-9 中,两个滑块现在的位置就说明了这种情况:上面一个滑块已经到达限位开关 B 的左边,即吊臂已下放至小于 25°的水平夹角,此时再下放吊臂或升起吊钩,上面的滑块往左或下面的滑块往右动,都将拨动差值限位开关 F。33D 动作后,23 节点处的 33DXA、B 线圈失电,32 节点处的 33DXA 触点动作,如果此时进行吊臂下放操作的话,则动作停止,油泵马达也停止并给出声光报警。同时由于 51 列的 33DX 触点断开,如果此时在升起钩头,起落货手柄向上,由于 C_1 在 53 列的触点又断开了,30XH 线圈失电,油泵马达停止,钩头也就无法继续上升了。

在克令吊的马达房里有油冷却器,用风机冷却液压油,其马达的起停由温度开关 TH_2 来控制。另外还设有液压油高温及油柜低位两个保护开关,在故障时停止主油泵的运行并给出声光报警。

主油泵及油冷却风机马达都有热继电器进行过载保护。在油泵马达的内部还有温度开关 TH_1,马达过热时会保护停机。

四、限位开关的维护与管理

克令吊限位开关的试验和调节是其电气设备管理的重要内容。一般每航次抵港前都应对各台吊机的限位开关进行一次功能测试,如有失灵或动作值不准确应及时修理或调整,以确保装卸货作业的安全。

对限位开关的调节,仍以变幅的三个开关为例进行介绍:如果三个开关动作的位置中仅有某一个不准确时,可在开关箱内将此开关的固定螺丝松开,调节其位置至准确值。如果三个位置都不准确,同时偏大或偏小,一般是由于小滑块与吊臂实际角度的对应关系出现偏差的原因,此时应松开链轮与钢丝绞车的连接,重新调整对应关系:例如将吊臂升到 80°,同时用手转动链轮至高位限位开关刚好动作,再装好链条即可。在一些老式的限位开关箱上,必须找到链条中的连接节将其拆开,才可调节小滑块与实际位置的对应关系,而在一些新造的船上,在开关箱的链轮上设有离合装置,只要松开轮端的螺母,取下小铁块就可调节了,大大方便了工作的进行。

另外,每次换吊货或变幅的钢丝时,也必须暂时拆除限位开关箱的链条连接,去除限位开关的作用,才能把旧钢丝全部导出,同时导入新钢丝。之后就要装复,并重调滑块与实际位置的对应关系。一般新旧钢丝的长度相同,所以只需调整其中一个限位开关的位置正确就可以了,但对所有开关都必须进行功能测试。

五、其他设备维护保养及故障处理

对于克令吊内的电气设备,特别要注意做好防潮工作,以防绝缘受损而烧坏。尤其是油泵马达,每次使用前必须测量其绝缘值。我们知道星-三角起动的马达在不运行时其内部的三相绕组是不相连的,所以除了必须测量三相绕组各自的对地绝缘值外,还要测三相中任意两相间的相间绝缘值,如发现不正常的降低要及时处理。马达及起动箱内设有烘潮加热器,在海上航行中应保持对克令吊的供电,使加热器通电,发挥作用。每次使用吊机前,应由操作人员把油冷却器的风门打开,以保持通风冷却,使用后及时关闭。海上航行中关好吊机各处的门窗及通风口,防止设备受潮。

定期清洁油冷却器、控制台、起动箱、马达等处的灰尘,尤其在装卸灰尘大的水泥等货物时更应注意。定期对起动箱进行维护保养,常检查主接触器触头表面的情况。定期检查各保护限位开关的技术状态。定期对各马达的轴承加注机油。

常见的故障主要是油泵马达无法起动,由前面的分析我们可知:当任一控制手柄不在中位时,$C_1 \sim C_6$ 零位开关有动作的,马达就无法起动,有时候由于零位开关的固定螺丝松动而移位,造成手柄在正中时零位开关也动作,因此马达起动失败。另外限位开关动作后未按确认钮,液压油高温或低位,马达过载或过热,都会造成无法起动油泵的现象,我们可根据不同情况分别处理。

限位开关出现动作值的偏差,多由于链条过度磨损而松动,或箱内的限位开关固定螺丝松脱所致,在试验中要及时发现和处理。各限位开关中,吊臂的25°低位很重要,如过低极易在装卸过程中撞坏甲板上的设施,应多加留意。

第四节 锚机、绞缆机的电力拖动与控制

锚机、绞缆机是船舶所必须的重要设备,用于船舶安全停泊在水面或系泊在码头上。锚机和绞缆机通常作成联动机组。根据所用动力不同,锚机、绞缆机可分为气动、电动、电动液压和内燃机驱动等几种类型,目前以电动液压锚缆机应用最广。其机械结构则有立式和卧式两种类型。

一、正常起锚和应急起锚的负荷分析

锚机有正常起锚和应急起锚两种工作状态。下面对其过程中的负荷情况进行分析,以获得对其拖动系统的要求。

1. 正常起锚的全过程

如图9-12所示,可分为5个阶段。

1)第一阶段:收起躺在海底的锚链

将主令控制器手柄扳到起锚位置,电动机以全速收起躺在海底的一段锚链。此时电动机轴上的负载力矩 $M=M_1$ 不变,船舶在锚机的拉力作用下移近抛锚点,锚链的垂直部分形状不变。

2)第二阶段:收紧锚链

此时,锚爪在抓住泥土,锚机将锚链拉紧,船在此力的作用下前进,电动机的负载力矩逐渐增大($M=M_1\sim M_2$),转速下降。

3)第三阶段:拔锚出土

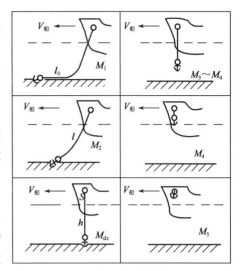

图9-12 正常起锚过程示意图

在锚链拉紧后,靠船舶前进的惯性拔锚出土。若锚不能拔出,则电动机会发生堵转,电动机停止转动,电流增大。为了防止电动机因堵转而损坏,要求电动机有软的机械特性,即保持电动机的堵转力矩为额定转矩的2倍。堵转的时间不允许超过1min。为防止堵转时间过长,常要求动车"慢速前进"以靠推进器推动船舶前进来拔锚出土。

4)第四阶段:收起悬于水中的锚及锚链

锚出土后,电动机的负载力矩突然降低到 M_3,而其转速增加,随着锚链不断缩短,电动机的负载力矩也逐渐降低到 M_4。此后,操作人员要向驾驶员报告所余的锚链数。

5)第五阶段:将锚链拉入锚链孔中

在操作人员打钟报告锚已出水后,就用低速挡小心地将锚收进锚链孔中。在拉锚入孔时,由于摩擦电动机的负载力矩增大到 M_5。起锚完毕后,用止链器刹住锚链。

起锚过程的各阶段电动机的阻力矩变化如图9-13所示,与此相对应的电动机曲线即负载图如图9-14所示。从图9-14可见,起单锚的总时间为 T,因此,若正常的抛锚深度为100m,依次起双锚的时间为 $2T$,则电动机的工作时间约为30min,故起锚电动机通常选用30min短时工作制的电动机。

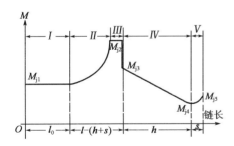

图9-13 电动机各阶段负载力矩曲线
l_0-躺在海底的锚链长度;l-悬链总长度;h-抛锚深度;s-锚链孔离水面距离

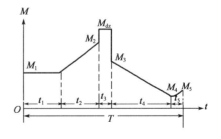

图9-14 正常起锚时电动机的负载图
t_1-收起 l_0 的时间;t_2-收紧锚链的时间;t_3-拔锚出土的时间;t_4-收起悬于水中的锚及锚链时间;t_5-拉锚入孔时间;$M_1\sim M_5$-电动机发挥的力矩;M_{dz}-电动机堵转力矩

6）抛锚

抛锚时，若抛锚处海水不深，则可松开锚机的止链器，依靠锚及锚链的自身重量来实现。但在水深超过50m时，应采用电动抛锚，使锚等速下落。

2. 应急起锚过程

若抛锚处水深大于锚链全长，则锚将达不到海底，这时应使用锚机电动机将悬于水中的锚及锚链（约200m）收起，这时电动机的工作状态不同于正常情况，故称应急起锚状态，其负载图如图9-15所示。

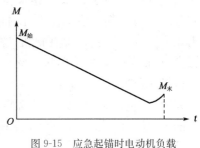

图9-15 应急起锚时电动机负载

二、对锚机电力拖动的要求

①应能满足在给定的航区内，单锚出土后能起双锚。

②能在最大负载力矩下起动运行，即在应急起锚时，电动机能起动运行。电动机的工作定额应不小于30min，且能满足在30min内起动25次。

③电动机要有软的或下坠的机械特性，其堵转力矩应为额定力矩的两倍。

④电动机应能在堵转状态下工作1min左右。

⑤电动机应有一定的调速范围。按规定，锚破土后起锚速度：单锚不小于12m/min，双锚不小于8m/min。拉锚入孔的速度一般为3～4m/min。

⑥要求起锚设备重量轻，成本低，调速平滑，控制简单，操作方便。

⑦电动液压锚机应具有独立的电动机驱动，其液压管路应不受其他甲板机械的管路影响。链轮与驱动轴间应装有离合器，离合器应有可靠的锁紧装置；链轮或卷筒应装有可靠的制动器，制动器刹紧后应能承受锚链断裂负荷45%的静拉力；锚链轮上必须装有止链器。

⑧采用电气和机械联合制动，以便满足快速停车及系缆时具有轻载高速性能。

⑨电动液压锚机来应具有独立的电动机驱动，其液压管路应不受其他甲板机械的管路影响。链轮与驱动轴之间应装有离合器，离合器应有可靠的锁紧装置；链轮或卷筒应装有可靠的制动器，制动器刹紧后应能承受锚链断裂负荷45%的静拉力。

三、对锚机控制系统的要求

在交流船舶上，锚机一般采用变极调速异步电动机、F-D系统、电动液压系统等型式。近来晶闸管-直流电动机调速系统也逐步应用到锚机电力拖动中。

1. 变极调速电动锚机

变极调速电动锚机的控制电路一般有以下要求和特点：

（1）用主令控制器来接通继电器、接触器对电动机进行正转、反转和调速控制。

（2）当主令控制器手柄从零位突然扳到高速挡时，控制线路应具有自动逐级起动环节。

（3）控制线路应适应电动机能堵转1min的要求。

（4）在深水抛锚时，控制线路应有再生制动和能耗制动的环节，实现等速抛锚。

（5）控制线路应有短路保护、失电压保护、过载保护等保护环节。

（6）控制线路应有电气及机械相配合的制动环节，以便能快速停车。

2. 电动液压锚机

液压锚机就其工作性质而言，与起货机基本相同，属于起升绞车的类型。液压锚机也叫电动液压锚机，它是以电动机带动油泵，用高压油驱动马达，再经减速器（也可不设减速器）带动传动齿轮使锚机运转，其结构较为紧凑，体积较小。现在已出现了自动液压锚机，它设有锚链长度传感器，在抛锚时当所需抛出的锚链全部抛出后，锚机便会自动停止；在起锚时当锚接近锚链筒时能自动减速；锚干进入锚链筒收妥时会自动停车。

电动液压锚机的基本要求如下：

(1) 独立的原动机或电动机。液压锚机的液压管路若与其他甲板机械相连，应保证锚机的正常工作不受影响。

(2) 所有动力操纵的锚机都能倒转。

(3) 应有足够的功率，能以平均速度≥9m/min 将一只锚从水深 82.5m 拉至 27.5m 处。满足以上平均速度和工作负载时应能连续工作 30min；在过载拉力（≥工作负载 1.5 倍）下连续工作 2min，此时不要求速度。

(4) 锚机的链轮与驱动轴之间应装有离合器，并有可靠的锁紧装置；锚机的链轮或卷筒应装有可靠的制动器，刹紧后能承受锚链断裂负荷 45% 的静拉力；锚链轮上必须装有止链器，能承受相当于锚链的试验负荷。

*四、电动液压绞缆机

船舶停靠码头或系浮筒时，需靠缆索将船舶固定在码头或浮筒上，称为系泊。缆索和用于固定、导引缆索的设备以及用于收卷和放出缆索的机械总称为系泊设备，主要包括缆索、带缆桩、导缆孔、导缆钳、绞缆机和缆车等。在船舶靠离码头和进出船坞时，还可以利用系泊设备，通过收卷或放出不同的缆索使船舶移动或调整位置。

对绞缆机的基本要求是：

(1) 应能保证船舶在受到 6 级风以下作用时（风向垂直于船体中心线）仍能系住船舶。

(2) 其拉力大小应根据船舶的尺寸，按《钢制海船入级规范》所推荐的数字选取。

(3) 绞缆速度一般为 15~30m/min，最大可达 50m/min，达到额定拉力时速度取下限值。

绞缆机是用以收卷放出缆索的一种甲板机械，一般船舶首部绞缆机都以锚机兼带，只在尾部（大型船舶中部）设置专用绞缆机。绞缆机根据其绞缆卷筒轴向位置的不同可分为卧式绞缆机和立式绞缆机（系缆绞盘）两种。根据其原动机不同可分为蒸汽绞缆机、电动绞缆机和液压系缆机。

一般的绞缆机就是由电力或液压拖动可以正反转的绞车，正转时收卷缆索将其张紧，反转时放出缆索使其放松，作业时由水手手动操纵。近来很多船舶都采用能自动调整缆索张力的绞缆机，简称自动绞缆机。这种绞缆机在船舶吃水变化或受潮水涨落影响使缆索所受张力变化时，可自动地收放缆索，使张力保持在一定限度内，从而可防止缆索拉断，保障系泊安全，且可以减少值班和操作人员的数量及其劳动强度，有利于船舶自动化。现在常用的是电动液压式的自动绞缆机，其有两种工况：手动操纵绞缆和自动系缆，并可进行转换。手动操纵绞缆由操纵阀直接控制进行，自动系缆则由张力自动调节阀块调定最大收缆张力和开始放缆张力，并根据实际张力自动控制进行收放缆或停止。在自动工况下，液压系统会自动调节缆绳的张力，当缆绳张力较小时,油马达和卷筒正转进行收缆;当缆绳张力达到相应于停止收缆值时,油马达和卷筒停转;若缆绳张力进一步上升,到放缆设定值时,油马达和卷筒倒转并放出缆绳。

第五节 交流变极调速电动锚机控制线路

交流变极调速电动锚机应用三相多速变极异步电动机拖动,操控采用主令控制器。

一、主电机的接线

作为拖动电机的 16/8/4 极三速二绕组鼠笼式异步电动机的 4 极高速绕组单独一套,如图 9-16a)所示,采用星形接法:4U、4V、4W 分别接电源,8U、8V、8W 和 $16U_1$、$16U_2$、16V、16W 开路。其中速和低速合用一套绕组,低速时采用三角形接法为 16 极,如图 9-16c)所示,$16U_1$、$16U_2$ 连接后和 16V、16W 分别接电源,8U、8V、8W 和 4U、4V、4W 开路;中速 8 极采用双星形接法,如图 9-16b)所示,8U、8V、8W 分别接电源,$16U_1$、$16U_2$、16V、16W 合并短接,4U、4V、4W 开路。

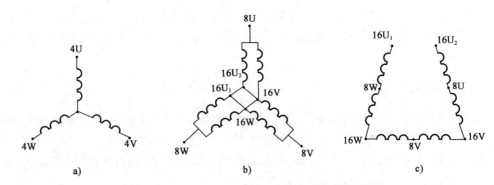

图 9-16 16/8/4 极三速二绕组异步电动机绕组接线示意图

交流三速电动锚机的原理图如图 9-17 和图 9-18 所示,其中图 9-17 为主电路及控制电路直流部分,图 9-18 为控制电路交流部分。由图中的主电路可见,电机低速运行时,接触器 KM_3 吸合;中速时接触器 KM_{4-1}、KM_{4-2} 吸合;高速时接触器 KM_5 吸合,这与图 9-16a)、b)、c)是对应的。$16U_1$、$16U_2$ 两端点持续保持连接,故接线时直接用导线将其短接。另外该电机内带有直流电磁刹车器,当电机运行时,接触器 KM_6 吸合,接通刹车线圈电源以打开刹车。

为方便看图,电路中每一列线路下方标有线路号 1～22。接触器或继电器线圈的下方标有触点列表,列出其常开触点(左面一列)、常闭触点(右面一列)所在的线路号;而接触器或继电器触点的下方也标有其线圈所在的线路号。

二、控制电路的分析

在分析过主电路,对该电路的控制功能有一个大体了解之后,再来分析其控制电路,看其具体的控制和保护动作过程。具体可以按照操作的步骤来分析电路,如从停机到起锚一、二、三挡。

1. 起动和运转

合上电源开关 QS 和控制开关 SA(5),则主令控制器的电源指示灯 HL(5)亮,表示电网已供电。

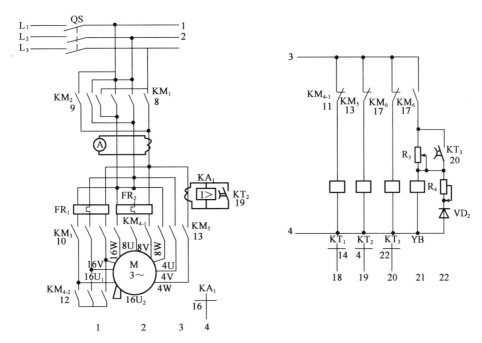

图 9-17 交流三速电动锚机原理图一

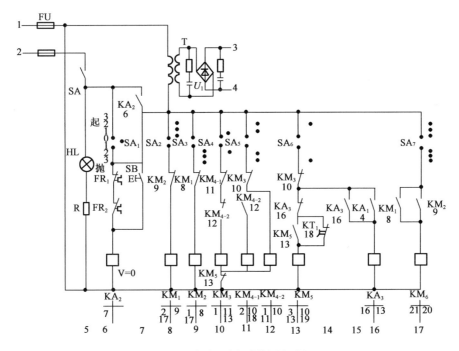

图 9-18 交流三速电动锚机原理图二

因主令控制器置零位,其触头 SA_1(6)闭合,故零压继电器 KA_2(6)有电,其常开触头 KA_2(7)闭合自锁,并接通控制电路的电源和整流电源。此时,时间继电器 KT_1(18)通电,触头 KT_1(14)瞬时断开,切断 KM_5(13)回路;KT_2(19)通电,KT_2(4)触头瞬时闭合,短接过电流继

169

电器 $KA_1(4)$。$KT_3(20)$通电,$KT_3(22)$瞬时闭合,为直流电磁制动器吸合线圈 $YB(21)$通电做准备。

2. 起锚一挡

当主令控制器手柄扳到起锚一挡时,触头 $SA_2(8)$、$SA_4(10)$、$SA_7(17)$闭合,$SA_2(8)$闭合,使起锚继电器 $KM_1(8)$线圈通电,主触头 $KM_1(2)$闭合,为电动机起锚做好准备。辅助触头 $KM_1(9)$断开起互锁作用;$SA_7(17)$闭合,由于 $KM_1(17)$闭合,制动接触器 $KM_6(17)$通电,其触头 $KM_6(21)$闭合,直流电磁制动器线圈 $YB(21)$因得到全电压,立即强励快速释放电动机轴。同时,由于触头 $KM_6(20)$断开,使时间继电器 $KT_3(20)$立即失电,其触头 $KT_3(22)$延时不大于 1s 断开,使经济电阻 R_3 串入电磁制动器线圈的电路中,以减少线圈电流的热损耗;$SA_4(10)$闭合,低速接触器 $KM_3(10)$通电,其主触头 $KM_3(1)$闭合,电动机低速起锚,其常闭触头打开,分别锁住中速和高速接触器,防止误动作。

3. 起锚二挡

当主令控制器手柄扳到起锚第二挡时,触头 $SA_2(8)$、$SA_7(17)$、$SA_5(11)$闭合,$SA_4(10)$断开。低速接触器 $KM_3(10)$失电。中速接触器 $KM_{4-2}(12)$、$KM_{4-1}(11)$相继通电,电动机接成双星形中速运转。同时,时间继电器 $KT_1(18)$因触头 $KM_{4-1}(18)$断开而失电,其触头 $KT_1(14)$延时 2s 闭合,为进入高速起锚做准备。

4. 起锚三挡

当主令控制器扳到起锚第三档时,触头 $SA_2(8)$、$SA_7(17)$、$SA_5(11)$、$SA_6(13)$闭合,高速接触器 $KM_5(13)$通电,其主触头闭合,电动机的另一套星形绕组接通电源,电动机进入高速起锚,辅助触头 $KM_5(13)$闭合自锁;$KM_5(10)$断开,锁住低速和中速接触器支路;$KM_5(19)$断开,使 $KT_2(19)$失电,其触头 $KT_2(4)$延时 2.5s 断开,此时间是电动机高速起动的整定时间,在此时间内触头 $KT_2(4)$闭合,避免过电流继电器 $KA_1(4)$动作,使电动机能够高速起动,当起动完毕后,触头 $KT_2(4)$打开,使 $KA_1(4)$起到高速运行过载保护作用。

当高速运行过载时,过电流继电器 $KA_1(4)$动作,触头 $KA_1(16)$闭合,中间继电器 $KA_3(16)$通电,触头 $KA_3(15)$闭合自锁,触头 $KA_3(13)$断开,使 $KM_5(13)$失电,电动机退出高速运转。

同时,辅助触头 $KM_5(10)$闭合,使 $KM_{4-2}(12)$、$KM_{4-1}(11)$相继通电,电动机自动退换到中速运转。

5. 从零档直接到起锚三挡

如果主令控制器手柄由零位直接扳到起锚第三挡时,则 KM_{4-2}、KM_{4-1} 先通电,电动机直接中速起动,然后经过时间继电器 KT_1 延时后,高速接触器 KM_5 才通电,从而转换到高速运转。

6. 抛锚

抛锚时控制电路工作过程与起锚时基本相同,只是抛锚接触器 KM_2 通电,电动机反转,深水抛锚时,在锚和锚链自重作用下,电动机将进入再生制动状态。

7. 紧急操作

SB(7)为紧急操作按钮,当电动机在中低挡运行过载时,热继电器 FR_1、FR_2 触头断开,在紧急情况下,按 SB(7) 可迫使电动机在低速或中速挡运行。

8. 电动机的停止

当主令控制器手柄扳到零位时,各接触器线圈都失电,其主触头皆断开,同时,电磁制动器线圈断电,线圈中的储能迅速通过二极管 VD_2(22) 和放电电阻 R_4 放电而开始制动,使电动机迅速停止运转。

*第六节 船用电梯系统的安全保护

随着船舶吨位的逐渐增加和人们生活条件的稳步提高,船员追求舒适工作、生活环境的愿望逐渐强烈,安装在大、中型船舶上的船用电梯也逐步增多。

一、船用电梯系统的特点

船用客梯、货梯相对陆用电梯存在较大差异,其技术发展也相对不成熟,差别主要表现在以下几个方面。

1. 船用电梯系统工作环境相对恶劣

主要包括以下两个方面:

1)系统工作环境高低温差大,如船用货梯工作环境温度在 $-25°\sim+45°$ 大范围区间内变化。系统所用材质在低温下容易变脆,继电器也易出现故障等;同样在高温下会使某些元器件的失效率增大。

2)需要满足三防设计。三防设计是指防潮湿、防盐雾、防霉菌设计。其基本原则是对关键件采用密封结构及提高元件、材料防腐、绝缘等级,比如电机、接触器、继电器尽量采用船用电器等。

2. 船用电梯与陆用电梯的整体设计结构差异

陆用电梯的机房绝大多数设在建筑物顶部,这种布局系统结构最简单。船用电梯则不然,由于船体结构设计布局的多样化,直接决定了船用电梯的整体布置形式,由此导致了船用电梯的机房位置随意性大,根据需要可能会在围井附近的任意位置,不局限于顶部,从而造成船用电梯曳引方式、曳引比、驱动主机位置、对重及厅门位置等整体结构的一系列变化。

3. 船用电梯运行的特殊性

由于船用电梯在船舶航行过程中仍然要满足正常使用要求,因而船舶运行中的摇摆升沉,将对电梯的机械强度、安全可靠性产生较大影响,不容忽视。在船用电梯标准中规定:船舶横摇 $\pm10°$ 以内,摇摆周期 10s,纵摇 $\pm5°$ 以内,摇摆周期 7s,垂荡 $\leqslant3.8m$,电梯可以正常运行。且要求在船舶最大横摇角 $\pm30°$ 以内,摇摆周期 10s,最大纵摇角 $\pm10°$ 以内,摇摆周期 7s 以下,电梯不应损坏。船舶运行时的摇摆振动,还会对电梯的悬吊部件产生较大影响,如轿厢与控制柜之间传输信号的随行电缆,应该采取措施加设保护来防止危险,以免因为随行电缆的摇荡引起与围井内电梯部件的相互缠绕,损坏设备。另外为保证设备安全及提高系统自动化水平,可设置船舶摇荡检测装置,当海况指标超出船用电梯可接受的正常工作范围时发出报警信号,停止电梯的运行。

二、船用电梯的安全保护分类

船用电梯的安全保护按保护对象来划分,可简单分为人身安全保护和设备安全保护;按所设计形式来分类可分为机械安全保护和电气安全保护;按安全重要性分类可分为必备安全措施和一般安全措施。另外针对一些特殊用途的船用电梯设计,又可划分为常规船用电梯安全保护和特殊用途船用电梯安全保护,如船用防爆电梯必须有符合其防爆等级的防爆安全措施。

三、船用电梯的安全保护措施及装置维护

下面针对船用乘客电梯的安全保护,从常规安全保护和船用电梯特有安全保护两方面进行一下阐述,另外介绍一下其保护装置的维护方法。

1. 常规安全保护

1)超速保护

电梯超速保护系统主要由限速器、安全钳、限速器张紧轮、钢丝绳、安全钳联动机构和电气安全开关等组成,是乘客电梯最重要的安全保护措施,其动作原理是电梯一旦出现超速(最极端的情形是所有主钢丝绳全部断开),出厂前经过整定的限速器机械装置动作,首先切断电梯电源,随后通过限速器钢丝绳触发安全钳机构动作,使电梯轿厢或对重在所运行方向上强制刹车,并且在其运行方向上越刹越紧,最后牢牢地钳死在运行导轨上,根据乘客的承受力及动作可靠性,相关电梯标准对电梯安全钳从触发到完全停止过程所经过的距离都有明确的规定。船用电梯由于船体因素特别要求,除轿厢外电梯对重装置也必须配置一套超速保护装置,防止对重坠落对电梯及船体造成损坏。

日常应注意限速器和安全钳的由权威部门签发的试验报告、产品合格证、检测报告等是否齐全,同时根据有关船用电梯标准或规定中针对限速器使用年限及检测周期方面的规定进行及时检验和证书更新。

2)门连锁保护

现在电梯发生人身伤害事故的情形大多由于电梯门系统保护环节的失灵。乘客电梯都严格要求具有层门机械连锁保护功能,在电梯轿厢离开相应层站后,电梯层门将严禁可以被人为打开,层门门扇还必须安装自动闭门装置。同时必须配备层门闭合的电气装置,而门锁电气安全开关在层门打开后要求是肯定断开的。

3)地坑缓冲保护

电梯缓冲保护主要由安装在电梯地坑的轿厢缓冲器和对重缓冲器等组成,缓冲器主要分为蓄能型缓冲器和耗能型缓冲器两种。缓冲器动作后应无永久变形,液压缓冲器须设置动作电气安全开关,在动作后首先切断电源。

4)电梯端站保护

电梯上、下端站须设置电气防冲顶和防蹲底保护,以尽量避免导致缓冲器动作的故障发生。端站保护主要有端站强迫减速保护,上、下终端保护,上、下极限保护。电梯终端保护是阻

止电梯轿厢在一个方向上的继续运行,而允许其相反方向的运行。上、下极限保护措施是切断电梯电源,立即终止电梯运行。

5)电源错相和断相保护

电梯应配备相序保护继电器,一旦发生电源断、错相情形,立即切断电梯安全回路,从而阻止电梯运行。

6)电梯超载保护

电梯必须配备超载保护功能,超载保护从设计形式上可分为机械式超载保护和电子式超载保护。从其安装位置来说可分为直接检测轿厢负载(安装在电梯轿底)和检测钢丝绳拉力(安装在钢丝绳绳头或钢丝绳)。电梯轿厢一旦发生超载现象,应发出声光报警信号,随即电梯开门,阻止电梯关门起动。

7)电梯火警功能

一旦电梯控制系统接到发生火灾的信号,系统应发出声光报警信号,电梯随即就近停车,不开门,并且马上切断所有外呼登记和应答,然后直接运行到应急疏散层楼,开门放人。

8)电梯运行时间监控

电动机运转时间限制器应在不大于下列两个时间值的较小值时起作用:45s;电梯运行全程的时间加上 10s,但不小于 20s。在设计时可考虑对加速运行、减速运行及全速运行时间分别加以监控,提高时间监控的可靠性。

日常应定期对以上的电气及机械保护装置进行功能试验。

2.船用电梯特有的安全保护

船用电梯由于使用环境的特殊性,各国船级社有关船用电梯规定或标准也有差异,一般船用电梯特有的安全保护有以下几个方面。

1)船舶超摇摆保护功能

由于船舶在航行时,不可避免会发生摇摆现象,船用电梯必须配备超摇摆保护器,对船舶横向和纵向摇摆角度进行检测,一旦检测到摇摆超过所规定的角度,电梯控制系统应发出声光报警信号,同时电梯就近停层,开门放人,且封锁电梯运行,待船舶摇摆恢复正常后,延时 1min 左右,电梯方可恢复正常运行。

2)轿内报警功能

电梯轿厢须设置报警按钮,一旦发生紧急情况,乘客可按轿内报警按钮,向船舶监控室或驾驶室发出声光报警信号,必要时可向船上监控电脑系统发出报警信号。

3)随行电缆保护

陆用电梯的电梯随行电缆大都采用自由悬挂形式,无需配备其他装置,而船用电梯在船舶摇摆时,为了防止电梯随行电缆在摆动时发生缠绕或勾搭现象导致电缆损坏,必须进行特殊设计,目前主要有两种设计形式,一种是采用电梯导向轮加导轨固定形式,这种形式是通过电缆导向轮和导轨来限制随行电缆的摆动,特别适合于使用扁平随行电缆的情形。另一种是采用电缆槽限制电缆摆动的形式,其设计是通过在井道侧面从底坑至顶部连续布置封闭的电缆槽,只允许随行电缆在槽内摆动,防止电缆逃出电缆槽从而造成电缆损坏。

4)人员应急逃生

船用电梯出现关人情形,在外救无望时,自身须有自救措施,一般在船用电梯轿厢和井道全程都设置逃生爬梯,并且在轿顶和井道顶部都须设置能从内向外开启的逃生口或逃生门,逃生人员在紧急情况时可顺利从轿内逃到轿顶,然后借助井道逃生梯顺利脱困。船用电梯特别是船员电梯,应急逃生功能更是必配功能。并且在各逃生口都需配置动作可靠的电气安全开关,一旦轿顶安全窗打开,安全开关动作,电梯立即停止运行,要求专业修理人员进行人工电气系统复位,电梯方可恢复运行。如此可确保在人员逃生时,电梯不能自动恢复运行。

5) 轿厢通信功能

船用电梯要求轿厢和外部的通信保持畅通,除轿内报警按钮外,在设计时一般还须配备以下功能:轿厢内须配备船上广播扬声器,保证乘客在乘坐电梯时能听到船上广播通知。轿厢内须配备电话或对讲机终端,其电源应独立于电梯电源,确保轿厢内外联系畅通。

6) 电梯应急照明

电梯一旦停电,为了防止轿厢内漆黑一片,在设计时须配置船上提供的应急电源照明,除此以外,许多船级社还要求设备厂提供能照明1h以上的临时应急电源。这样可确保电梯断电时,轿厢照明得以延续。

7) 防海盗功能

由于目前海盗日益猖獗,严重威胁船舶航行安全,一些国际海上公约要求电梯设备对海盗有一定的防护功能,一旦电梯防海盗功能启动,对船舶舱室的特定层站实行禁入或授权进入,防止电梯成为海盗进行犯罪活动的通道。

四、船用电梯安全保护装置使用和维护的注意事项

(1) 涉及人身安全及重要部件的安全保护必须齐全,不可因考虑成本及系统的复杂性等原因,减少或降低要求。

(2) 为了确保安全保护的可靠性,船用电梯最重要的最终安全保护都采用机械安全保护,如防坠落保护、防剪切保护等。但为了在安全保护动作时及时停止或禁止电梯运行,机械安全保护系统都设有电气安全开关,因此机械安全保护和电气安全保护在船用电梯设计中是相互依存、密不可分的。

(3) 电气安全保护主要体现在所有电梯都具备的电梯安全电气回路和门连锁回路,在电气安全回路中均避免采用安全回路继电器间接控制电梯主回路,并在设计制造中须对现场维修人员经常短接安全回路的错误做法设置人为障碍;如采用安全回路分段监控设计等。

(4) 安全保护的电气开关触点均采用动断触点,以便电梯控制系统对其进行不间断的监控,防止因断线或触点不好造成安全保护的失效。

(5) 按照相关规定,对船用电梯的安全保护功能进行及时有效的维护保养和测试,并及时申请检验人员的现场检验,确保证书的有效。

思 考 题

1. 对起货机电力拖动有哪些要求?
2. 对起货机控制线路有哪些要求?

3. 西门子电动起货机起货时,如直接将主令控制器从零位推到三速起货机控制系统,如何动作?
4. 西门子电动起货机落货时,如直接将主令控制器从零位推到三速起货机控制系统,如何动作?
5. 交流恒功率起货机和交流恒转矩起货机有何不同?
6. 变极调速电动锚机电力拖动及控制系统有哪些要求?
7. 分析国产变极调速电动锚机控制系统中的分级起动过程。
8. 船舶克令吊起货机控制系统与吊杆式起货机控制系统有何不同?
9. 电动液压起货机的电气设备主要有哪些?一般有哪些限位及保护功能?
*10. 船舶起货机的液压系统主要由哪些部件组成?
*11. 船用电梯的保护主要有哪些?

第十章 舵机电力拖动及控制系统

现代船舶都装有舵及其拖动装置,它可以用来改变船舶的方向,保证船舶按预定航向航行。当舵机发生故障的时候,船舶航向将失去控制,后果不堪设想。所以舵机是保证船舶安全航行的主要设备之一,也是船上最重要的辅助机械之一。

舵机由舵及其拖动装置组成。舵机拖动系统的工作负荷变化很大,有时可能出现过载甚至堵转,因此与其他辅机电力拖动有所不同,要求其拖动系统过载能力强,且偏舵速度稳而快,以保证航行的安全可靠。

第一节 舵机装置概述

一、舵机装置的基本组成

舵机装置的基本部件是舵、转舵机构、舵机、控制系统(包括控制台、放大装置和运算装置)、检测机构(包括舵角指示器、反馈装置和航向指示器:磁罗经或电罗经)。

舵又称为舵叶,安装于船舶推进螺旋桨后侧,承受水流作用而产生转船力矩。船与水流之间有相对运动速度时,水流受到舵叶阻挡,对舵产生作用力,进而产生转船力矩作用在船上。目前的海船多采用空心结构的流线型平衡舵。

转舵机构是将舵机发出的功率传递给舵柱的设备,如液压油缸式转舵机构。

舵机提供转舵的动力,根据能源形式的不同,可分为人力舵、气动舵、电动舵、电动液压(电液)舵等几种类型。现代大型船舶的舵机一般采用后两种形式,都配备驱动电动机,其直接经传动机构或经液压设备带动转舵机构以转动舵叶。

在船舶驾驶台设有操舵控制台,其上有操舵手轮,操舵方式转换开关、单动操舵用的手柄及自动舵设备。为便于操舵,台面上设有电罗经的分罗经。另外,电罗经的主罗经也经常安装在控制台内部。

传统的船舶电动舵机装置的基本组成部件如图 10-1 所示。

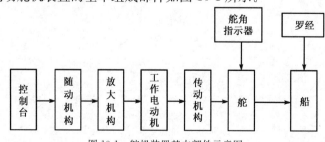

图 10-1 舵机装置基本部件示意图

二、舵机装置的分类

1. 按照转舵的能源类型分类

如前所述最常见的是电动舵机和电液舵机,它们分别采用机械传动和液压驱动的形式带动转舵机构。

电动动力及机械传动装置是电动机通过机械装置带动舵工作,其特点是具有恒定的传动比。机械传动有三种形式:螺杆传动、扇形齿轮传动(图10-2)、舵链传动。

电动液压动力装置是电动机带动液压泵,通过控制改变液压情况带动舵工作,其特点是传动比是变数。这种动力及驱动方法有以下几种基本形式:

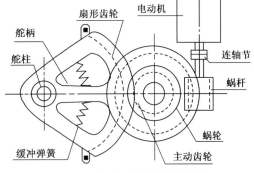

图 10-2 电动及扇形齿轮传动舵机装置

(1)液压泵电动机的转速维持恒定不变,偏舵方向及速度大小用控制液压油路中阀件或油泵的方法来改变液压油的流动方向和压力大小来调节,这种形式的液压传动可以减小电动机的功率,无需解决电动机的调速问题,故此方法中,电动机的控制线路相对简单。常见的阀控型及泵控型液压舵机即为这种控制方法。

(2)液压泵无调节装置,偏舵方向及速度依靠改变电动机的转向及转速大小来调节。

(3)双作用双活塞杆液压机。它是由两端有端盖的圆筒缸体、活塞和活塞杆组成,它的特点是靠密封的容积来改变传递力和位移,通过活塞将液压能转换为机械能。

2. 按控制方式分类

按控制方式为单动(非追随)舵、随动舵(舵轮操舵)、自动舵控制系统。

1)非追随控制系统

这种控制系统,只能控制舵机的起停和转舵方向,当舵转至所需的舵角时,操舵者必须发出停止转舵的信号才能使舵停转。非追随操舵系统通常即可在驾驶台,也可在舵机房操纵,以备应急操舵或检修,调试舵机之用。操舵时,操舵手柄(香蕉柄)的位置不与舵叶位置相对应,观察舵角指示器才能知道舵叶所转角度;操舵时需扳动手柄保持不动,直到舵角指示器指示舵叶已转到舵令要求的角度时才将手柄扳回到零位,则舵叶停转。

2)随动控制系统

这种系统具有使舵叶角度与操舵手轮给出的舵令位置自动同步的功能,只要把操舵手轮转到所需的角度位置上,就可使舵叶跟随转动并自动停在这个指令的角度上。它调节的对象是舵角,舵的位置与舵轮给出的舵令位置是一一对应的。这种形式一般在船舶进出港、狭窄水道等机动航行时使用。

3)自动控制系统

这种系统是一种将舵机的控制系统与电罗经联系起来的操舵装置。它能自动维持船舶的航向。在船舶长时间沿指定航向航行时使用,它可以在船因风、流及螺旋桨的不对称作用等造成偏航时,靠罗经测知并自动给出信号,让操舵装置改变舵角,使船舶能够自动地保持既定的航向。

3. 按遥控系统远距离传递操舵信号的方式分类

舵机遥控系统根据远距离传递操舵信号的方式不同,主要有机械式、液压式和电气式。现代船舶大多采用电气遥控系统,例如泵控型舵机中,驾驶台的操舵控制台给出电信号,通过电气遥控系统,控制伺服液压缸或伺服电机等在舵机房的控制元件,以控制舵机主泵的变向变量机构。

三、对舵机拖动及控制装置的技术要求

为保证船舶安全航行,舵机系统需要工作可靠,保证在工作中的不间断性,有足够的转矩值和转舵速度;生命力强,设有备用电源或管路,且有不少于两个操纵部位;操纵灵活方便,且操纵部位的转换和操纵方法的转换都应简便和迅速;设舵叶偏转限位保护和失压报警装置。另外,设备要求重量轻,尺寸小;维护管理要求简单。这些要求中可靠性和生命力是最基本的要求。

根据中华人民共和国《钢质海船入级规范》,对船舶舵机的主要技术要求包括以下一些内容:

(1) 主操舵装置具有足够的强度并能在最大营运前进航速时进行操舵,使舵自任一舷的 35°转至另一舷的 35°,并且于相同条件下自一舷的 35°转至另一舷的 30°所需时间不超过 28s。

(2) 驾驶室与舵机室之间,应设有通信设施。

(3) 操舵装置应设有有效的舵角限位器。以动力转舵的操舵装置,应装设限位开关或类似设备,使舵在到达舵角限位器前停住。装设的限位开关或类似设备应该与转舵机构本身同步,而不应与舵机的控制相同步。

(4) 舵装置应有保持舵位不动的制动装置。

(5) 当主操舵装置要求动力操作时,应设有 1 个固定储油箱,其容量至少足以使 1 个动力转舵系统包括循环油箱进行再充液。储油箱应以管路固定连接,使液压系统能在舵机室内便于充液,并应设有液位计。

(6) 主操舵装置具有两台或两台以上相同的动力设备时,应设置两个独立的控制系统,且每个系统均应能在驾驶室控制。但这并不要求设双套操舵手轮或手柄。若控制系统是由液压遥控传动装置组成时,除 10 000 总吨及以上的油船、化学品船、液化气体运输船外,不必设置第 2 个独立控制系统。

(7) 驾驶室和舵机室应固定展示带有原理框图的适当操作说明,清晰表明操舵装置控制系统和动力转舵系统的转换程序。

(8) 由 1 台或几台动力设备组成的每一电动或电动液压操舵装置至少应由主配电板设 2 路独立馈电线直接供电。但其中的 1 路可以由应急配电板供电。

对舵机拖动控制系统的技术要求有下列几项:

(1) 从主配电板到舵机舱应采用双线供电制,在馈电线的全长上尽可能远离分开敷设。在正常情况下若应急配电板由主配电板供电时,其中一路可以经应急配电板供电。驾驶室内操舵装置应与舵机舱内使用同一电源。

(2) 为保证电动液压舵机系统可靠工作,油泵电动机组应采用双机系统。各机组可各自单独运行,也可双机同时运行。一机组发生故障时,另一机组应能自动投入运行。

(3) 舵机电动机应满足舵机技术性能的要求，并能在要求的转矩下堵转 1min。

(4) 拖动系统的起动装置与电动机配套共有两套。两起动箱分别各起动一台电动机。电动机的起动应能在驾驶室和舵机舱两地控制，并有转换装置，以防同时操纵。

(5) 设置驾驶台和舵机舱两处控制站，并且有切换装置，以防同时操纵。

(6) 操舵装置一般应有自动、随动、应急三种操舵方式，也可只有后两种。

(7) 舵角指示器指示舵叶位置的误差不应大于±1°。

(8) 要求有下列保护和报警装置：

① 舵叶偏转限位开关。

② 电源失电压或缺相报警。

③ 过载声光报警，但不允许造成过载停机保护。

④ 采用自动操舵仪时，应设有航向超过允许偏差的自动报警装置。

第二节　舵机拖动与控制系统的工作原理

一、单动操舵系统的工作原理

单动操舵又称应急操舵，它是在自动舵、随动舵都失灵的情况下，作为应急方式的操舵。

1. 单动操舵系统方框图

单动操舵装置是一个开环控制系统，系统的主要环节可用方框图表示，如图 10-3 所示。它主要包括以下环节。

(1) 手柄（香蕉柄）：发出操舵信号的指令元件。也可以用按钮代替手柄。

图 10-3　单动操舵系统方框图

(2) 放大器：用来放大指令信号供给执行机构。目前多采用电子放大器、电气-液压放大器、磁放大和电机放大器等。

(3) 执行机构：用来推动舵转动的装置。一般用电动机或电动液压装置。

(4) 转动装置：将执行机构的角位移传给舵。

(5) 舵叶。

2. 单动操舵的特点

单动操舵的特点是：手扳舵转，复零舵停；左舵左扳，回舵右扳；右舵右扳，回舵左扳。操作者根据舵角指示器操舵。

二、随动操舵系统的工作原理

1. 随动操舵系统方框图

方框图如图 10-4 所示，由指令机构、比较机构、测量机构和调节对象等环节组成，为闭环系统。系统中被调量是舵角，调节对象是舵。当人操手轮，发出偏舵信号 U_i，U_i 和 U_f 进行比较，产生偏差信号 e，e 经放大器放大，执行机构根据放大的偏差信号，决定调节对象的转动方向。测量机构将测到的实际偏舵角信号送至比较机构,当$e=U_i-U_f=0$时,调节结束,系统完成了该命令的控制过程。

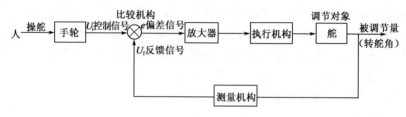

图 10-4 随动操舵系统方框图

舵轮舵令信号和舵角反馈信号一般采用传递机构各带动一个电位器滑片滑动,在电桥中比较,电桥不平衡电压即为 e。现代化远洋船舶大多设有两套通过机械传动装置带动的滑动电位器(电位计)式的舵角反馈装置,分别用于互为备用的两套操舵控制系统。

2. 随动操舵的特点

操舵手轮向某舷转动发出舵令角度,舵叶就跟随舵令转至这一舵角;操舵手轮转至零位(即舵令为正舵),舵叶也跟随回至船舶的艏艉线上。总之,随动操舵时舵叶的偏转角度与操舵手轮的指令角度自动保持一致。

3. 随动操舵系统实例

随动控制已广泛应用于船舶的舵机电力拖动中,它可以简化操舵工作,操舵人员不必不断扳动操舵手柄并连续察看舵角指示器。随动操舵是自动舵的基础。

图 10-5 是一种随动舵系统实例。这是一个用来控制转动机构 1 的系统,使其位置在每个瞬间都与主令器 7 的位置相一致。当输入轴的转角等于执行轴的转角,则两个电位计的滑动触点之间无电压,发电机激磁绕组两端电压 u 等于零,由交流电动机 4 带动的直流发电机 3 无输出,直流电动机 2 不动;如输入轴转过一角度,则电位计 6 的滑片运动,电位计线路就出现电压,其值与两轴偏差角成正比,电压方向由偏差方向而定,因此偏差角的大小和方向决定电动机转速高低和方向。电位计 5 和 6 组合在一起,既能测量偏差角,又可发出与偏差角成正比的信号电压,加于发电

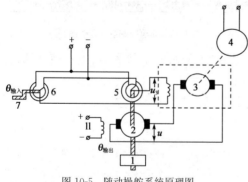

图 10-5 随动操舵系统原理图

机激磁绕组上,发电机在系统中起到了放大器的作用。电位计 5 的滑片由电动机 2 的运转带动,与输出的转动机构同步,在此起反馈的作用。

三、自动操舵系统的工作原理

1. 自动操舵系统的概述

自动舵,也叫"自动操舵仪"。它是用来自动保持船舶在给定航向上航行的自动装置。当船舶处于须保持给定航向的"定向航行"状态时,由于风浪的作用,船舶的惯性及船舶本身的不

对称(如船舶制造时不对称、载重不对称、双螺旋桨推力不对称等),将使船舶偏离给定航向。要使船舶保持给定航向就必须经常操舵。自动操舵是用电罗经与自控装置代替人发出转舵信号,只要一次给定航向,再不需要人工经常转动舵轮就能使船舶自动保持在给定航向上航行。与其他两种操舵装置相比,自动舵有明显的优点,主要体现在:

1)大大减轻操舵人员的劳动强度

由于用电罗经或其他敏感元件连续检测航向,并发出操舵信号,从而代替人工在大风大浪中日夜紧张地操舵。在给定航向以后,驾驶员只要监视一下航向的情况就可以了,这不但大大减轻劳动强度,也可以减少人员编制。

2)保持航向的精确度

3)提高实际航速

自动舵使船舶航行的 S 形航迹幅度减小,从而提高了实际航速,缩短了航行时间,加快船舶的运转周期。

2. 自动舵的工作原理

自动舵是船舶航向自动控制系统,其基本原理如图 10-6 和图 10-7 所示。其中,C_1BC_2 为控制器,A 是滚动触头,由电罗经带动(实际上是由分罗经带动)。C_1BC_2 为铜滑环,绝缘块 B 将铜环分

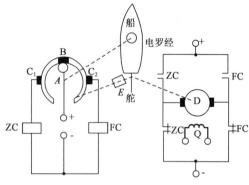

图 10-6 简单的自动舵原理图

成 C_1、C_2 两个半环,但它们是一个整体,由舵机经过反馈机构 E 带动。ZC、FC 为正、反转接触器,D 为舵机电动机。

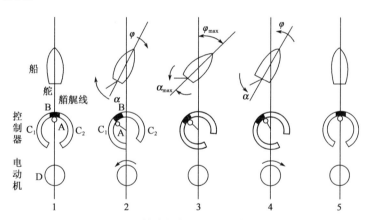

图 10-7 简单自动舵系统的工作过程

其工作过程如下:

第一阶段:船航行在给定航向上时,电罗经的指针与船没有相对转动,即由电罗经带动的滚动触头 A 在绝缘块 B 上,电动机不动,此时舵叶在艏艉线上。

第二阶段:假如船受到干扰向右偏转,电罗经与船就有相对转动,电罗经带动滚动触头 A 向左转动,并与左半环 C_1 接触,电动机一方面带动舵叶向左转,另一方面经过反馈机构 E 带动滑环也开始向左转动。

第三阶段：当船舶的偏航角 φ 达到最大值 φ_{max} 时，停止偏航，电罗经带动滚轮触头也到最大值而停止，因而电动机带动滑环赶上滚动触头，使滚动触头落在绝缘块 B 上，电动机停转。这时舵叶也停在最大舵角位置。

第四阶段：船在舵的作用下，向原航向回转，所以电罗经也带动触头 A 向右回转，并离开绝缘块 B 与右半环 C_2 接触，电动机即反向起动，一方面带动舵叶向艏艉线回转，另一方面带动滑环紧跟滚动触头转动。

第五阶段：船回到给定航向时，电动机带动滑环赶上滚动触头 A，使滚动触头落在绝缘块 B 上停下来，电动机停转。这时舵叶也回到艏艉线上。

如果需要改变航向，用航向调节旋钮设定新航向，也就是人为地将滑动触头 A 转到某个角度，船就能自动转到需要的航向上作定向航行。

3. 自动舵系统的方框图

自动舵是一个闭环的自动控制系统，它由敏感元件、比较元件、信号的变换元件和放大元件、执行机构、反馈机构等基本元件和环节组成，如图 10-8 所示。

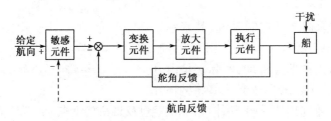

图 10-8　自动舵系统方框图

自动舵必须具有舵角反馈和航向反馈，这两种反馈缺一不可。它是一个闭环的偏差自动控制系统，如果没有舵角反馈，它是一个结构不稳定的系统；如果没有航向反馈，它就不能自动保持航向。

1）敏感元件

又叫测量元件或检测元件。它用来测量实际航向与给定航向的差值，并发出控制信号。常用的是电罗经。

2）比较元件

用来综合控制信号和反馈信号，这些信号可能是机械的也可能是电气的，所以比较元件也可能是机械的或电气的，如差动齿轮、电桥等。

3）变换元件

将不同的物理量变换成相同的物理量，以便进行综合比较，并满足放大元件输入端的需要。一般是机与电之间的变换，如自整角机、旋转变压器、伺服电机等。

4）放大元件

用来放大信号，供给执行机构。目前多采用电子放大器、电气-液压放大器元件，也有用磁放大器、电机放大机等。

5）执行机构

用来推动转舵装置。一般采用电动机或电动液压装置。

6) 反馈机构

自动舵具备有两个反馈,即舵角反馈及航向反馈。舵角反馈也叫内反馈,它是使系统稳定必不可少的环节,没有舵角反馈的系统是结构不稳定的系统。它也可看做是并联校正环节。常用自整角机或滑动变阻器来反映舵角。航向反馈,也称外反馈、主反馈,它是通过船上电罗经传递的。

7) 控制对象和被控制量

控制对象是船,严格来说应该是包括舵、水、船组成的水动力环节。被控制量是船舶的航向。

8) 外界干扰

包括风、浪、潮流、船型结构、航行不对称性和船体惯性等。外界干扰的多因素和随机性质,决定了自动舵系统的复杂性,在设计自动舵时要周密地考虑到各种因素。前面所举的简单自动舵的例子,只作为自动舵原理的说明,实际的自动舵却比它复杂得多。

4. 对自动舵系统的要求

根据船舶运行规律,对自动舵提出基本要求包括稳定性、灵敏度、精确度和通用性。下面分述如下:

1) 具有一定的灵敏度

当船偏离航向达到一定角度(一般规定 $0.2°\sim0.5°$)时,自动舵应能立即动作,并能以一定的速度转舵到一定的舵角,使船返回到给定航向,这个舵角叫一次偏舵角。

2) 能产生二次偏舵

当一次偏舵不足以使船返回航向,而船仍继续偏航时,自动舵能继续偏舵,一直促使船回到给定航向为止。

3) 能产生稳舵角

船在舵作用下,返回给定航向时,由于船的惯性可能会向另一舷偏转,这是我们不希望的。为了使船恰好回到给定航向而不超过给定航向,就需要船接近回到给定航向时,舵能向另一舷转过一个小角度,以抵消船的惯性,这个舵角叫稳舵角、反舵角或回舵角。这一般由微分环节产生。

4) 能产生压舵角

由于船在航行中受到不对称的外界干扰,如受到一舷的风浪,以及双螺旋桨工作不对称、装载不对称等,都会产生一舷持续力矩,于是船舶将产生不对称偏航,即左、右偏航角不相等,如图 10-9 所示。对称偏航时,S 航迹在正航向两侧对称,平均偏航角 $\alpha=0$。当不对称时,S 航迹在正航向一侧的摆幅增大,另一侧的摆幅减小,使 S 航迹的轴线方向偏离正航向,即平均偏航角 $\alpha\neq0$。

不对称偏航不但加重自动舵的工作负担,而且由于长期的不对称偏航,将使船舶越来越远地偏离给定航向。为此,必须设法抵消一舷持续力矩。一般的方法是使舵偏离艏艉线某一个角度,从而产生一个转船力矩抵消一舷持续力矩。将船压回给定航向之后再作定向航行,这个偏舵角叫做压舵角。压舵角有人为固定给出的或由积分装置自动产生的。在干扰力及自动舵作用下的船舶航向变化情况如图 10-10 所示。

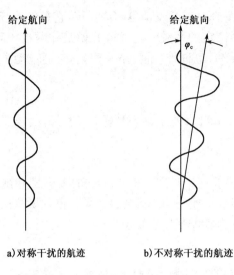
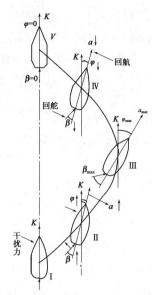

图 10-9　一舵持续力矩对航向的影响　　图 10-10　在干扰力及自动舵作用下的船舶航向变化

a) 对称干扰的航迹　　b) 不对称干扰的航迹

5) 能方便地改变航向

在自动操舵时,即能维持在给定航向,又能按需要随时改变船在新的航向上航行。

6) 能可靠地转换操舵方式

根据航行的需要,以及考虑舵机的可靠性和生命力,自动舵除了能自动操舵外,还应装备有随动操舵或单动操舵方式,并能可靠地互相转换。

7) 能够进行各种调节

为了使同一型号的自动舵能适用于不同类型、不同排水量的船舶或适用于同一船舶的不同运行状态和不同海况下航行,自动舵必须具有下列基本调节装置。

(1) 灵敏度调节(又称天气调节):能使自动舵开始动作的船舶偏航角,称为灵敏度,如 0.2°、0.5°、1°、1.5°、2°等。由于航行时天气条件不同,要求灵敏度不同,如在小风浪时,可以将灵敏度调高些(如 0.2°)以提高航行的准确性。如果碰到大风浪时,则灵敏度要调低些(如 1.5°)以减少操舵的次数。因为操舵次数多,不但加重舵机工作的负担,而且影响航速。

(2) 舵角比例调节(或称反馈系数调节):由于船偏航而引起自动舵偏舵,对应一个偏航角 φ,就有一个偏舵角 α,α 与 φ 的比值就叫做舵角比例 K,即

$$K = \frac{\alpha}{\varphi} \tag{10-1}$$

这个比值 K 应能保证在任何偏航情况下,都能产生足够大的转船力矩,迫使船回到给定航向。而转船力矩 M 与舵角 α、舵在水中面积 A、航速 V 有以下关系:

$$M = CAV^2 \sin\alpha \quad (C \text{ 为常数}) \tag{10-2}$$

因此,对不同的船舶,或同一船舶的不同载重量,在不同航速时,欲产生足够的转船力矩 M 所需要的偏舵角是不同的。即 K 值须随条件变化而能进行调节。如对惯性大、航速低的船舶,K 值应调得大些。一般可在 0.5~2 的范围内选择。

(3) 稳舵角调节(又称反舵角调节):惯性不同的船舶要求稳舵角也不同,因此稳舵角应是

可调的。稳舵角一般由微分环节产生,所以又称微分调节。

(4)压舵调节(也称偏航调节):为了消除持续单侧的干扰力矩而给出一个舵角,此舵角可由人工给定或加积分环节产生。

(5)航向调节:即小角度改变设定航向的调节,目前的系统已可做到随意改变航向。

以上各种调节均是在驾驶台的操舵控制台上通过调整装置(如航向设定旋钮、转换开关或电位器)来进行。

5. 自动舵的分类

自动舵的种类是很多,一般可按调节规律、检测元件及自控系统的类型及放大器的种类来分。表10-1是按照调节规律分类的情况。

自动舵按调节规律分类情况 表10-1

种类	操舵规律	特 点
比例舵	$\alpha=-K_1\varphi$	偏舵角与偏航角成比例,结构简单,精度较差
比例-微分舵	$\alpha=-(K_1\varphi+K_2\dfrac{\mathrm{d}\varphi}{\mathrm{d}t})$	加快给舵速度,更好地克服船舶回转惯性
比例-微分舵-积分舵	$\alpha=-(K_1\varphi+K_2\dfrac{\mathrm{d}\varphi}{\mathrm{d}t}+K_3\int\varphi\mathrm{d}t)$	具有前两种的优点,并可消除船舶不对称偏航,结构复杂,不易调整

注:α—偏舵角;φ—偏航角;K_1—比例系数;K_2—微分系数;K_3—积分系数。

按船舶航向检测元件分类,可分为电罗经式、磁罗经式和地磁感应发送器式等类型,其中电罗经式应用最广泛。按自动控制系统分类,可分为无触点式和有触点式、连续控制和断续控制等。

上述是常用分类方法。除此之外,还有完成特殊使命的自动舵,如利用测深仪进行操纵,使船舶按等深线航行的自动舵(渔船用);使船舶按一定的下潜深度航行的自动舵(潜艇用)。

6. 自动舵的调节规律

1)自动舵的比例控制

所谓比例舵控制就是按船舶偏舵角 α 与偏航角 φ 成正比的规律来控制:

$$\alpha=-K_1\varphi \tag{10-3}$$

式中:K_1——可调的比例系数。

比例自动舵机构简单,但航向精度较差,船舶营运经济性较差(会出现S形航迹)。因为比例舵偏航初期偏舵角较小,不能很快阻止船舶继续偏航;回航过程中船舶具有惯性,偏舵角不能及时减小,容易反向偏航。

2)自动舵的比例-微分控制

这种控制除了有比例舵角 $\alpha_1=-K_1\varphi$ 外,还增加了一个与船舶偏航速度成比例的微分舵角 $\alpha_2=-K_2\dfrac{\mathrm{d}\varphi}{\mathrm{d}t}$:

$$\alpha=-(K_1\varphi+K_2\dfrac{\mathrm{d}\varphi}{\mathrm{d}t}) \tag{10-4}$$

式中:K_2——微分系数。

船舶偏航初期,偏航速度大,产生的 $-K_2\dfrac{\mathrm{d}\varphi}{\mathrm{d}t}$ 也大,则舵角 α 就增加得多,能有效地阻止船舶偏航(最大偏航角较小);船舶回航时偏航角变化率变为负值,该部分符号改变,使回舵角增加;船舶回到正航向时,便产生足够大的反舵角,以克服船舶由于惯性向另一侧偏航。增加微分环节可使船舶较快的稳定在正航向上,减小S形航迹。

通过微分舵的使用,使系统具有"超前校正"的控制作用,减小船舶航向的振荡,减轻舵机负担,增加航速,提高系统灵敏度和船舶的营运效益。

3) 自动舵的比例-微分-积分控制

这种控制的特点是除了比例-微分舵角 $\alpha = \alpha_1 + \alpha_2 = -\left(K_1\varphi + K_2\dfrac{\mathrm{d}\varphi}{\mathrm{d}t}\right)$ 外,又增加偏航角积分的舵角 $\alpha_3 = -K_3\int\varphi\mathrm{d}t$。

偏舵角 α 和偏航角 φ 之间符合下列规律:

$$\alpha = \alpha_1 + \alpha_2 + \alpha_3 = -\left(K_1\varphi + K_2\dfrac{\mathrm{d}\varphi}{\mathrm{d}t} + K_3\int\varphi\mathrm{d}t\right) \qquad (10\text{-}5)$$

式中: K_3——积分系数。

这种类型自动舵属于比例-微分-积分控制系统或 PID 系统。

船舶在航行时,常常由于船体和装载的不对称或船受单侧风和水流等外力的影响,使船舶发生左、右向不对称的偏航。船舶受单侧力的横向漂移产生小的偏航角,由于在系统灵敏区以内,自动舵不动作,因而无偏舵指令,这将使船舶"差之毫厘,失之千里"。但系统加入积分环节将对偏航角进行积分并发出与偏航角相应的恒定偏舵角指令,利用恒定的偏舵角来抵消持续的外力作用,保证船舶的正航向,这种作用也就是自动"压舵"调节。在正常的对称偏航的情况下,积分环节也能提高航向的稳定精度,因为它能检测小的偏航角。

比例-微分-积分控制系统具有综合调节作用,是动态和静态性能指标以及稳定性都比较好的一种自动检测系统。

7. 相敏整流电路

在前面图10-8中,航向信号和舵角反馈信号都是交流电信号:

$$E = E_\mathrm{m}\sin\delta \qquad (10\text{-}6)$$

而控制器及放大器的输入,则必须采用相敏整流电路,把不同相位的交流信号转换成相应极性的直流信号,即相敏整流电路输出电压的大小和极性能够反映输入信号的大小和极性。

图10-11所示为某自动舵的航向信号相敏整流电路。当船向某方向偏航时,电罗经使线性旋转变压器 J_2 输出交流电动势(图中 SB_1),如果其相位与图中电源1B相同时(见图中符号),则不管在正半波或负半波,输出电压都是29端正,27端负。当船向另一方向偏航时,J_2 输出交流电动势相位与电源1B相反时,则不管在正半波或负半波,输出电压都是27端正,29端负。由此可见,相敏整流电路可以用输出电压的极性和大小反映偏航的方向和大小。当然,该种电路也可用于舵角反馈中。

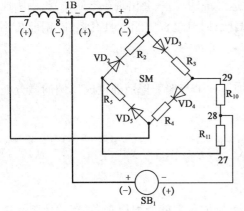

图 10-11 相敏整流电路

8. 信号比较及压舵、比例、微分调节电路

信号比较环节及压舵、比例、微分调节电路是 PID 自动舵中的重要控制环节,下面通过某自动舵中该部分的等效电路简图(图 10-12)进行分析。

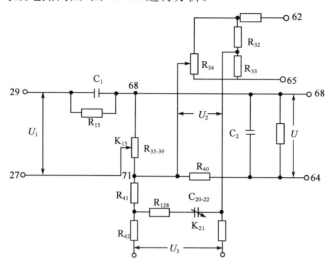

图 10-12 信号比较环节及压舵、比例、微分调节电路

1) 信号比较

从图 10-12 可见,输出电压 U 由偏航信号 U_1(包括比例信号及微分信号)、压舵信号 U_2 及舵角反馈信号 U_3 的综合比较而得到。其关系式如下:

$$U = U_1 + U_2 - U_3 \tag{10-7}$$

式中,U_3 前的负号表示舵角信号为负反馈信号。

2) 压舵信号及其调节

这里的压舵信号 U_2 是人为的附加控制信号。它由 R_{34}、R_{32}、R_{33} 组成的直流平衡电桥产生,调节可以改变压舵信号的极性及大小实现压舵调节。压舵信号的极性大小,根据航行时所受持续力矩的方向、大小而定。

当压舵信号加入后,系统即动作并开始转舵。转舵时,通过舵角反馈信号与压舵信号进行比较,当达到平衡时,系统即停止工作,但这时舵已不在艏艉线,而停在左舷或右舷的某一角度上。这种人为固定压舵信号的方法是比较简单的,但是压舵角不能跟随持续力矩的变化而自动地连续改变。为了提高自动舵的精度,常采用偏航的积分环节来代替人为的压舵。

3) 比例调节

从相敏整流器来的偏航信号加到 29、27 两端,再经过比例电路加到 68、27 两端,它的大小可由比例调节旋钮 K_{15} 改变电阻 $R_{35} \sim R_{39}$ 的值进行调节。如果 K_{15} 转到 71 位置,输出电压最大,即对应同一偏航角 φ 的相应转舵角 α 也最大,所以舵角比例 K 也大。即调节 K_{15} 能实现舵角的比例调节。

4) 微分电路及微分调节

微分电路有两部分:其一,由 C_1 和及 R_{15} 组成的微分电路,使 68、27 两端电压的变化能反映船偏航的速度。当偏航速度快时,由相敏整流输出电压变化也快,这时 C_1 的容抗很小,相当

于将 R_{15} 短路,使偏航信号直接加到 68、27 两端,信号迅速加大,而引起迅速偏舵,使船迅速停止偏航,回到设定航向。其二是由 R_{128},$C_{20} \sim C_{22}$ 组成的舵角偏航反馈积分电路,它起到偏航微分的作用,可看作是等效微分电路(可从并联校正转换成等效的串联校正的传递函数中知道)。从物理意义上可理解为:因在偏航的同时也在偏舵,但是根据电容 $C_{20} \sim C_{22}$ 上电压不能突变的性质,使来自舵角反馈的信号不能立即反映到 64、27 两端,而要经过一段电容充电过程,也就是反馈信号要相应滞后一段时间。这个反馈滞后时间,就使得偏航信号占优势的时间延长,即偏舵角比无滞后的偏舵角大,同样起到 C_1 和及 R_{15} 微分电路的作用,而且效果更好。

等效微分电路的另一个作用是产生稳舵角。当船在舵的作用下,返回原给定航向时,偏航信号减小,舵角反馈信号开始占优势,因此比较环节发出回舵信号。在回舵时反馈信号也减小,但由于电容上的电压不能立即减小,它有一个放电过程。所以 64、27 端反馈电压减小得慢,回舵也就快,当船还未回到原航向时,舵提前回到艏艉线。舵在艏艉线时,舵角反馈信号本应为零,但电容还没有放电完毕,它迫使舵继续向另一舷转过一小舵角,这就是稳舵角。正是这个稳舵角克服了船的惯性,不致向另一舷偏转,使船在原航向稳定下来。

*第三节　自适应自动舵

每条船舶都有其固有的运动特性,其动态特性即为通常所称的船舶数学模型。船舶数学模型随船速、装载、吃水和海况等因素而变化。常规 PID 自动舵在不断变化着的运行环境下不能实时精确地辨识船舶数学模型参数,故也就不能随着船舶数学模型参数的变化而自动调节其参数,所以常会偏离其最佳工作状态,造成动舵次数多、转舵角和偏航角大的后果。一般来说,动舵次数越多、转舵角度越大,船舶在转舵时所受到的海水阻力也越大。如前所述,阻力增大会加重船舶主机的负荷,导致主机转速下降,使燃油消耗增大。此外,阻力和偏航角的增大会降低船速,从而降低船舶营运的生产率和经济效益。动舵次数多的另一恶果是会产生无效舵,当操舵频率超过船舶开始转向的极限频率时,无论转多大的舵角船都不会转向。

自适应自动舵根据可测量到的船舶现时状态的信息(如舵角、船首向、偏航角、船速等)不断地实时辨识船舶模型参数和扰动模型参数,或有效地滤除噪声,实行有效的控制,使船舶按设定的性能指标尽可能达到和接近最优控制,以避免无效操舵达到节能和安全航行的目的。

由于自适应自动舵属于专利技术,生产厂商往往只提供板面布置图及操作步骤等不完整的资料,如何根据这些资料来分析其控制系统和线路,从而对其进行很好的管理、使用、保养和维修,是船舶机电人员需要解决的一个重要技术问题。

一、自适应自动舵控制系统的构成和分类

自适应自动舵是现代控制技术与传统自动舵系统的结合产物,故该系统中也配备了传统自动舵中常见的一些设备,如操舵分罗经、操舵手轮及手操舵指令舵角发送器、非追随操舵用的操舵手柄、操舵系统选择开关、舵角指示器、舵角反馈装置、航向设定旋钮等。但是,自适应自动舵是用微机控制的,故包括了一些其他的基本装备:

(1)微机主机母板(包括 CPU、ROM 或 EPROM、RAM、译码器等)。

(2)输入、输出印刷电路板,它一般包括模/数及数/模转换器、驱动器及 D 触发器等。

(3)微机专用抗干扰电源。

(4)电罗经(或磁罗经)数字电路接口。

(5)数字显示电路。

(6)键盘等。

系统所用软件均固化于 ROM 或 EPROM 中,一般包括系统辨识、自适应控制算法、显示和故障检测等程序。

根据系统工作原理的不同,我们把自适应自动舵分成以下两种主要的类型。

1. 模型参考自适应控制

该型自适应自动舵安装到船上时,设备制造厂家要求获得该船的船舶要素(船长、型宽、吃水量、排水量等),并在设备安装时将这些参数通过整定开关输入微机;另外系统中还设有满载/压载选择开关和船速选择开关,以便在船舶航运中由驾驶员输入这些状态参数。

2. 自校正自适应控制

一般不需要提供船舶要素,也不需要满载/压载开关和船速开关,为了快速辨识船舶运动数学模型的参数,一般只需要在自适应操舵前手动操舵一段很短的时间,当系统显示出"自适应操舵就绪"时,即可由手动操舵转到自适应自动操舵。该系统的现时状态信息是由系统根据船舶航行情况自动测量获取的。

二、自适应自动舵的实例

下面以日本横河北辰公司生产的 PT-21 型自适应自动舵为例来分析一下其工作原理。PT-21 型自适应自动舵采用 16 位微机实现航向自适应控制和数字显示,该装置包括操纵台、电源箱和舵角反馈装置等。操舵操纵台的上部包括自动操舵控制盘和手动操舵控制盘,下半层内部设有一台电罗经。

自动操舵控制盘包括下列主要设备:

(1)操舵分罗经及其刻度盘。

(2)船首向模数转换装置。

(3)各种运行和报警指示灯。

(4)微机的键盘开关。

(5)参数初始整定开关和预置开关。

(6)插件板箱(内装微机的 CPU 主板、I/O 板、扩展器总线驱动器、键控显示等印刷电路板)。

手动操舵控制盘包括操舵手轮、操舵角发送器、主控开关及系统选择开关等。本装置可实现五种操舵方式:随动操舵、遥控随动操舵、非随动操舵、自动(自适应)操舵和外部(计算机)操舵。

如前所述,自适应自动舵主要分为模型参考和自校正自适应控制两大类。该控制装置设有参数的初始整定值开关,故属于前者,它包括估计部分和控制部分两块,均通过计算机软件实现其功能。

估计部分采用改进了的扩展型卡尔曼滤波器,它由下列四个功能部件组成:

1. 船舶数学模型

该装置采用一阶 Nomoto 模型(船舶操纵运动方程)。根据造船厂提供给横河北辰公司的船舶 10 个基本要素(即船长、型宽、吃水量、排水量、螺旋桨转速及直径、舵面积及其展弦比、方型系数和船速),并经过参数初始整定值开关而存放到微机中,建立船舶数学模型。

2. 船舶模型参数辨识器

其作用是在船舶负载和吃水量等外界因素变化时,更新船舶模型的参数。

3. 估计器

其作用是根据实际舵角、船舶模型参数和辨识器更新的模型参数来预报船首向和船舶的旋回角速率。

4. 卡尔曼噪声滤波器

其作用是有效地滤除电罗经输出信号中所包含的由风浪等因素引起的噪声成分,并估计出船舶在某一舵角下的船首向和旋回角速率。

卡尔曼滤波器(Kalman Filter)是一种由卡尔曼提出的用于时变线性系统的递归滤波器,卡尔曼提出的递推最优估计理论,采用状态空间描述法,在算法采用递推形式,卡尔曼滤波能处理多维和非平稳的随机过程。卡尔曼滤波理论的提出,克服了威纳滤波理论的局限性,使其在工程上得到了广泛的应用,尤其在控制、制导、导航、通信等现代工程方面。在该自适应自动舵系统中,根据复杂海况下的电罗经输出航向信号,经过卡尔曼滤波器,有效地滤除其中的噪声成分,并估算出船舶在某一舵角下的船首向和旋回角速率。

控制部分包括最优计算器和最优控制器两部分:

1) 最优计算器

根据设定的性能指标 J 和估计得到的船舶模型参数估值,将 J 取最小值而设计出最优控制器的最优增益。

2) 最优控制器

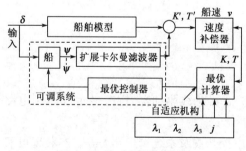

图 10-13 自适应控制系统框图

根据由卡尔曼滤波器送来的航向信号与设定航向之差而获得偏航角估值和旋回角速率估值,再根据最优计算器送来的最优增益,输出控制转舵角 δ。

图 10-13 所示为该模型参数自适应控制系统的框图,图中的最优计算器实际上就是模型参考自适应控制框图中的一个自适应机构。此外,由被控制对象(船)、卡尔曼滤波器、最优控制器组成了框图中的可调系统。

三、两种自适应自动舵的比较

如前所述,目前较流行的自适应控制的两大类是自校正控制和模型参考自适应控制。

自校正控制的自适应自动舵系统中包括被控对象和自校正控制器两部分,而自校正控制器中有辨识器和控制器两部分。当船舶和扰动数学模型的参数(或状态)随机变化时,辨识器根据测量到的输入(舵角等)和输出(船首向等)信号用某种辨识算法,在线辨识船舶模型和扰动模型的参数,并用事先选定的性能指标通过控制算法对控制器的参数进行修正,再用修正后的参数和测得的输出量算出下一步应有的控制作用(即指令舵角)。随着运行过程的不断进行,自校正控制器不断地进行采样、估计、修正和控制,使控制的性能指标接近最优。

模型参考自适应自动舵系统中包括参考模型、自适应机构和由被控对象与控制器组成的可调系统,如图 10-13 所示。参考模型对于给定的输入能够产生期望的输出响应。当被控对象(船)受到风浪等外界扰动时,可调系统的输出和参考模型输出之间存在着偏差。自适应机构根据选定的性能指标 J,由控制器去修正可调系统的参数,使 J 为最小,以达到可调系统的特性接近于理想参考模型特性。

*第四节 液压舵机的控制

目前的远洋船舶大都采用电动液压舵机,控制系统一般由电动和液压操控两部分组成。电动部分主要用于驾驶台和机舱的信号传递流,以及机舱里的电动力输出和一些自动化元件的电动控制;而液压操控系统可分为阀控型和泵控型两大类。下面分别加以介绍:

一、阀控型液压舵机工作原理

下面以川崎 RV 型舵机为例来介绍阀控型舵机的组成和工作原理,图 10-14 所示为它的液压系统图。该系统中的主油泵为单向定量泵。

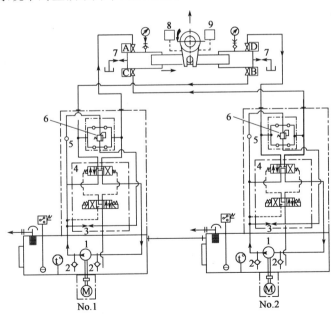

图 10-14 阀控型舵机的液压系统图

1-单向定量泵;2-单向补油阀;3-旁通阀;4-三位四通电液换向阀;5-单向阀;6-安全阀组;7-放气阀;8-舵角反馈发信器;9-舵角指示发信器

1. 工作原理

阀控型舵机的液压泵采用单向定量泵1,舵机工作时泵按既定方向连续运转,吸、排方向和排量不变,向转舵油缸供油的方向由M形三位四通电液换向阀4控制。驾驶台给出的指令舵角信号和与舵柄(或舵柱)相连接的舵角反馈发信器8发出的实际舵角信号相比较,当两者偏离时,舵角偏差信号经放大后,根据偏差方向不同,使换向阀相应一侧的电磁线圈通电,于是阀芯从中位向一端偏移,向某侧转舵油缸供油,另侧油缸的油路则由换向阀通回泵的吸口(闭式系统),油缸中的柱塞移动,推动舵柄和舵叶转动。

当舵转至反馈发信器8送回电气控制系统的实际舵角信号与指令舵角信号相符时,换向阀电磁线圈断电,阀芯回到中位,泵的排油经换向阀卸荷,通转舵油缸的油路被封闭,舵叶停在与指令舵角相符的舵角。

当指令舵角偏离实际舵角的方向相反时,换向阀的另一侧线圈通电,阀芯偏移的方向及转舵方向也就相反。

2. 压力控制

舵机液压系统应设安全阀,它在两种情况下起作用:

1)转舵时若转舵力矩过大,管路中油压高于调定值时安全阀会开启,使高压侧油液与低压侧旁通,以避免管路和液压元件承受过高压力,并防止电机过载。

2)舵叶停止转动时,若受大浪或其他外力冲击,安全阀也会因油压升高而开启,允许舵叶暂时偏让而"跑舵";当冲击舵叶的外力消失后,由于实际舵角偏离指令舵角,换向阀会自动离开中位,直至舵转回到与指令舵角相符为止,起后一种作用的安全阀亦称"防浪阀"。

3. 舵角指示器

阀控型液压系统可以采用闭式油路,系统中设有工作油箱或高位油箱。工作油箱设有低油位报警器(油位过低时会发出警报并自动切换备用的泵和系统)。

为了解舵叶所处的实际舵角,便于舵机的调试和驾驶人员对船舶的操纵,除了转舵机构有机械舵角指示外,还设有与舵柄或舵杆相连的电动舵角指示器的发信器9,可在驾驶台、集控室、舵机室以及轮机长、船长住舱等处显示舵角。电动舵角指示器通常是一对电路相连的自整角机,两者转子的角位移始终同步。

阀控型舵机也可以采用开式系统,即换向阀的回油管通回到工作油箱,泵从工作油箱吸油。开式系统油散热较好,系统内有空气容易释放,但回油管上应设由泵排出压力远控的顺序阀。

4. 阀控型系统的特点

阀控型舵机采用单向定量泵,转舵由三位四通电液换向阀控制,系统及控制相对简单,造价较低。缺点是不转舵时泵仍以全流量排油,经济性稍差,油液发热要多些,适用功率比泵控型小。

二、泵控型液压舵机工作原理

下面以川崎F21型舵机为例来介绍泵控型液压舵机的组成和工作原理,液压系统图如图10-15所示。

第十章 舵机电力拖动及控制系统

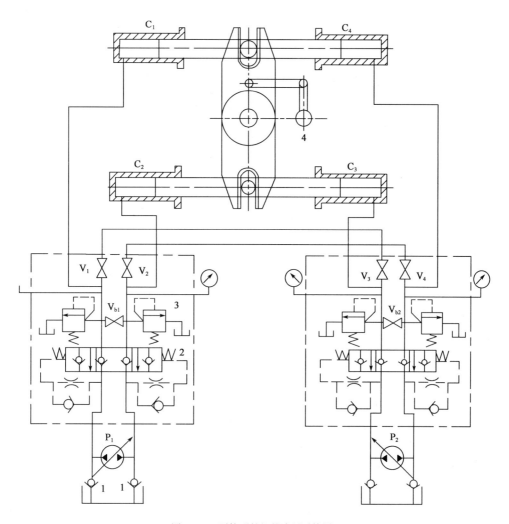

图 10-15 泵控型舵机的液压系统图

1-补油单向阀；2-主油路锁闭阀；3-主油路安全阀；4-舵角发信器 P_1、P_2-主泵；V_1、V_2、V_3、V_4-截止阀；V_{b1}、V_{b2}-旁通阀

1. 工作原理

泵控型舵机的主泵早期用径向柱塞式变量泵，现在多用斜盘式或斜轴式轴向柱塞变量泵。工作时主泵连续按既定方向运转，吸、排方向和排量由变量控制杆（改变泵的斜盘倾角或缸体摆角）偏离中位的位移方向和大小来控制。主泵变量控制杆偏离中位的位移方向和大小与指令舵角信号和实际舵角信号相比较得到的舵角偏差信号有关。当舵角偏差达到不很大的数值时，变量控制杆的位移即已达到最大值，主泵即以最大流量去推动转舵机构转舵，直至实际舵角接近指令舵角时，主泵的流量才逐渐减小；而当实际舵角等于指令舵角时，泵回到零排量的中位空转，舵叶即因主油路锁闭而停在与指令舵角相符的位置。

2. 主油路的锁闭

每一闭式主油路中设有油路锁闭阀 2，本例是一对靠主泵油压启阀的带卸荷阀的双联液控单向阀，其结构原理图如图 10-16 所示。在主泵排油压力 p_1 或 p_3 的作用下，它能自动顶开

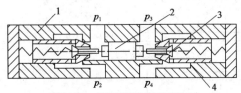

图 10-16 油路锁闭阀结构原理图
1-阀体；2-控制活塞；3-卸荷阀；4-单向阀

排油侧单向阀 4，同时通过控制活塞 2 和卸荷阀 3 使回油侧的单向阀也开启，沟通主泵与转舵油缸间的油路。而在两种情况能将主泵出口油路锁闭：

(1) 舵转到指令舵角而主泵停止供油时，两侧单向阀在弹簧作用下自动关闭，防止舵压力使转舵油缸内的油液经主泵漏泄而跑舵。

(2) 锁闭备用泵油路，防止工作时油经其漏泄而影响转舵。

如果主泵装有机械防反转装置（如防反转棘轮），也可不设主油路锁闭阀。

3. 工况选择

川崎 F21 型舵机一个显著的特点就是具有多种工况选择，对应于海上不同海况提供了相对比较灵活的方式，现简介如下。

主油路中设有四个连通阀 V_1、V_2、V_3、V_4 通常是常开，可使转舵油缸 C_1、C_3 和 C_2、C_4 各成一组，分别与主泵的两条油路相通。此外，两闭式系统主油路还分别设有旁通阀 V_{b1} 和 V_{b2}。四柱塞油缸的舵机可有以下三类工况：

(1) 单泵四缸工况：适于开阔水面正常航行。其最大扭矩等于额定转舵扭矩，转舵时间能满足规范要求。

(2) 双泵四缸工况：适于进出港或窄水道航行或其他要求快速转舵的场合，转舵速度约较单泵双缸快一倍，而转舵扭矩与上述工况相同。

(3) 单泵双缸工况：万一某缸漏油时采用。此时舵机能产生的最大转舵扭矩比四缸工作时减少 50%；若航速未降低，必须避免大舵角操舵，否则工作油压可能超过最大工作油压，使安全阀开启。这种工况在安全阀 3 未开启的前提下，转舵速度约比单泵四缸快一倍。

4. 泵控型系统的特点

泵控型舵机操作方便，安全可靠，性能优越，但其结构也比较复杂。其主泵采用变量变量泵。工作时主泵连续按既定方向运转，吸、排方向和排量由变量控制杆偏离中位的位移方向和大小来控制。主泵变量控制杆偏离中位的位移方向和大小与指令舵角信号和实际舵角信号相比较得到的舵角偏差信号有关。

三、转叶型液压舵机的控制

转叶式液压舵机是液压舵机的两种形式之一（另一种是往复式），它是一种直接实现舵叶转动的液压舵机形式。它具有结构紧凑简单，所用油管少且短，摩擦小，机械效率高，无需机械传动装置和工作可靠性高等特点。早期的转叶舵机由于叶片密封问题而影响了发展，近年来由于密封技术和加工工艺的发展，转叶舵机在大型船舶和军舰上得到了越来越多的应用。

转叶式液压舵机由转舵机构和动力源两大部分组成。转舵机构由油缸、回转体组成，回转体键套在舵杆上；动力源由电动机、主油泵、辅油泵和安全控制阀箱等组成。

转叶舵机可采用泵控和阀控的形式进行转舵控制。此外随着交流伺服技术的迅速发展，新型的直驱式电液伺服转叶舵机不断发展，应用渐广。该系统中由交流伺服装置驱动主油泵电动机，油泵是可以正反转的定量泵，其输出与转叶马达构成闭式回路。通过变频装置控制电动机的起停、转向和转速,即可以控制转叶马达的转动、方向和转速,进而控制舵的转动情况。该系统充分利用变频控制,可以取消容易卡阻的点液伺服阀,使系统大为简化,可靠性大大提高。

第五节　舵机拖动与控制系统故障处理

舵机的拖动及控制系统出现故障,将严重影响船舶的安全航行。为此,设备管理人员必须熟悉常见故障的应急处理方法,并在日常工作中做好相关设备的维护保养以及安全保护和报警测试工作,以确保船舶舵机系统正常运行。舵机拖动及控制系统的常见故障主要包括以下内容。

一、舵机控制系统的故障及处理

舵机控制系统结构复杂,组成元件众多且分布面广,并且越来越多地使用计算机进行控制。当控制系统出现较复杂的故障时,应根据故障的现象参考设备的技术资料,采用故障树分析的方法查找故障的原因。下面介绍一下常见基本故障的处理。

1. 通信故障

主要包括驾驶台发出的舵令信号不能输出至舵机,即舵机接收不到舵令,有时甚至出现驾驶台和舵机间无法正常进行通信联系。这在船舶航行时对船舶是一种致命的威胁,极可能导致触礁、搁浅、碰撞等事故发生。在应急情况下,可以用电话甚至无线对讲机通话传递舵令,由操舵人员在舵机房直接操应急舵。

2. 遥控故障

1) 遥控系统响应比较慢,不能及时达到既定舵角

造成此故障的原因可能是液压系统中混入了空气、阀件弹簧的张力过小,不能及时复位、换向阀的回油口部分堵塞或开度过小等。

2) 舵不准

这是因为舵角反馈系统调整不当等原因使得测得信号出现了偏差;还有一个原因是像川崎 RV 舵机,两泵共用了一套浮动杆,当两泵变量机构中位调整不同步,两泵并联同时操舵时,舵会停在对应各泵中位的两不同舵角之间,这时两泵会产生方向不同的小流量,在两泵之间循环。

3. 预防措施

(1) 认真做好船舶开航备车前的对舵工作,检查舵机控制及舵角指示器的工作情况,发现问题及时处理。注意舵机设备的日常巡检和维护保养。

(2) 定期进行舵机控制系统的保护及报警测试,包括拖动电动机控制线路的保护及报警测试。

(3) 注意对整个遥控系统的检查维护,同时注意对相关组件在适当的时候进行拆检并清洗。如三位四通电液换向阀长期使用后会出现阀芯磨损的现象,从而造成控制失灵。

(4) 充油后或者重新安装系统组件后,要注意排放系统中的空气。对系统中各阀件的调试安装一定要按着说明书的说明并结合实际情况来进行安装使用。

二、电力系统故障及处理

1. 主要故障及危害

电力系统的故障主要是配电装置、动力电路、电动机本身等的故障,使电动机无法正常运转,或者是备用动力系统不能正常切换起动。其可能造成的危害主要是导致船舶舵动力系统失效,使船舶在海上不能按照制定航向航行,并可能出现安全事故。

2. 预防措施

电力系统的维护相对来说有较高要求,像湿度、温度等都有一定的限制。因此,在机舱那种温度和湿度都相对偏高的条件下就要多巡查,并及时做好配电板、动力电网、电动机、电子遥控器件等设备的维护保养工作。同时,也要经常性检查并测试备用电力系统(应急发电机),以防因长时间的不用而不能应急启用。与此同时,在平时工作值班时一定要注意观察各表的指示参数,从而避免发生不必要的安全事故。

三、舵机设备的日常检查和维护保养

在对舵时,应注意以下各项内容:

(1)检查操舵台上的控制开关、按钮、指示灯及失电压、过载报警、声光信号等装置,是否完整有效。

(2)观察两舷供电转换使用情况,并用应急电源在驾驶台和舵机室分别操试。

(3)观察两套机组的转换运行是否可靠。

(4)试用各种操舵方式在各操作台进行操试。检查应急舵操纵是否有效,并注意操舵器的机械运动部件是否灵活可靠。

(5)观察控制系统工作是否正常。

(6)检查操舵器、舵角指示器与舵叶实际位置的偏差。正舵位置时偏差为 0°。在大舵角下偏差不大于 2°。

(7)自动舵及电动舵机系统不应有跑舵、冲舵、不回舵及振荡等现象。

(8)复查舵从一舷 35°转至另一舷 30°所需时间是否符合规定。同时检查舵叶偏转快慢是否均匀,转舵时有无异常现象。

船舶航行期间,舵机持续工作,其间的巡视检查应包括下列内容:

(1)查看机组的运行情况,电动机运转的声音、温升及换向器火花等应在允许限度内。

(2)检查制动器、电磁离合器、电磁阀、限位开关等动作是否可靠。

(3)观察各仪表读数、机组运行指示、舵位指示等装置的工作是否正常。

(4)有两套舵机拖动控制系统的船舶,应定期更换使用。

电动液压舵机日常维护应注意以下各项内容:

(1)对油泵电动机及控制箱的维护与一般电动机相同。

(2)两台机组和控制箱应轮流使用,其各运行时间应基本相同。

(3)经常检查各联接件有无松动或脱落等现象。

(4)备用的印刷电路板应经常互换使用,以保证其工作性能不变。

舵机系统出现的故障,根据其形成原因以及预防措施的分析,可以看出保证舵机正常运行的主要因素还是人为因素,一定要加强管理和工作时的巡查,从而避免一些不必要的故障出现。

思 考 题

1. 什么叫随动舵? 试述它的工作原理。
2. 什么叫比例—微分舵,它是怎么迅速把S航迹衰减的?
3. 对舵机电力拖动系统有何要求?
4. 对舵机控制系统有何要求?
5. 舵机的操舵方式有几种?
6. 自动舵是如何保持船舶航向不变的?
7. 自动舵通常有哪些类型?
8. 什么是压舵调节、天气调节、反舵角调节?
9. 自动操舵仪有哪些调节?
*10. 自适应自动舵系统有哪两种类型?
*11. 阀控型和泵控型液压舵机系统有哪些区别?

第十一章　船舶照明及航行信号灯系统

船舶照明系统是船舶电气系统的重要组成部分，在船上还包括航行信号灯系统，该系统包括照明设备、配电设备及电网、控制及保护线路等，是船舶电气管理工作的一个重要组成部分。通过本章学习，我们要掌握船舶照明系统的分类及特点，船舶常用灯具与电光源发光原理，船舶照明系统控制线路和船舶照明系统的维护保养、故障判断方法。

第一节　船舶照明系统的分类及特点

船舶照明是船舶航行、作业以及船舶管理、工作人员生活的必要条件。船舶照明通常包括确保航行安全和人员安全的照明（如航行灯、信号灯、登放艇区域照明）、船舶工作场所照明（如驾驶台、机舱和甲板装卸照明）以及生活区域照明等。

一、船舶照明系统分类

船舶照明系统与陆地照明系统不同，一般分为主照明、应急照明、临时照明和航行信号灯几种类型。

船舶照明按其功能大致可作以下分类：
(1)室内照明：舱室主体照明，局部辅助照明，娱乐美化气氛照明。
(2)室外照明：室外通道照明，室外工作照明（甲板照明）。
(3)探照灯和投光灯。
(4)航行信号灯。

也可按供电方式分为正常照明（船舶主电源供电）、应急照明（应急电源供电，其中应急照明供电又可分为应急发电机供电和蓄电池组供电）、临时应急照明（俗称小应急照明，蓄电池组供电半小时）和航行信号灯（正常和应急两路供电）。

照明系统的设计应依据船舶入级规范有关照明及航行信号的要求及《国际海上人命安全公约》(SOLAS)和《国际海上避碰规则》等有关条款进行，对不同国籍和航区还必须加上相应的地区规范、规则的要求。

二、船舶照明系统要求及特点

1. 正常照明系统（主照明系统）

船舶正常照明系统又称为主照明系统，分布在船舶内外各个生活和工作场所，提供各舱室和工作场所以足够的照度。该系统的特点是：主配电板上照明汇流排直接向各照明分电箱供电，然后由照明分电箱向邻近舱室或区域的照明灯具供电；照明电压一般为交、直流110V或220V；不同舱室和处所均有不同的照度要求；所有照明灯具均设有控制开关。

正常照明是全船的主体照明，由船舶主发电机供电，凡船舶生活和工作所及之处均应照亮。正常照明包括：

(1)舱室主照明，如顶灯的大部分。

(2)局部或辅助照明，如床灯、壁灯、盥洗灯等。

(3)装卸货强光照明。

(4)室内外走道半数以上的照明。

(5)各舱室必须备有的插座等。

电风扇、冰箱和舱室电取暖器等定额等于或小于0.25kW的非重要设备也可包括在正常照明系统内。

2．应急照明系统(大应急照明)

大应急照明是在主电网发生故障不能工作时投入使用的。由应急发电机经应急配电板及应急照明分配电箱供电，电压可与正常照明相同，也可用低压电。

船舶应急照明系统主要分布于机舱内重要处所、船员和旅客舱室、艇甲板及各人员通道。它在主配电板失电、主照明系统故障情况下作应急照明使用。其特点为：应急发电机通过应急配电板及专用线路供电。对于客船，应急电源的供电时间应大于36h；对于货船，应急电源供电时间一般应大于18h。

规范有明确规定，客船和500总吨以上的货船，在下列处所必须设置适当数量的应急照明：

(1)重要工作舱室，如驾驶舱(包括海图室和无线电作业区域)、消防站、各种控制室等。

(2)各种机器处所，如机舱、舵机舱、应急发电机室等。

(3)通道、逃生口、梯道及乘人电梯内。

(4)放艇、筏处及舷外空间以及通往艇、筏处的灯光指路标。

(5)众多船员、旅客可能聚集处所和超过16个人的居住舱室，尤其是出口。

(6)主配电板、应急配电板前后。

(7)锅炉水位指示灯。

(8)消防员装备储放处所。

(9)为增强旅客在应急状态下对脱险通道的识别，国际海事组织A.752(18)决议规定：对客船的梯道和出口在内的脱险通道全线(包括转弯和岔路口处)距甲板不超过0.3m处要设置低处照明(简称LLL)系统，该系统可以用电力照明(白炽灯、发光二极管等)，或是光致发光指示器。

(10)对载有滚装货的客船，除了上述要求外，还必须在所有的旅客公共处所和走廊设有附加应急照明。此照明要求在所有其他电源发生故障和在各种横倾条件下，至少维持3h；所提供的照明应能照亮逃生设施的周围。

规范还规定应急照明不可兼作正常照明，并规定除驾驶台及救生艇、筏存放处的舷外照明外，应急照明电路中不得设就地开关。应急照明灯上应有明显的标志，或在结构选型上与一般照明灯具不同。

3.临时应急照明(小应急照明)

在主照明和应急照明系统发生故障时,临时应急照明系统应能发挥作用。它的灯点少,无照度要求,灯具涂以红漆标志。主要分布在驾驶台、船舶重要通道、扶梯口和机舱重要处所。小应急照明由蓄电池组供电,与主、大应急照明系统之间有电气连锁;馈线上不设开关;它应能连续供电 30min 以上。

对有应急照明系统的船舶一般不设置临时应急照明,但对客船和应急发电机自动起动不能满足规范要求的货船,还必须设置临时应急照明系统,用以弥补正常与应急电源转换时带来的短时断电,保证船舶与旅客的安全。

临时应急照明的设置地点与应急照明基本相同,但临时应急照明只有在主照明和应急照明都失电时才会照亮。

临时应急照明采用蓄电池组供电,并应保证当主电网及应急电网失电或者电压降40%额定值时能自动接通,主电网及应急电网电压恢复时能自动切断。

临时应急照明系统不得采用荧光灯为光源,更不得设置就地开关。

4.航行灯与信号灯系统

1)航行灯

航行灯是船舶照明系统中的一个独立部分,是保证船舶夜间安全航行的重要灯光信号。在任何情况下都必须保证它的明亮,以表明本船的位置、状态、类型、有无拖船等,从而防止周围或过往船舶误会,造成海损事故的发生。

航行灯由前桅灯、主桅灯、尾灯、左右舷灯和前后锚灯组成,用于船舶夜航和指示船舶的状态和相应位置。驾驶台设置专用的航行灯控制箱或控制板,由主配电板和应急配电板两路供电。航行灯灯泡一般为 60W 的双丝白炽灯。每盏灯具都为双套,其中一个做备用,可在控制箱上进行切换。

2)信号灯

信号灯是船舶在各种特殊情况下的灯光标志,特别是夜间航行,更是不可缺少的通信联络的工具之一。信号灯的控制一般是集中在驾驶台,要求两路供电。信号灯的种类很多,为了适应某些国家的港口和狭小水通道的特殊要求,远洋船舶的信号灯设置比较复杂。这些信号灯通常安装在驾驶台顶上专设的信号桅或雷达桅上,按照规定数盏(8~12盏)红、绿、白等颜色的环照灯分成两行或三行安装,其布置和配置都应满足相关规定。

第二节 船舶常用灯具与电光源

一、船舶常用灯具

1.船舶常用灯具的基本类型

由于船上的环境条件比陆地上苛刻,因而对船舶灯具的结构和形式有着更高的要求。除了遵照规范及有关标准的要求外,船用灯具的材料必须是坚固、轻巧、美观,并能满足使用环境的要求;结构要牢固、零部件不易落下、防振性好;防潮、防水性好,尤其是露天安装的灯具,防护等级要达到 IP5x;对有危险粉尘等场所,防护等级可高达 IP6x;具有良好的接地保护措施。

船舶常用灯具应具有一定的机械防护性能,确保工作可靠。根据使用场合的不同,船舶灯具的结构可分为以下四种类型。

1)防护型

用于干燥舱室,如船员和旅客的居住舱、休息室、餐厅、驾驶台、报务室等,防护等级为 IP2x。

2)防潮型

用于有较大潮气的场合,如走道、厨房、洗衣间等,防护等级为 IP3x～IP4x。

3)防水型

用于有水滴、溅水和凝水的场所,如机炉舱、干货舱、轴隧、管隧、露天甲板等,防护等级为 IP5x～IP6x。

4)防爆型

用于可能积聚易燃易爆气体和各有关危险区域,其密封性能最好。用于装有易燃性物体和存在爆炸性气体的舱室,如蓄电池室、油漆储藏室、分油机室、舱底花铁板之下和油舱的第二类区域。

2. 船舶照明属具

1)开关

一般舱室灯开关应安装在门开启边,有的舱室有二扇门,可采用双联开关。

储藏室、蓄电池室、油漆间、灯间、消防设备控制站等舱室开关不应设在室内;厕所、浴室等处开关通常设在门外;冷库、粮库、行李舱、邮件舱等处开关应设在门外且开关上应带接通指示灯。

2)插座

在居住舱室的台灯、冰箱、电取暖器旁、餐厅、厨房、配餐间,机器处所及各种工作舱室,主配电板、应急配电板及大型控制设备近旁,计程仪、测深仪舱、轴隧、起货机桅房,内外走道适当处所应装设插座。对不同电压等级的插头、插座应选用不同的结构形式。

3. 油船及特殊船舶的附加要求

(1)在油船危险区域或处所内固定安装的照明灯具应采用防爆型、增安型、正压型、空气驱动型灯具。这些照明灯具的开关应能分断所有绝缘极,并应设置在安全区域或处所内。

(2)油船危险区域或处所内可携式照明应采用带有独立蓄电池的本质安全型、增安型、防爆型、空气驱动型灯具。危险区内不应使用由电缆供电的可携式照明。

(3)货泵舱、毗临于货油舱的隔离空舱、直接位于货油舱上面的封闭和半封闭处所以及储放输油管的舱室,可以通过固定装在舱壁上或甲板上的玻璃窗进行照明。照明灯具及其配线同定安置在非危险处所。

(4)安装在露天甲板或扩大危险区域或处所的插座,应选用带连锁的形式,使开关在接通位置时,插头不能插入或拔出,并且开关应能分断所有绝缘极。

(5)油船上严禁挂彩灯。

二、船舶照明电光源

船舶照明电光源可分为三大类：第一类为热辐射光源，如白炽灯和卤钨灯；第二类为气体放电光源，如荧光灯、汞灯、金属卤化物灯和汞氙灯；第三类，近年来随着半导体技术的发展，LED式光源得到越来越多的应用，其节能环保的优点促进了其迅速推广。

1. 热辐射灯

1) 白炽灯

白炽灯是最普通的照明电光源，它依靠电流通过螺旋状的钨丝产生大量热，使灯丝温度升高到白炽程度而发光。白炽灯结构简单，能瞬时点燃，无频闪，可调光，价格低廉，在照明系统中得到了广泛应用。60W以下功率的灯泡保持真空，以减少热量损耗；功率在60W以上的灯泡内充氩氮气，以减少钨丝蒸发，延长使用寿命。

船用白炽灯灯丝稍粗，具有较高的机械强度及耐潮性。除普通照明光源外，船舶航行灯、信号灯和应急照明灯都采用白炽灯、因为它不会因电压低落而熄灭。便携工作行灯和大部分控制系统指示灯也采用白炽灯。航行灯多用插口灯头，大功率白炽灯采用螺口灯头，以增大导电接触面积。

在白炽灯的泡体上设反射面，且涂有反射层，即可成为反射灯（图11-1），可直接用于探照灯或投光灯。也可用泡体玻璃吸收掉反射灯多数的可见光，制成红外线灯（图11-2），用于烘烤加热，在船上常用于马达烘潮或绝缘材料烘干。另外船用的特殊白炽灯还有苏伊士运河灯（大功率，带反射面，图11-3），各种指示灯（小功率，接口形式多样）等。

图11-1 白炽射灯

图11-2 红外线灯

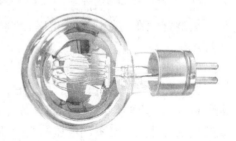
图11-3 苏伊士运河灯

普通白炽灯寿命和光通量受电压波动的影响较大，当电压升高5%时，灯泡寿命缩短25%；电压降低5%，其光通量减少18%。

图11-4 碘钨灯

2) 卤钨灯

为克服普通白炽灯钨丝蒸发影响寿命的缺点而出现了卤钨白炽灯（图11-4）。

在耐高温的石英玻璃灯管内加入微量的卤族元素碘或溴等，并充以较高压力的惰性气体。在高温下卤素与蒸发的钨原子化合成卤化钨，然后再回到灯丝附近时被那里的高温分解成钨和卤原子，形成循环，从而抑制了钨原子向管壁的沉积及管壁的黑化。另外，由于灯管内惰性气体压力很高，大大抑制了钨丝的蒸发，延缓了灯丝的变细速度，延长了使用寿命。

卤钨灯尺寸较小，机械强度高，耐压增加。由于它的工作温度高，宜用耐高温导线，如硅橡胶导线。它的发光效率约是普通白炽灯的2倍,额定寿命可达2 000h,卤钨灯适用于要求高照度、空间开阔的场所,例如机舱上部、辅机平台和甲板等处所的集中照明。有些卤钨灯的灯管要求水平安装,倾斜不得超过规定的角度。

2. 气体放电灯

1)荧光灯(日光灯)

荧光灯灯管在抽真空后充入了少量的氩气和汞,灯管内壁涂有荧光物质,管内两端灯丝上涂有发射电子的阴极物质,是一种预热式低压汞蒸气放电灯。直管型荧光灯的两端设有两个电极,是用螺旋状钨丝做成,具有良好的热电子发射能力,管内的工作介质为汞蒸气。它的发光效率约为白炽灯的6倍,平均寿命可达5 000h。

荧光灯的启动电压较高,一般采用灯丝预热,高压击穿启动,启动后需用镇流器限流。荧光灯光效高,寿命长,表面温度低,光通分布均匀,被广泛应用于精细工作长时间从事紧张视力工作的场所,目前几乎应用于所有船舶舱室内的主照明。但如果开关次数频繁,电压过高或过低,会使荧光灯寿命降低,电压的大幅度跌落会导致荧光灯熄灭。连续点燃的荧光灯寿命比额定寿命长2.5倍,所以机舱内的荧光灯使用寿命很长。

荧光灯具有各种规格和外观形式,它有暖色、冷色、三基色等多种光式。荧光灯要求供电电压波动范围为±10%,供电电压过高和过低都会影响其寿命。

荧光灯具有负电压-电流特性,为了限制放电灯的工作电流,保证工作稳定,需要串联一个镇流器。又为提高瞬间启动电压,有时还需使用启辉器。目前船上使用的荧光灯启动方式,通常采用启辉器启动和手动启动两种,前者主要用于棚顶灯、壁灯和舱顶灯等,后者一般用按钮,所以也叫按钮式,主要用于台灯和床头灯。

另有内壁不涂荧光粉的紫外线消毒灯管,外观与日光灯类似,但为透明玻璃管,在船上主要用于杀菌消毒,如饮用水机。

2)高压汞灯

高压汞灯的主要构成部分是放电管,它由耐高温的石英玻璃制成,两端装有主、辅电极,电极用钨丝浸渍碳酸钡、碳酸锶等热电子发射材料制成,有良好的热电子发射能力;辅助电极用于热启动,放电管内充以氩气作为启动气体,而工作气体为汞蒸气,汞蒸气的压力较高(约2~6个大气压),故称为高压汞灯。

高压汞灯属于气体放电灯,须串镇流器限流,其结构如图11-5所示。接通电源后,辅助电极(启动电极)与其较近的主电极之间首先发生辉光放电,加热放电管,使管内汞蒸气压力升高。随着管内温度、压力的升高,激发电位较低的汞蒸气成为放电的主要因素。主电极之间的汞蒸气击穿产生电弧,发出更为明亮的蓝绿色光。如果放电管压力较低,产生紫外线较多,一般在灯泡壁内涂以荧光粉,可由这部分紫外线激发荧光物质发出红色的补充光色,如果放电管内压

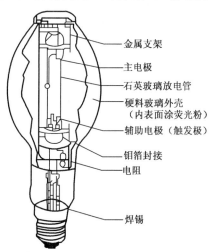

图11-5 高压汞灯结构示意图

力较高，紫外线比例减少，灯泡壁内则不涂荧光粉，目前两种产品都有。

高压汞灯的发光效率约为白炽灯的6倍，寿命为5000h。还有一种利用钨丝代替镇流器的自镇流高压汞灯，钨丝装在灯泡内，作为限流电阻串在电路中，也发出一定可见光，此种汞灯发光效率较低，额定寿命仅为3000h。

高压汞灯在工作中因瞬间断电或欠电压而熄灭后不能立刻燃亮，须降温后重新启动，一般须间隔5~10min，所以不适用于频繁开关的场所。

高压汞灯适用于大面积高大厂房或露天场地等，船上被广泛用作辅机平台、主甲板和货舱口等处的照明，但因光色较差，近年来有被金属卤化物灯代替的趋势。

3）金属卤化物灯

金属卤化物灯是继高压汞灯之后诞生的一种新型电光源，为当前船舶普遍采用的一种光源。用途同汞灯，功率有400~3500W等多种规格。

它的外形结构、工作原理、热启动工作线路与汞灯基本相同，所不同的是放电管中除充有汞和氩气外还加入了金属卤化物气体，此时汞蒸气只作辅助作用，金属卤化物气体为工作气体。因为金属卤化物更易激发，所以发光效率更高，加入不同比例不同品种的卤化物可得到不同的光色。有一种冷启动的金属卤化物灯，需要10000V左右的高压实现冷启动。

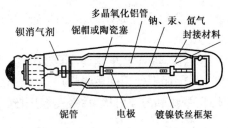

图11-6 高压钠灯结构示意图

4）高压钠灯

高压钠灯的结构形式上与冷启动的金属卤化物灯相似，如图11-6所示。管内氩气为启动气体，汞蒸气起缓冲气体和增加放电电抗的作用。钠化汞更易激发放电为主，是主要工作气体。

当接通电源后，灯内电热丝加热双金属片，使双金属片经一定时间后变形，弹开触点断开电路。这时在镇流器上产生一感应电动势，与电源电压叠加，产生1个1000多伏的脉冲电压使放电管击穿放电。当灯内不装双金属片开关时，采用外触发器触发点燃。

钠灯需要很高的启动电压（2000~2500V）。但钠灯点燃后，灯管两端电压很低，触发电路停止工作，镇流器起限流、降压作用。由电子触发电路控制的冷启动工作线路启动时间需8min左右，突然熄灭后，要冷却1min才能重新启动。

钠灯发光效率和光色与钠蒸汽的压力有关。压力较低时，光色偏黄（属低钠灯），发光效率很高；压力较高时，光色接近日光（金白色），但发光效率降低。高压钠灯的使用场所与高压汞灯相同。

5）氙灯及汞氙灯

氙灯是惰性气体弧光放电灯。氙灯依靠氙气放电发出强光，比金属蒸汽放电灯的启动快。它俗称"小太阳"，适用于港口、广场、车站、机场等大面积照明场所。

氙灯分长弧和短弧两种：长弧氙灯是圆柱形石英放电管；短弧氙灯为椭圆形石英灯泡，两头有圆柱形伸长部分。

在氙灯管内充入适量的汞就成为汞氙灯。汞氙灯保留了氙灯启动快，稳定时间短，再启动容易和透光性好等优点，又具有高压汞灯的某些优点，改善了发光效率和使用寿命。管形长弧汞氙灯广泛用于海船甲板和货舱上照明,短弧汞氙灯一般作为探照灯使用。

6)超高压氙灯

超高压氙灯是一种强电流弧光放电灯,光色近似于日光,发光效率高。氙气启动快,能在点燃的瞬间就有80%的光输出,但点燃时要求垂直放置,适用于探照灯。由于管内气压很高,因此需采用触发器作点燃装置,使用交流电时必须串联镇流器。

7)超高压汞氙灯

在氙灯中充入高压水银,既发挥氙灯的优点,更提高光效,扩大照射面,适用于作舱面照明投光灯的光源。汞氙灯也需用触发器作点燃装置。

总的来说,基于各种光源有其不同的特性,现代船舶各种舱室的主体照明,通常选用荧光灯。局部照明(如台灯)和装饰性照明(如壁灯)用白炽灯,甲板面强光照明选用高压气体放电灯。对于冷库等低温潮湿场所,由于环境温度低10℃日光灯启动难,光通量下降较多,一般都用白炽灯。

3. 发光二极管(LED)式照明

LED照明是电致发光光源的一种,就是固体在电场的作用下直接发光的光源,如图11-7所示。

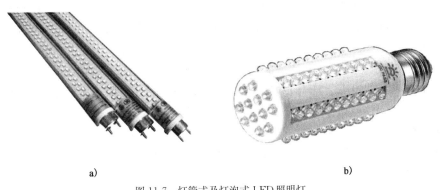

a) b)

图11-7 灯管式及灯泡式LED照明灯

LED是一种基于普通半导体二极管的p-n结特性,将电能转换成光的器件,其基本工作原理是一个电光转换的过程。自然界的物体根据导电性能的强弱可分为导体、绝缘体和半导体,单晶硅(Si)和单晶锗(Ge)都是一种纯净的半导体。在一纯净的半导体上,通过掺入少量杂质,会使其导电能力发生显著变化,可一边形成P型导体,另一边形成N型导体,在这两种导电性能相反的半导体界面上,则形成的一个特殊的带电薄层,即p-n结。当一个正向偏压施加在半导体p-n结两端,p-n结正向导通。在发生载流子注入(电子注入p区或空穴注入n区)时,部分载流子被对方复合,其多余的能量则以光的形式向外辐射,有的半导体材料对应的发光波长正好处于可见光区域,这种发光称为注入式场致发光,或p-n结发光。

由于半导体材料的发光机理决定了单一LED芯片不可能发出连续光谱的白光,要获得最有发展前景的白光,必须用其他方式合成白光。如在蓝色LED芯片里涂敷高效黄色荧光粉,蓝光及被蓝光激发的荧光粉发射的黄光经调控后可得到各种色温的白光;或在紫色LED芯片里涂敷红、绿、蓝三基色荧光粉,荧光粉被紫外光激发产生白光等。

第三节　船舶照明系统供电及控制

一、船舶照明系统的供电要求

通常照明电源都是由配电板经照明分电箱分路供给的,整条船的照明分电箱布置、照明分路组合、开关位置等是电气管理人员必须熟练掌握的。

1. 对照明分路的要求

(1)每一照明分路必须有过载和短路保护;根据每一分路容量对供电灯点数有限制。

(2)照明最后分路不得给电力、电热设备供电,但小型厨房设备,如咖啡壶、面包片烧烤器、冰箱等可除外。

(3)电风扇一般为独立分路,不与照明灯数量混为一路。

(4)个别情况除外,插座一般应由独立分路供电。

(5)重要舱室、处所,如走道、出入口、梯道、机炉舱、公共场所及旅客超过16人的客舱等处照明,至少应由两个最后分路供电,其中一路不能供电时,另一路仍能保持上述处所必要的照明,两个分路的灯点以交错布置为好。

(6)机舱及内外走道等照明应为各自独立的馈电线路,不要与其他舱室照明混在一起。室外灯可在各舱室分电箱内设独立分路加继电器控制(当然也可以是独立分电箱),以便于驾驶台集中控制。

(7)为了方便接线,往往一个居住舱内全部照明灯点集中通过一个分线盒供电,其中一个灯坏了,并不影响其他灯点工作,但为提高供电质量,防止线路故障引起断电,有时也可将这类舱室中的某一个照明灯点拉出来独立照明馈电,其中一路可为应急照明。

(8)每一防火区至少需有两路独立照明馈电,其中一路可为应急照明。

(9)在考虑灯点的连接时,每一照明分路的灯点应相对集中,线路不要拉得太长,同一分路尽量不穿过二层甲板。

(10)对封闭式梯道等场所,照明电源应为独立分路。

(11)为保证照明网络的安全接地,许多灯具和开关本身已带接地极,因此在考虑连接电缆时,应包括接地线芯。

2. 分电箱

照明分路是通过分电箱组合的,对其有以下要求:

(1)每一照明分电箱最多不超过12路,线路设计时要适当留有1路至2路作备用。

(2)交流分电箱为考虑三相平衡,电源通常为三相进线,分路单相出线,因此在考虑分路组合时,应力求做到三相平衡。

(3)上层建筑舱室照明分电箱通常以甲板划分,根据船舶大小、舱室分路多少决定分电箱个数。舱室照明分电箱一般放在电缆通道间,若无电缆通道间,可另选合适场所,甚至选用嵌入式分电箱嵌装在内走道的适当位置。

(4)机舱应设独立分电箱,机舱照明分电箱一般设在机舱集控室内,机舱应急照明分电箱必须设在机舱外的适当处所。

(5)货舱照明应设独立分电箱,布置在起货桅房或货舱之外的适当处所。其每一分路应在分电箱门上设有电源接通指示灯,但每一分路开关手柄不得外露,分电箱箱门应带锁。

(6)客船上如果风扇很多,可设独立分电箱。

照明是全船性设备,照明网络几乎遍布全船每一个角落。为使各照明灯具能正常发光,必须保证供电电源的电压稳定,保证线路压降不得超过规定范围,照明线路的电压为110/220V时选用电缆截面1mm²;24V时选用电缆截面2.5mm²。

二、船舶常用照明控制线路

1. 单联控制

单联控制采用单个开关来控制照明灯具的接通与断开,常见的有单极开关控制和双极开关控制两种。一般安装场所可用单极开关控制,潮湿及有爆炸危险的场所应采用双极开关控制。

2. 双联控制

需要在两个地方均能控制同一盏灯的电路,称为双联控制。双联控制有两种接线方式:一种是电源线进开关的双联开关控制,如图11-8所示;另一种是电源线进灯具的双联开关控制,如图11-9所示。两个双联开关装设在两处,每一处的开关均可独立地控制灯的开关。图中的2×1、3×1表示一根二芯电缆和三芯电缆。

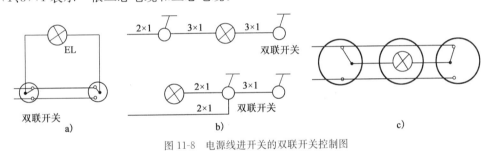

图11-8 电源线进开关的双联开关控制图

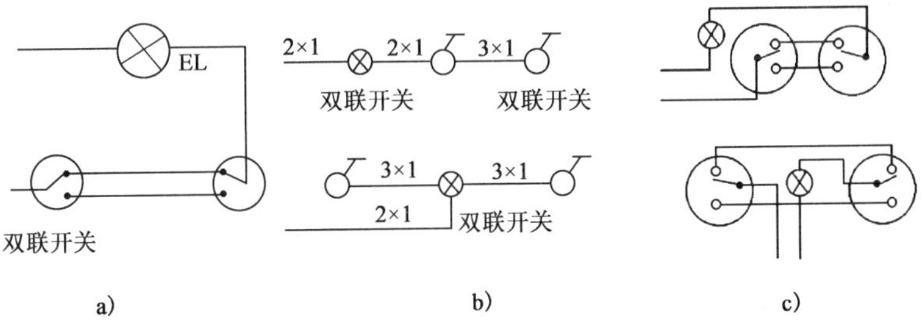

图11-9 电源线进灯具的双联开关控制图

3. 荧光灯控制线路

日常生活中的荧光灯线路采用单线圈镇流器方式,船用的荧光灯采用双线圈镇流器以改善启动性能,延长灯管寿命。其控制线路图如图11-10所示。

图中主线圈标号1、2,它的线圈匝数较多,阻抗较大;副线圈标号3、4,线圈匝数较少,阻抗较小。主线圈串接于主回路,副线圈与启辉器串联后接于两灯脚之间,副线圈只起启动作用。

启动时,启动电流在主、副线圈中产生磁通相互抵消,从而使铁芯磁通减少,阻抗降低,启动电流增大,灯丝加热快;启辉器断开时,主线圈产生的感应电势较大,使荧光灯的点燃速度加快。接线时主、副线圈不能接错,否则易烧坏灯管和镇流器。

由于交流电路中电压电流的周期性变化,在交流电路中工作的日光灯存在着周期性的灯光明暗现象,荧光粉虽有一定的余辉时间,但不能完全消除闪烁现象,特别在照射旋转物体时,容易使人产生错觉。当旋转体的旋转频率是荧光灯明暗率的整数倍时,转动的物体看上去像不转一样,极易造成事故。为了消除荧光灯的闪烁现象,在某些工作场所,可装以两管或三管日光灯,采用三相供电,并分别接到不同的相线上。这样,由于三相电压的相位不同,灯管的亮暗时间先后不同,基本上可以消除闪烁的感觉。接在单相交流电源中的日光灯可在其中一支日光灯电路中串入电容器,利用电容器的移相作用,把两支灯的电流相位错开,也可收到消除闪烁的效果。接线图如图 11-11 所示。

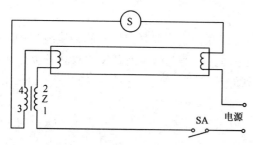
图 11-10 双线圈镇流日光灯接线原理图

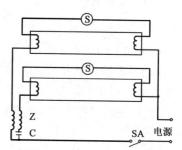
图 11-11 双管制日光灯接线图

4. 探照灯、投光灯

探照灯和投光灯同是强光照明灯具,探照灯具有近乎平行的光束,射程远且光照集中;投光灯的光束是在有限的立体角内向外扩散,投射面较宽,相对射程较短。两者具有不同的照明效果,其用途也不相同。

探照灯主要用于船舶夜航,尤其是通过狭窄航道,内河河道等比较复杂的水域时照射航道及两岸;水面搜索及营救工作;远距离发送灯光信号通信。

投光灯主要用于舱面照明;救生艇、筏处收放时的就地水面照明;上下舷梯、烟囱标志、船名牌照明;机舱内补充照明等。

探照灯和投光灯一般都由正常照明供电,救生艇旁的投光灯应由应急配电板供电。功率在 300W 以上的探照灯或投光灯应由分电箱设独立分路供电。所有装于室外的探照灯和投光灯均可在驾驶台遥控切断。

苏伊士运河灯由于安装于船头且功率大,故可在艏动力分配电箱设专用供电线路,之后再经专用变压器供电。

三、航行信号灯控制电路

船舶航行灯一般包括左舷灯、右舷灯、前桅灯、主桅灯和尾灯。

信号灯一般包括:①失控灯(NUC灯),两个环照红色灯,上下一条直线,之间距离不小于 4.18m;②雾灯,黄色;③旋转灯;④莫斯信号灯;⑤锚灯;⑥苏伊士运河灯;⑧巴拿马运河灯等运河灯。

表 11-1 为第 1 类号灯规格表。第 1 类号灯适用于 50m 及 50m 以上船舶,分为单、双层两个系列,使用船舶号灯专用灯泡。船舶上通常设航行灯控制箱(板)和信号灯控制箱(板)分别控制航行灯和信号灯。

第 1 类号灯规格表 表 11-1

名称	灯光颜色	能见距离(n mile)	水平光角(°)	灯泡规格	防护等级
××灯	白	6	225	220V/65W 110V/60W 24V/60W	IP56
××灯	红	3	112.5		
××灯	绿	3	112.5		
尾灯	白、红、绿、黄	3	135		
环照灯			360		

1. 航行灯的控制

由于航行灯的重要性,控制电路中一般设有电流继电器电流检测,当灯泡故障断路时会给出报警。供电采用主配电板和应急配电板双路的形式。一般各灯均采用双层(灯或双灯丝)的形式。另外,航行灯和锚灯之间一般采用互锁的形式。

图 11-12 为 K7 型航行灯控制器原理图。图中 No.1、No.2 表明该控制器由两路电源供电,由 SA_9 开关实行转换。$KA_1 \sim KA_7$ 是电流继电器,当航行灯工作正常时,继电器触头断开;双丝灯泡的航行灯只要有一路发生故障断开,电流继电器失电,触头闭合,蜂鸣器 HA 就鸣响。工作人员确认哪路灯丝断开后,把该路转换开关切换,就能使电路恢复正常。图中还设有电源电压测试点。

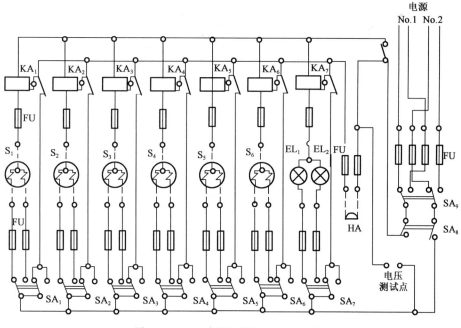

图 11-12 K7 型航行灯控制器电气原理图

2.信号灯的控制

图 11-13 为 FXU—10 型 10 路信号灯开关箱原理图,相比航行灯控制线路,该电路较为简单。

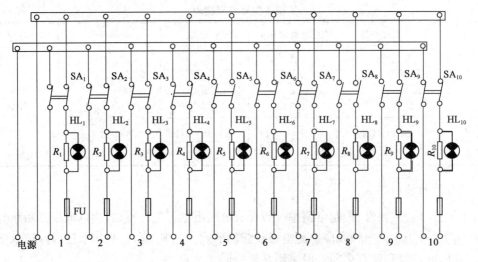

图 11-13 FXU—10 型 10 路信号灯开关箱原理图

第四节 船舶照明系统的维护保养及故障处理

对普通照明及可携式灯具应测量线路的绝缘电阻(正常情况下大于 $0.5M\Omega$),检查灯头接线是否老化和开断,对于室外灯具应检查其水密性与锈蚀,凡有损坏的应及时更换。通常每半年检查一次。对应急照明则每月进行一次效能试验,每半年测量一次绝缘电阻。

每次开航前,应检查航行灯和信号灯的供电电源、灯具及故障报警装置。探照灯、运河灯在使用前应检查其电源、开关、连接电缆和灯具的水密性能及绝缘电阻情况。

一、船舶照明系统维护保养注意事项

(1)尽量避免带电更换灯泡,更换的灯泡应与电源电压一致,功率不能超过灯具允许的容量。

(2)在检修某些特殊部位,例如辅锅炉内部、柴油机曲拐箱、压载舱、储水柜等地方时,需用临时照明时必须使用带有安全网罩的 36V 以下低压行灯。装卸易燃危险货物时,不可使用携带式货舱灯。

(3)应急照明灯具应涂红漆标记以示区别,经常检查灯泡是否良好,损坏的应及时更换。

(4)甲板、船桥等露天处所的投光灯具,开灯前应先脱去帆布,用完要及时将帆布罩罩妥。

(5)室外水密插座,通电前先检查插头螺母是否旋紧,取出插头前检查电源是否切断,用毕后应旋紧防水盖。

(6)需要张挂彩灯时要考虑到供电线路和开关的载流量,各相电流分配是否平衡,并要配备好保护装置。油船严禁张挂彩灯。

(7)每一个长航或每一季度都要测量各路航行灯的绝缘电阻,若低于规定值(1MΩ)应及时找出原因,加以排除。

(8)每半年或更短些时间要检查航行灯的水密情况,特别是前、后桅灯。检查控制箱内部情况,检查各元件(特别是半导体元件),进行清洁吹灰,试验报警装置。

二、船舶照明系统的常见故障检查

船舶照明系统的常见故障一般分为三类:短路故障、接地故障和断路故障。

1. 短路故障

船舶照明系统的短路故障往往是线路受潮或绝缘受损造成的。这种故障的常见现象是:一通电空气开关就跳开或熔断丝烧断。检查时应先切断电源,将万用表置 R×1 挡,把两测量表棒置在线路两端(因线路有短路,万用表指针指零);然后将各并联支路开关逐个断开予以排除。当断开某一路开关,万用表电阻指示值明显增大时,说明该支路存在短路故障。也可采用"挑担灯法"检查:当线路有短路,保险丝 FU 烧断时,可以用较大功率的灯泡 HL 并联在烧断的保险丝两端(挑起接通电路的担子,故俗称挑担灯)。然后将各支路开关顺序依次断开,当断开某条支路时,挑担灯的亮度突然变暗时,说明短路故障就在该支路上(断开该短路支路,短路电流消失,线路总电流减小,挑担灯亮度变暗)。确定某条支路存在短路故障后,即可顺着线路对照明灯具和接线桩头进行逐个检查,找寻出短路点。

2. 接地故障

船舶照明系统接地故障引起的原因一般是由于电缆线老化破损碰地或灯头接线处线路碰壳引起。特别是甲板照明线路,经常受海水和盐雾的侵袭,更易发生接地故障。

船舶照明系统的接地故障,一般可用 500V 兆欧表进行检查(小应急照明系统的接地故障,可使用 100V 兆欧表检查)。

照明线路的绝缘电阻值应大于 0.5MΩ。当兆欧表测得的绝缘电阻值小于 0.5MΩ 或零,则说明线路受潮或绝缘老化导致对地绝缘电阻降低或对地短路。

接线故障点的检查可采用"对分法"检查。将故障线路故障分为前后两段,测量各自的绝缘电阻,找出有接地故障的那一段再进行"对分检查",把故障点的查找范围逐渐缩小。

3. 断路故障

船舶照明系统的断路故障表现在线路不通,灯泡不亮。其原因大多是线路被机械损伤,由于振动而造成的接线桩头处松脱,灯具开关接触不好或损坏。故障点的查找可采用"通电法"或"断电法"。

"通电法"检查时,可将万用表置于量程高于被测值的电压挡。应一头固定在供电端,另一头逐步向灯具端移动,正常时有电压,移到某处发现电压消失,即是断路发生处。

"断电法"检查时,分断电源开关,把万用表置 R×1K 或 R×10K 挡,如被测电路或灯具两端电阻值为无穷大,则可判断该段线路或灯具处有断路故障。

4. 日光灯常见故障、原因及排除方法

(1)灯管不亮:其原因可能是电源无电,开关未接通,连接导线接触不良或断路,镇流器损坏,灯管损坏或接触不良,启辉器损坏或接触不良。

(2)灯管两头亮中间不亮:其原因是启辉器处短路(一般是防电磁干扰电容器被击穿短路)。

(3)灯管一会亮一会不亮:主要原因是灯管老化或电源电压低。

(4)灯管两端发黑使用寿命短:镇流器不配套或有匝间短路。

(5)启辉困难:电源电压低,镇流器不配套,启辉器损坏或不配套,环境温度太低,灯管老化。

(6)灯管闪烁或管内有螺旋形滚动光带:镇流器不配套或接触不良,灯管质量不好,新灯管暂时现象。

(7)镇流器有噪声:铁片松动或电压太高等。

(8)镇流器过热:镇流器质量不佳或电压过高等。

思 考 题

1. 船舶照明系统分为哪几类?
2. 船舶照明灯具的光源装置有哪几大类,各有何特点?
3. 船舶航行灯的控制电路有何特点?
4. 船舶照明系统维护保养有哪些工作?
5. 如何进行日光灯常见故障的维修?

第十二章 船舶电气安全与管理

第一节 船舶电气安全

一、触电及预防

1. 触电伤害的种类

触电是指人体触及到带电的物体,受到较高电压和较大电流的伤害。按照伤害程度的不同,触电可分为电伤(外伤)和电击(内伤)两类。

(1)电伤:电路放电时电弧或飞溅物使人体外部发生烧伤、烫伤的现象。

(2)电击:人体触到带电物体时,有电流通过人体内部器官而造成的伤害。

2. 触电方式

触电时,由于人体接触带电物体的方式不同,而使电流流经人体的路径不同,其伤害程度也不一样,人体触电的方式有三种,如图12-1所示。

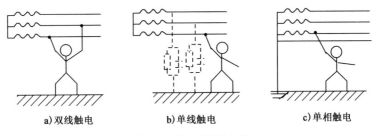

a) 双线触电　　b) 单线触电　　c) 单相触电

图12-1　触电的几种方式

(1)双线触电:人体同时接触到两相火线的触电叫双线触电。图12-1a)这种触电人体承受的是线电压,电流通过人的心脏,是最危险的一种触电方式。

(2)单线触电:在中性点不接地的三相三线制供电系统中,当人体触到某一相线时,电流经人体、导线的绝缘电阻和分布电容形成的回路造成的触电,如图12-1b)所示。

(3)单相触电:在中性点接地的三相四线制供电系统中,人体触到某一相线而造成的触电,如图12-1c)所示。

单线触电和单相触电与人穿的鞋的性质和踏的物体有很大关系。如人穿着干燥的胶底鞋踏在胶皮或干燥的木板上,触电的危险就很小。

3. 影响触电伤害程度的因素

人体触电后受伤害的程度与下列因素有关:

(1)与流经人体电流的大小有关:流经人体电流的大小是影响伤害程度的主要因素,当流经人体的电流达到 0.5mA 时,人就有所感觉;当电流达到 2.3mA 时人就感觉疼痛;当电流达到 50mA 时就有生命危险。一般情况下,流经人体的电流交流在 15~20mA 以下,直流 50mA 以下,人的头脑清醒,有能力自己摆脱带电体,不致受到伤害,是安全的。

(2)与电源的频率和电流的种类有关:25~300Hz 的交流电对人体的伤害程度最大,交流比直流危害大。

(3)与电压的高低,持续时间的长短有关:一般情况下电压在 36V 以下,由于人体电阻的作用,通过人体的电流在 50mA 以下,不致于造成伤害。因此我国规定 36V 以下为安全电压。对在潮湿度很大的空气中,应将安全电压定在 12V,12V 为绝对安全电压。在水中 12V 也是不安全的。

(4)与人体电阻的大小,电流流经人体的路径,人的健康状况有关:人体电阻在皮肤干燥的情况下可达几十 $k\Omega$,而在潮湿和皮肤破损的情况下只有几百 Ω 到几 $k\Omega$。电流从一只手到另一只手或从手到脚流经心脏最危险。健康的人受伤害小。

4. 触电的原因及预防

引起触电的原因很多,但主要有三点:

(1)思想麻痹,不遵守安全规则,直接触及或过分靠近电气设备的带电部分。

(2)电气设备年久失修,绝缘破坏,没有可靠接地,人体触到这种电气设备的金属外壳引起触电。

(3)因意外的原因使电线下落与人体接触引起触电。

预防措施如下:

(1)克服麻痹大意思想,任何操作严格遵守安全规则。

(2)及时维修、保养好电气设备,保持电气设备绝缘良好,接地可靠。

5. 安全规则要点

(1)工作前应把衣服扣好,必要时扎紧裤脚,不要把手表、钥匙等金属物品带在身上,工作时应穿胶底安全鞋或干布鞋。不要穿短衣裤和拖鞋进行工作。

(2)使用的工具要完备良好,绝缘工具的绝缘套不得有损坏。

(3)电气器具的电线、插头必须完好,36V 以上的电气器具要用带接地线的插头。

(4)电器开关,无关人员不得乱动,禁止用湿手和在潮湿的地方使用电器或开启开关。

(5)修理线路或线路上的电器时,应切断电源,取下熔断器并挂上警告牌。修理完毕,在确认无人后方可通电。

(6)尽量避免带电作业,确需带电作业需经批准,并采取可靠的安全措施。作业时需有专人监护,尽可能用一只手接触带电部分和进行操作。

(7)高空作业要带安全带,并注意所用工具、器件勿失手下落,以防伤人和损坏设备。

(8)携带式工作灯要用 36V 以下的电源。

6. 安全用具

进行电器维修和操作时,为了保证安全,防止发生触电事故,必须使用各种安全工具。常用的安全工具有:各种绝缘手套、装有绝缘柄的电工工具、试电笔、橡皮垫等。这些工具都要保证清洁、完好、耐压等级符合要求。

为了保证做业安全还必须使用警告牌。警告牌以下有四类：

(1)警告类：警告人们不得接近或接触设备的有电部分，如"高压,危险！"，"止步,危险！"等。

(2)禁止类：提示人们禁止操作某个开关。以防在停电设备上检修的人员触电，如"不准合闸,有人工作！"等。

(3)准许类：允许人们在某处工作。如"在此工作"，"由此攀登"等。

(4)提醒类：提醒人们某些事项，如"已送电"，"已接地"等。

二、电气防火

由电气设备引起的火灾在船上和陆地都有发生。为了保证人身安全，减少财产损失，搞好电气设备的防火工作是非常重要的。

1. 电气设备起火的原因

(1)绝缘强度下降或损坏的电气设备和电缆，通电时发生短路、断路、接地等故障而迸发火花引起火灾。

(2)电气设备或电缆长期超负荷工作，引起电气设备温升过高引起火灾。

(3)直流电机换向不良，在电刷下引起火花，开关、接触器等通断时引起电弧。

(4)电缆与其他导体接触不良，局部过热引起火花或燃烧。

2. 电气设备的防火要求

为了防止电气设备引起火灾，应注意以下几项内容：

(1)限制电气设备的负荷量及电缆的载流量在额定值以下，不得长期超载运行。

(2)严格按照安装要求装设电气设备，保证安装质量符合要求。

(3)严格按照环境条件选择电器设备和电缆。

(4)防止机械碰伤，破坏绝缘。

(5)电缆与其他导体的连接必须牢靠，符合要求。

(6)按要求定期测量绝缘电阻，发现绝缘电阻下降到最低要求值以下时，应查明原因及时处理。

(7)注意日常维护、保养和清洁工作，及时排除电机及电器的故障。

(8)易燃易爆场所要使用防爆电气设备。

3. 电气灭火器具

电气设备起火时，一般用以下灭火器具：

1)二氧化碳灭火机

装在钢瓶中的液态二氧化碳是一种不导电的气体，它干燥没有腐蚀性，灭火后不留残渣渍，不伤害设备。二氧化碳灭火机是理想的灭电气火设备。

2)1211灭火机

1211灭火机的钢瓶内装有一溴二氟一氯甲烷灭火剂，也是一种扑灭电气火的理想灭火机，但对大气臭氧层有破坏作用。

3)干粉灭火机

干粉灭火机灭火快,效果好,但成本高,灭火后有残渣。

对于已切断电源的电气火灾可以采用水灭火。但是水会浸湿电气设备和电缆,使绝缘性能大大降低,如果火势较小,可以控制,最好不用水来灭电气火,以免损坏电气设备和电缆。

三、电气设备的接地保护

接地就是将电路的一部分或电气设备的金属外壳、支架等,人为地直接或通过接地装置与大地作永久性连接。船舶接地是指对船舶电气设备的金属外壳、支架和电缆的护套等与金属船体作永久性良好的电气连接。电器设备的接地是一种重要的安全保护措施,根据不同功用,接地包括以下主要类型。

1.保护接地

在三相三线制系统中,为了防止电气设备因绝缘破坏,使人遭受触电的危险,将电气设备和电缆的金属外壳与大地(或船体)作可靠的电气连接,叫做保护接地。凡是 36V 以上的电气设备都要进行保护接地,如电机、控制箱、电动工具等。

如图 12-2a)当电机 C 相绕组绝缘损坏使电机外壳带电时,如果采取了保护接地,由于接地电阻很小,通过 A、B 相的分布电容和绝缘电阻形成的电流,在电机上的压降就很小,当人体碰到电机外壳时,通过人体的电流就很小,不会产生危险。

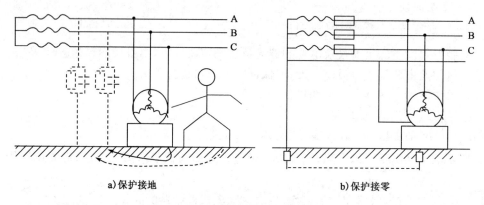

图 12-2 保护接地与保护接零

2.保护接零

在中性点接地的三相四线制供电系统中,将电气设备的金属外壳与零线相接,就是保护接零。

采用了保护接零的电气设备,当发生绝缘破坏碰壳短路时,短路电流会使保护装置动作,切断电源,使人免受触电危险。如图 12-2b)中 C 相碰壳,C 相熔断器烧断。

在三相四线制系统中,不允许用保护接地代替保护接零。因为由于接地电阻的存在(接地电阻允许有 4Ω),发生碰壳时短路电流并不很大,如果保护装置的动作电流很大,可能不会切断电源。这样设备上就会有比较高的电压,也有危险,如图 12-2b)所示。

3. 工作接地

为了保证电气设备正常情况下可靠工作而进行的接地叫工作接地,如三相四线制系统中性点接地就属于工作接地。利用船体作为电焊机的一根导线也属于工作接地。

4. 屏蔽接地

为了防止电磁干扰,在屏蔽体与地或干扰源的金属外壳与地之间作良好的电气连接叫做屏蔽接地,如图12-3所示。

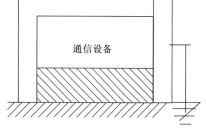

图12-3 屏蔽接地

5. 船舶高压电力系统的中性点接地

与低压电力系统不同,船舶高压电力系统绝大多数采用中性点接地系统,而不是绝缘系统。接地系统又分为高电阻接地和直接接地两种。

船舶高压电力系统主要采用中性点高电阻或消弧线圈接地的方式,主要理由如下:

(1) 高压系统对地电容电流较大,当发生单相接地故障时,不接地系统可能引发火灾,检查和排除故障困难,处于带病工作状态。而接地系统能自动检测出故障点,可自动切除故障,供电可靠性高。

(2) 高压电力设备的绝缘水平相对低压的要低一些,当运行中产生的过电压超过设备的耐受电压标准时,设备的安全运行性能将会受到破坏。而绝缘系统在发生单相接地时,另两相会出现更高的暂态过电压。

四、电气设备的绝缘

船舶电网通常都采用中性点绝缘的三相三线绝缘系统,电网中任何一点单相接地均属于不正常状态。电网的接地或绝缘低故障均由于电气设备或电网的绝缘损坏引起。

1. 电气绝缘及要求

船舶电网绝缘电阻主要是电网电缆与船体间构成的分布电容的漏电阻,分为静态绝缘电阻(停电状态下测量)和动态绝缘电阻(带电连续测量)。船舶电网对地绝缘正常时,绝缘电阻主要是电缆绝缘材料电阻,其绝缘电阻几乎无穷大。绝缘材料受一旦受潮,由于毛细管现象绝缘材料绝缘电阻就大大下降。由于电网电缆与船体平行敷设,此电缆芯线与船体间构成了分布电容,分布电容大小与构成电容的极板面积成正比,与两个极板间的距离成反比,所以这一分布电容的大小取决于电缆的长度及电缆敷设时电缆与船体间的距离,即船舶电网电缆越长或电缆与船体越紧凑,其对地所构成的电容就越大。通常分布电容越大其漏电阻就越小,这就是船舶照明网络对地绝缘电阻一般远低于动力电网对地绝缘的缘故。现代船舶的动力电网对地绝缘电阻正常值大多在 $1M\Omega$ 左右,照明电网对地绝缘电阻正常值在 $0.4 \sim 0.8M\Omega$ 范围,某些船舶甚至更低,也有部分船舶正常值仅 $0.1M\Omega$ 左右。

船级社规定,对于电力和照明的绝缘配电系统,不论一次还是二次配电网络,均应设有连续监测装置,用以监测相对于船体的绝缘电阻,且在绝缘电阻异常低时发出声光信号。一般要求拖动系统冷态绝缘电阻 $\geqslant 1M\Omega$,照明绝缘配电系统的每一分路对地绝缘电阻 $\geqslant 1.5M\Omega$,最低要求是对船体的绝缘电阻(漏电阻)每伏电源电压 100Ω。

为保证电气设备及电网的绝缘,应防止过载运行损坏绝缘,同时应防潮、防机械损伤,并定期测试线路绝缘电阻,发现问题及时处理。

2. 绝缘材料

绝缘材料的主要作用是隔离带电的或不同电位的导体,使电流能按预定的方向流动。绝缘材料大部分是有机材料,其耐热性、机械强度和寿命比金属材料低得多。

电工绝缘材料分气体、液体和固体三大类。固体绝缘材料按其应用或工艺特征又可划分为 6 类,如表 12-1 所示。

固体绝缘材料的分类 表 12-1

分 类 代 号	分 类 名 称	分 类 代 号	分 类 名 称
1	漆、树脂和胶类	4	压塑料类
2	浸渍纤维制品类	5	云母制品类
3	层压制品类	6	薄膜、粘带和复合制品类

1)绝缘漆

(1)浸渍漆主要用来浸渍电机、电器的线圈和绝缘零部件,以填充其间隙和微孔,提高它们的电气及力学性能。

(2)覆盖漆有清漆和瓷漆两种,用来涂覆经浸渍处理后的线圈和绝缘零部件,在其表面形成连续而均匀的漆膜,作为绝缘保护层,以防止机械损伤以及受大气、润滑油和化学药品的侵蚀。

(3)硅钢片漆被用来覆盖硅钢片表面,以降低铁心的涡流损耗,增强防锈及耐腐蚀能力。

2)其他绝缘制品

其他绝缘制品指在电机电器中作为结构、补强、衬垫、包扎及保护用的辅助绝缘材料,包括浸渍纤维制品、层压制品、压塑料、云母制品、薄膜和薄膜复合制品、绝缘包扎带等。

3)绝缘子

主要用来支持和固定导线,船舶常用低压架空线路用绝缘子,有针式绝缘子和蝴蝶型绝缘子两种,用于在电压 500V 以下的交、直流架空线路中固定导线,低压绝缘子如图 12-4 所示。

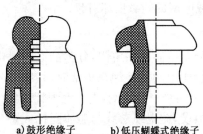

a) 鼓形绝缘子　　b) 低压蝴蝶式绝缘子

图 12-4　低价绝缘子

第二节　船舶电气管理与检验

一、电气管理的总职责

电气管理的总职责是:熟悉本船电气设备的性能、技术资料和船舶检验有关规范及国际公约的要求;掌握本船电气设备的正确使用和检修方法;保证电气设备始终处于最佳工作状态。

1. 在技术管理方面职责

(1)管理、维护、检修船上发电机、电动机、电站、电网、电气操舵装置、照明系统、避雷装置、有线电话、电气仪表、各种拖动控制系统的电气部分及各种声光信号报警系统等电气设备。此外,还要管理、维护、检修主机遥控与船舶自控系统的电气设备、机舱报警、故障自动记录仪、自动监测装置、防摇器和其他电子技术设备。

(2)定期测量电气绝缘,采取措施保证电气设备和线路经常处于良好技术状态。

(3)做好开航前、到港前和进、出港、移泊、起、抛锚等各种状态的准备工作,保证舵机、锚机、绞缆机、航行灯和为主、辅机服务的各种电气设备正常运行以及无人机舱的遥控装置、各种报警装置的电气部分可靠工作,发现故障及时处理。

(4)贯彻执行操作规程,研究改进管理办法,使电气设备运行在最佳工况。

2. 在船舶管理方面职责

(1)负责编制电气设备和线路的年度预防检修计划和航次预防检修计划,提交轮机长审核,如有厂修还要负责编制修理工程单并参加监修和验收工作。

(2)负责编制电气设备的备件、材料、物料及专用工具、仪器的申请、验收、统计、报销,并指定专人保管物品及账目。

(3)负责保管电气设备的技术文件、图纸、说明书等技术资料及填写电工日志。

(4)调动工作时,要按"船员交接制度"办理交接手续。

二、船舶航行期间电气管理职责

船舶航行分为三种状态:航行、机动、停泊。为了保证船舶在三种状态下电气设备都能安全可靠地工作,电气管理要根据不同工作状态的需要做好工作。

1. 正常航行状态下电气管理职责

正常航行状态下,电气管理必须坚持做好以下几方面的工作:

(1)记好电工日志,按规定要求测量、记录。

(2)坚持每天早晚各一次对运行电气设备的巡视,特别是发电机、配电盘、为主辅机服务的电气设备及舵机的巡视,检查其运行工况,发现异常立即进行调整。

(3)按航行检修计划,组织有关人员做好有关设备的检修与保养工作。

(4)做好故障设备的检测、分析与处理。

(5)按计划进行蓄电池的充电,始终保持蓄电池处在完好状态。

2. 机动状态下电气管理职责

船舶的机动状态是指船舶在备航、离靠码头、起抛锚、过窄水道、过运河等情况下的工作状况。现将各种情况下的工作要求分述如下:

1)备航时电气管理的工作

备航时要配合轮机员、驾驶员一起做好备航工作,其主要工作如下:

(1)检查所有运行电气设备的工况

①检查主配电板,观察并联运行发电机的工况,调整负载使之分配均匀;观察了解负载板供电、运行情况。

②检查为主、辅机运转服务的海水泵、淡水泵、滑油泵、燃油泵等辅助机械的电动机及控制设备的工作情况是否正常。

③检查锚机、绞缆机的电动机、控制设备及刹车的工作情况是否正常。

④检查航行灯、信号灯、助航仪器电源、无线电电源及应急电源供电情况是否正常。

⑤检查主机操纵台、电车钟的使用情况是否正常。

(2)对舵

开航前会同轮机长、大副检查舵机工作情况,并使之正常。对舵时要检查以下三个方面:

①检查电动机及其控制设备运转是否正常。

②检查满舵限位开关是否灵活、可靠。

③检查舵角指示器指示是否准确,其误差不应大于±1°。

(3)关好起货机桅屋和其他甲板电气室的门窗,防止雨水浸入室内浸渍电气设备。

(4)参加船长主持召开的航前会议,报告电气设备运行工况。

2)离靠码头、起抛锚、过窄水道、过运河时电气管理工作

船舶的离靠码头、起抛锚、过窄水道、过运河时的共同特点是变化多,动作快,要求高。电气设备应当能满足这种特殊要求。为此,应做好以下几方面的工作:

(1)在进行离、靠码头等操作前,应选择好的发电机,并完成并联与解列工作。不得在离、靠码头操作中进行发电机的并联与解列,以保证供电的可靠。

(2)要选择性能和技术状况最好的舵机电动机及控制设备,以保证舵机可靠工作。

(3)到主配电板前值班,注意观察用电情况。一旦跳电立即采用应急措施恢复对航行设备的供电。

3.停泊状态下电气管理职责

船舶航行期间的停泊包括有载停泊与无载停泊两种。

1)有载停泊

有载停泊是船舶在停泊时,需要进行装货或卸货的停泊。当要使用船舶起货机(电动)时,由于吊装货物操作次数频繁,电动机需经常起动、制动,起动电流很大,因此要根据需要增减发电机组。同时,起货机的控制系统及电机、刹车等也很容易出现故障,所以此时电管人员要求经常巡视检查并监视起货机工作情况,巡视检查的任务如下:

(1)观察、了解电动机和电磁制动器的温升,在运行中不能超过允许温升,一般可用手摸方法检查。如果过于烫手,就要检查电机的堵转情况及制动器的释放情况。

(3)观察、了解控制屏各电器的工作情况,可以通过观察和耳听了解控制线路有无异常情况。如螺钉松动的异常声音,各电器线圈通、断电时有无异常声音,电器衔铁吸合和释放时有无振动声音。观察有否紧固零件松动和掉落,电器机械部分有无因机械运动而断裂变形或影响正常灵活动作的现象。还要观察有无冒烟、电流过大等现象,也可以通过不正常的气味发现运行着的设备存在着的尚未扩大的故障。

(3)观察、了解、检查主令控制器的工作情况以及操作人员是否正确使用主令控制器,同时检查机械变速手柄位置是否正确,了解应急开关是否可靠等。检查货物吊重是否适当,必要时可向操作人员建议,以保证起货机能够长期可靠运行。

(4)起货机电气部分发生故障立即排除。

2)无载停泊

无载停泊时船舶待命,只有辅机工作,只需供电给照明灯、信号灯等,任务比较轻。停泊前应根据停泊时间的长短,认真做好以下几项准备工作:

(1)作好在港期间的工作、维修、保养设备计划。

(2)准备好备件、备品等物料帐。

(3)准备好电气设备运行日志、检修检测记录等航次报告。

停泊期间应按计划进行维修保养工作,并及时补充备品、备件和物料等。

4.记录和备品、备件的管理

1)船舶电气设备的记录

为了掌握船舶电气设备的技术状况和运行工况,必须认真填好各种规定的记录。对所有记录都应妥善保管好,以便交接或向上级主管部门汇报。船舶电气设备的记录主要有五个表格:

(1)电气设备维护周期计划表

为了有计划、按步骤地对电气设备进行维护、保养和检修,应将一年内的维护、保养工作填入表内。填表时主要依据如下:

①公司规定的"船舶电气设备维护周期及技术要求"。

②上一年度设备维护、保养和检修情况。

③船舶电气设备实际运行情况。

(2)电气设备绝缘测量记录表

掌握船舶电气设备的绝缘情况,尽一切努力使其达到规定要求是电气管理的一项重要工作。因此每月至少要测量、记录一次全船电气设备的绝缘情况。主要测量、记录配电盘、主要电机及主要控制设备、分电箱的绝缘电阻值,必须认真填写电气设备绝缘测量记录表。

(3)电气设备技术状况报告表

当船舶电气设备在运行中发生故障,或因年久老化等原因使其性能、参数发生变化时,需要及时填写"电气设备技术状况表",填写设备性能降低情况、存在问题、检查结果及处理办法、改进意见等,以便上级主管部门掌握、处理。必须认真填写电气设备技术状况报告表。

2)备品、备件的管理

电气备件、备品是保证船舶安全航行必不可少的物品。当船舶正在海上航行或在港装卸货时,一旦某电气设备损坏而且难以修复时,就必须换上备用品。因此,每条船都必须配足合格的备品备件。其数量必须符合要求。

备件和备品除要求一定的数量之外,还必须要妥善保管,并定期进行检查和保养。

(1)每年进行一次防潮、防霉、防腐检查。

(2)备件上的铭牌、数据要完整保留,不得失落。若原产品上无铭牌数据,则应做好标记。

(3)备件的数量应符合《钢质海船入级与建造规范》的要求,使用后应及时补充。

(4)备件应有登记存量和耗量的清册,主要备件在交接时应查点签收。

(5)备件要分类保存并做好标签。对专用备件箱中的备品及工具不得挪作它用。

(6)半导体备件板等要保持干燥,发现问题及时处理。

(7)为防止船舶因摇摆振动而损坏备件,备件必须绑扎牢靠或固定结实。

(8)航行于严寒地区时,备件、备品要注意防冻。

(9)易燃品应存放在易燃品库房内,绝不允许与其他备件存放在一起。

备件的申请一般按年度进行。必须在年初填报申请单,经上级主管部门批准后才能正式有效。领取备件时按批准的年度申请计划,填写领取单,按计划领取。在国外购买备件,必须经公司批准方可购买。

三、船舶修理时电气管理职责

搞好电气设备的检修是电气管理的一项重要工作。它是影响船舶能否正常投入营运和已经获得的船级能否保持住的重要问题。虽然船舶的修理类别、修理工程项目和修理周期的长短确定不是主要取决于电气设备的修理,但当按规定确定进行某类修理时,电气管理要从实际需要出发,提出修理项目,积极参加组织修理工作,并配合做好船舶的相关检验工作。

四、船用电气设备的船用条件及船舶检验

船用电气设备应满足特定的船用条件,符合相关法规的要求,这是船舶电气管理人员应该掌握的。另外,船舶的修理与船舶检验部门对船舶的检验是密切相关的,因此,我们还必须懂得船检部门颁发的各种规范与规定以及国际上与此有关的规定。

1. 船用电气设备的船用条件

船用电气设备工作环境恶劣,受高温、潮湿、盐雾、霉菌、振动、倾斜、摇摆等因素影响。为了确保船舶电气设备的寿命及动作的可靠性,除非另有规定,所有船舶电气设备均应在下列环境条件(表12-2~表12-4)下正常工作。

环境温度条件　　　　　　　表12-2

介质	部位	温度(℃)	
		无限航区	除热带海区以外的有限航区
空气	围蔽处所内	0~45	0~40
	温度超过45℃(或40℃)或低于0℃的处所内	按这些处所的温度	按这些处所的温度
	开敞甲板	-25~45	-25~40
水		32	25

但适用于电子设备的环境空气温度上限为55℃

倾斜角条件　　　　　　　表12-3

设备组件	倾斜角(°)			
	横向		纵向	
	横倾	横摇	纵倾	纵摇
应急电气设备、开关设备、电器及电子设备	22.5	22.5	10	10
上列以外的设备、组件	15	22.5	5	7.5

必须考虑横摇和纵摇同时出现的最恶劣情况,自动断路器在45°情况下能够正常工作

除非国际标准中另有说明,由主或应急电力系统供电的电气设备应能在正常的电压和频率偏离额定值的波动情况下可靠工作。

电压和频率波动条件 表12-4

设备		参数	稳态(%)	瞬态(%)	恢复时间(s)
一般交流设备		电压	+6～-10	±20	1.5
		频率	±5	±10	5
由直流发电机供电或经整流器供电的直流设备		电压	±10	—	—
		电压周期性波动	5	—	—
		纹波电压	10	—	—
由蓄电池供电的设备	充电期间接于蓄电池	电压	+30～-25	—	—
	充电期间不接于蓄电池	电压	+20～-25	—	—
船舶轴带发电机频率变化限值		频率	±5.5	±10	5

交流电气设备应能在供电电源的电压谐波成分不大于5%的情况下正常工作。

2. 船舶检验

为了保证船舶安全可靠地航行，根据航区的不同，船舶从设计建造开始应在我国船舶检验部门监督下进行，经检验合格后发给船级证书。凡是未经船舶检验部门监督而建造的船舶，必须申请入级检验才能允许投入航行。在国外应由政府或民间的船检员或船级社进行检验。

1) 船舶检验的种类及期限

船舶检验分临时检验、期间检验、定期检验三种。

(1) 临时检验是根据临时需要而进行的检验。凡营运船舶因发生海损、改变航区、使用目的、证书延期以及其他原因需要临时进行的检验以及未经我国船检部门监督建造初次申请我国船检部门进行的检验，均属于临时检验，其期限不定。

(2) 期间检验每隔1～1.5年进行一次。一般介于两次定期检验之间，可结合船舶小修进行。主要是对船舶有关航行安全的规定项目进行检验，可由船检人员作好外部检验，必要时可拆开检验。

(3) 定期检验。每隔4～5年进行一次，可结合船舶检修进行。它是船检人员对船舶有关航行安全规定项目进行的检验。要求查明设备的技术状况和主要部件的磨损程度，可作拆开检验。并按规定进行运转或效用试验，以确定是否保持安全航行所必须的技术条件。

2) 船舶检验电气设备的项目

(1) 临时检验电气设备的项目

是在电气设备经过重大故障的修理或更换重要设备后所申请进行的检验。在进行检验时，可根据申请检验项目的具体情况，确定进行局部的或全部的检验，必要时尚应进行试验，经检验的设备应编写检验鉴定书。

(2) 期间检验电气设备的项目

在电气设备技术状况正常时，一般只需对设备本身进行外部检验，同时要了解设备经过一定期间使用后的技术情况；经过修理后的设备应对其进行效用试验；对应急设备及警报信号设备不论修理与否，都要进行抽查和作效用试验(应急电源及其系统也应作效用试验)，以鉴定能否继续具备保证安全航行的技术条件。期间检验结束后，应编写检验鉴定书。

(3) 定期检验电气设备的项目

要检验船舶发电机、舵机、锚机、消防泵、船底泵以及为船舶推进装置服务的辅机等电动机及其控制系统的技术状况,对其作效用试验,并测量其绝缘电阻;检验配电板及重要辅机电气设备的保护装置、电缆网络、应急照明、通风机和油泵的遥控切断、警报、接地、防爆装置的可靠性,观察它们是否能在各种使用情况和应急情况下具备安全使用的技术条件。定期检验结束后,应编写检验鉴定书。

第三节 常用电工仪表

在船舶电气日常管理中,常用的便携式电工仪表主要是以下三种。

一、万用表

万用表(AVO Meter)是一种多功能、多量程、携带方便的常用电工仪表,在电气维修和测试中被广泛使用。万用表可分为指针式万用表和数字式万用表。指针式万用表读数直观快捷,但准确度低,是用得较多的一种,它主要可测交流电压、直流电压、直流电流和直流电阻。有的还可以测交流电流、三极管的放大倍数、电容量等。

1. 组成

指针式万用表由表头、测量电路、转换开关等组成。

1) 表头

由高灵敏度磁电系电流表和刻度盘组成,磁电系电流表由永久磁铁、线圈、游丝、表针等组成,满偏电流一般在 40~100μA 范围,游丝起引导电流和反力弹簧作用,当有电流经游丝流进线圈时,在磁场的作用下线圈产生转矩,克服游丝的阻力带动表针转动。当电磁力矩与弹簧的反作用力平衡时表针停止转动,如图 12-5 所示。

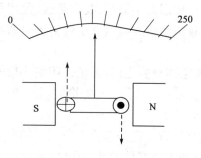

图 12-5 线圈受力示意图

2) 测量电路

由电阻、二极管等串并联组合而成。测量电路将不同电量变换成电流量,是万用表的中心环节。

3) 转换开关

大多数万用表用一个多刀多掷开关与测量机构配合实现多功能、多量程的转换。有的万用表用两个转换开关。

数字万用表功能多、测量精度高,但读数显示缓慢不稳定。它由液晶显示器及相关电路、测量电路、模数(A/D)转换电路、转换开关等组成。除具有指针式万用表的基本功能外,还可测量温度、频率、电容量等。

2. 万用表的使用

1) 表笔的插法:红表笔插"+"插孔,黑表笔插"—"插孔。

2)机械调零:(指针式万用表)指针式万用表的指针通常应指在电压、电流标尺的零位,如果不在,可通过表盘下方的机械调零旋钮调整。

3)根据被测对象选择相应的功能(如测电压用电压挡,测电阻用电阻挡)。

4)根据被测量的大小选择合适的量程。

量程:仪表的量程是指仪表的最大测量值(上限值)。量程选择的原则如下:

1)量程必须大于被测量,并应最接近于被测量。一般应使表针指在二分之一到三分之二,只要不超过满刻度即可。

2)当被测量大小不明时应先用最大量程测,然后根据测量结果相应改变量程。

(1)电压的测量

测电压应选择相应的电压挡(测交流电压用交流电压挡,测直流电压用直流电压挡)并根据被测电压的大小选择合适的量程。然后将表与被测电压并联,测直流电压时还应注意,红表笔接高电位(正极),黑表笔接低电位(负极)。如果被测电压极性不明,可先用较大量程测,如果表针反转说明极性接反,将表笔交换即可。

测电压的用途如下:

①判断电源是否有电、电压的高低,电源的极性等。

②测量电压是查找电气线路和电子线路故障的常用方法。

(2)电流的测量

测电流应选择电流挡和合适的量程,将表串联到被测支路中。测直流电流还应注意让电流"+"进"-"出。

测电流的用途:可以通过测量电路的电流了解电路的工作情况,判断电路是否有故障。如电流正常说明电路无故障,电流过大说明电路过载,电流为零说明电路断路。

(3)直流电阻的测量

指针式万用表测直流电阻注意事项如下:

①选电阻挡任意一个倍率(不应叫量程)。

②调零:将表笔短接,通过欧姆调零旋钮使表针指在欧姆刻度盘"0"位。

③将被测电阻接在表笔两端即可测出电阻值,但应注意根据表针偏转情况变换倍率(表针偏转较小增加倍率,偏转太大减小倍率),尽量使表针指在刻度盘中间附近。

变换倍率后要重新调零,并应注意不要并入人体电阻。在电路中测电阻,应切断电源,电路中有大电容还应给电容放电,如果有并联支路,至少要将电阻的一端与电路脱离。欧姆挡的读数一般保留两位有效数字即可。

读数与实际测量值:电阻的实际测量值=读数×倍率。测电阻的用途是可以通过测量电阻的阻值判断电阻是否损坏,也可以通过测电阻的办法判断电器元件的好坏,电路通不通,并以此找出电气线路、电子线路的故障。

万用表测电阻注意事项如下:

①不能带电测电阻,电路中有大电容切断电源后还要给电容放电。

②测前要调零,换一次挡要调一次。

③尽量使表针指在刻度盘中间附近。

④测大电阻不要两手同时接触电阻两端,测小电阻要注意接触电阻的影响。

(4) 数字式万用表

数字式万用表测电压、电流的使用方法与指针式万用表一样,不再特别介绍,但是测电阻有很大区别。

① 欧姆挡也是量程,不用调零,显示器显示的数据即是所测电阻值,如果显示"−1"说明超过量程,需换大量程测。

② 红表笔连的是内部电路的正极。

③ 一般不宜在电阻挡判断二极管、三极管的好坏、极性等(有专用挡测二极管,并且显示器显示的数据是二极管的正向导通电压值)。

(5) 万用表使用注意事项

除前面讲的以外,使用万用表还应注意:

① 不可在测量过程中变换量程。

② 使用完毕后应将转换开关拨到交流电压最大挡。

③ 长期不用应取出内部电池。

④ 测高电压时不要用两只手拿表笔。

二、兆欧表

兆欧表(Megger Tester)是用于检测电气设备或电力线路的绝缘电阻的专用仪表,可分为手摇式和按钮式(半导体式)两种,它们的工作原理是一样的,使用方法基本相同,只是电源的形式不同。这里主要介绍用的较多的手摇式兆欧表(又称摇表),对于按钮式的只做简单介绍。

1. 组成

手摇式兆欧表由比率型磁电系测量机构和手摇发电机组成。手摇发电机有直流发电机和交流发电机两种,交流发电机发出交流电经整流后变成直流电。根据发电机发出或整流后电压的不同,兆欧表有 100V、250V、500V、1 000V、2 500V 等种类,常用的是 500V、1 000V。

兆欧表简化原理图如图 12-6 所示。当 E、L 之间接有电阻时,表针的位置就与电阻的大小有关,电阻值大表针靠左,电阻值小表针靠右,这样我们就可以根据表针的位置测出被测电阻的大小,也就是所测绝缘电阻的大小。

按钮式兆欧表的测量机构与手摇式兆欧表的测量机构原理是一样的,只是电源的形式不同,它是用干电池作为电源,通过电子线路将直流电变成交流电,然后通过升压变压器将电压升高,再经过倍压整流将交流高压变成直流高压用于测量。使用时按下按钮指示灯亮,说明仪表正常,即可测量,表上的电压表是用来检测电池电压的。电池电压过低时兆欧表不能使用。

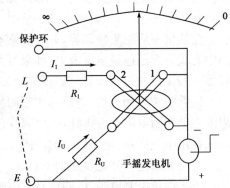

12-6 兆欧表原理图

2. 兆欧表的使用

使用兆欧表测电气设备的绝缘电阻必须切断电源,有大电容的设备或电路还要给电容放电才可以测量。所用兆欧表的电压等级应与电气设备的电压相符合,500V 以下的电气设备应用500V兆欧表,500V以上1 000V以下电气设备用1 000V兆欧表,1 000V以上电气设备用2 500V兆欧表。

(1)在测电机绕组对地(机壳)绝缘电阻时,E接机壳,L接绕组出线端。摇兆欧表使转速逐渐达到120r/min(手摇式兆欧表),或按住电源按钮(按钮式兆欧表)指示灯亮后,持续约1min,待表针稳定后表针指的数就是绝缘电阻值,单位是MΩ。在船上测在用电机的绝缘时,通常是将L端接在控制箱中与电机相接的热继电器上,E端接在控制箱箱体上,而不必打开电机接线盒,这样很便捷。因为在用电机的绕组是连在一起的,只要测一次就可以了。但是如果所测绝缘电阻值很小,应当将电机接线盒打开,拆下连接导线再测,如果此时绝缘正常,说明导线对地绝缘不好。

(2)在测电机绕组之间的绝缘时,必须将电机接线盒里的连接片拆开,然后分别测UV、UW、VW之间的绝缘电阻。

一般情况电机绝缘在0.5MΩ以上就可以使用。新电机绝缘电阻冷态应该在5MΩ,热态在2MΩ以上。而半封闭式制冷压缩机电机绝缘电阻应大于10MΩ才可使用。

(3)测变压器绕组对铁芯的绝缘电阻时,将E接铁芯,L分别接原、副绕组测;测变压器绕组之间的绝缘电阻,将E、L分别接在两个绕组上测即可;对于多绕组变压器,有几个独立绕组要分别测几次。

(4)测电气线路的绝缘电阻必须断开所有负载才可以测量。

3.电气设备绝缘的检测周期

(1)在正常情况下,油船、危险品船每两个月检查一次电气设备的绝缘电阻,其他船每月检查一次,并做好记录。常规检测只测电气设备的对地绝缘电阻。

(2)电气设备出现故障时应注意检测其绝缘情况。

(3)较长时间没用的电气设备,在使用前应检测绝缘情况。

(4)修理后的电气设备应检测其绝缘情况。

4.兆欧表使用注意事项

(1)测量电气设备绝缘电阻前要先切断电源,含有大电容器的设备还要给电容放电,测完后也要放电。

(2)测量前要检查表的好坏:开路摇发电机表针指在"∞"位,短路慢摇发电机(不可快摇)表针指在"0"位,兆欧表是好的,否则表不好用。

(3)接线:L接芯线(绕组)、E接地(机壳)。

(4)表要放平并远离强磁场。

(5)摇表的速度应由慢到快逐渐达到大约120r/min,且持续大约1min后读数。

(6)引线不要用绞线或双股线。

(7)不可用兆欧表测电子线路板的绝缘电阻,如果电气设备中有半导体器件,应将这些器件与电器设备隔离或用导线将这些器件临时短接,然后进行测量。

三、钳形电流表

1.用途

钳形电流表(Clamp on Ampere-Meter)是测交流电流用的。使用钳形电流表可以在不断开电路的情况下测电流。现在的钳形电流表大多组合成万用表的形式,既可以测交流电流,也可以测其他电量。

2.组成

钳形电流表实际上是由一个铁芯可打开的电流互感和一个磁电系电流表组成。其测电流的原理如图12-7所示,当被测导线中有电流 I_F 流过时,在副边感应出一个电流 I_C,再经过二极管整流把交流变成直流流经表头,就可以测出原边电流的大小。转换开关和分流电阻是改变量程用的。

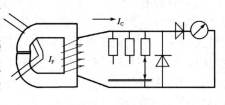

图12-7 钳形电流表的原理图

3.使用方法

(1)首先根据被测电流大小选择合适的量程,当被测电流大小不明时先用最大量程测,然后根据测量结果改变量程。

(2)将被测载流导线放在铁芯中央即可测出电流值。如果用最小量程测量,表针偏转仍然很小时,在条件允许的情况下可将导线绕几圈测,即

$$电流的实际测量值＝读数／绕的圈数$$

4.使用注意事项

除前面讲的以外,使用钳形电流表还应注意:

(1)钳口要保持清洁紧密,必要时可用手捏紧。

(2)表要平放并远离强磁场。

(3)不要在测量过程中变换量程。

(4)一次放入钳口多根导线测量时,读数为各电流值的代数和。

第四节　船　用　电　缆

一、船用电缆的组成

一般电缆由导电芯线、电气绝缘层、防护套三部分组成。船用电缆一般还附加有金属铠装或其他铠装。

芯线有单芯、双芯、三芯和多芯等种类,一般都是用电解铜制成。单芯电缆的结构如图12-8所示。

绝缘层有天然橡胶、丁苯－天然橡胶、丁基橡胶、聚氯乙烯、有机硅橡胶等。

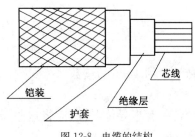

图12-8 电缆的结构

护套和铠装是用来保护电缆免受机械损伤,同时防止水、盐雾、油雾等的侵蚀。主要材料有氯丁橡胶、金属编制套(铠装)、尼龙编制套。

二、船用电缆的型号

船用电缆的型号很多,现介绍主要几种:

(1)CHF——船用橡皮绝缘非燃性橡套电缆。

(2) CHFR——船用橡皮绝缘非燃性橡套软电缆。

(3) CHY——船用橡皮绝缘耐油橡套电缆。

(4) CHY—31——船用橡皮绝缘耐油橡套镀锌钢丝编织电缆。

(5) CHY—32——船用橡皮绝缘耐油橡套镀锡铜丝编织电缆。

(6) CV——船用橡皮绝缘塑料护套电缆。

(7) CQ——船用橡皮绝缘裸铅包电缆。

(8) CXDHF——船用丁基橡皮绝缘非燃性橡套电缆。

其中，C 代表船用；HF 代表非燃性橡套；HY 代表耐油橡套；R 代表软性；V 代表聚氯乙烯；31 代表镀锌钢丝编制网；32 代表镀锡铜丝编制网；XD 代表丁基橡皮；Q 代表铅包。

三、船用电缆的选择

船上电缆严重老化或损坏时应及时更换，大面积更换应由船厂进行，局部更换或增加设备需要另加电缆时，可由船上人员自行敷设。选择电缆时应注意以下内容。

1. 选择电缆型号

根据使用的场合选择合适型号的电缆，如是否耐油，是否需要非燃性，是否需要铠装等。

2. 根据用电设备的电流和敷设条件选择芯线的截面积

小电流电缆主要考虑电缆的机械强度，大电流电缆主要考虑电缆的载流量。船用电缆的截面积一般不要小于 2.5mm^2。

船用电缆单根空气敷设连续工作载流量如表 12-5 所示，表中，截面积单位为 mm^2；载流量单位为 A；周围温度为 45℃。

船用电缆单根空气敷设连续工作载流量 表 12-5

截面积 (mm²) \ 种类 载流量(A)	船用丁苯-天然橡皮绝缘电缆 CHF/CHY			船用丁基橡皮绝缘电缆 CXDHF/CXDHY			船用塑料绝缘电缆 CVV/CVNV		
	单芯	双芯	三芯	单芯	双芯	三芯	单芯	双芯	三芯
0.8	17	14	11	19	15	13	11	8	7
1.0	19	15	12	22	17	14	12	10	9
1.5	24	20	16	26	23	18	16	13	12
2.5	31	26	21	35	30	24	21	19	18
4.0	41	35	28	46	39	32	29	27	25
6.0	51	43	35	57	48	40	35	33	30
10	69	58	48	77	65	53	57	50	39
16	92	78	64	103	87	65	57	50	39
20	107	92	75	119	102	85	85	74	61
25	122	104	87	135	116	96	100	82	68
35	153	129	108	167	140	117	120	100	85
50	194	169	138	216	187	152	150	124	102
70	236	200	164	263	222	183	190	152	127
95	295	250	200	331	282	225	230	184	156
120	334	285	235	373	318	262			
150	380		274	425		293			

四、电缆的切割

切割电缆时不能损伤芯线绝缘和芯线,切割金属编制护套电缆时,根据需要的长度截去电缆的多余部分,然后依次剥去金属护套、绝缘层和芯线绝缘等,为了防止编制护套松散,应用 15~20mm 自粘塑料胶带包 2~3 层,三分之二宽包在编织护套上,三分之一包在绝缘层上。绝缘层应比金属编制套长 5~8mm。

五、电缆与其他电气设备的连接

电缆与其他电气设备的连接应根据芯线的粗细选用合适的接线头,用冷压的方法使接线头与芯线可靠连接,然后再与其他电气设备相接。接线头与绝缘层应用塑料胶带包好,以防油、水等的腐蚀。$4mm^2$ 以下的接线头可用有冷压钳口的钢丝钳压紧,$6mm^2$ 以上的接线头可用机械冷压钳压紧,$35mm^2$ 以上的接线头应用液压冷压钳压紧。

电缆与电缆的连接可用专用的电缆连接接线头,用冷压的办法压紧,然后用绝缘材料将接头处处理好。为了施工方便、接线快速和便于维修,现在船舶大量采用销式接头,直接将两根电缆的芯线插入销式接头两端,用螺钉紧固,再旋上胶木壳即完成电缆对接。

$6mm^2$ 以下的导线可以按规定的接法采用手工连接,但缠绕要紧密,并保持足够的接触面积,重要场合可用焊锡焊一下,然后用绝缘胶带包好。

思 考 题

1. 船舶安全用电的注意事项有哪些?
2. 船舶电气防火的注意事项有哪些?
3. 船舶电力系统中的接地有哪些形式,各有何作用?
4. 船舶电气管理人员的主要职责是什么?
5. 船舶常用的绝缘材料有哪些,各有何特点?
6. 绝缘子的作用是什么,应在使用中注意哪些事项?
7. 船舶常用的电工仪表有哪些,如何进行正确使用?
8. 使用兆欧表测量线路绝缘应注意什么问题? 何为冷态即热态绝缘电阻?
9. 如何正确使用钳形电流表?
10. 如何正确进行船用电缆的切割和连接?

附 录 一

海船轮机员(二、三管轮及大管轮)《船舶电气与自动化考试大纲》中船舶电气与控制系统的相关内容

8401：3 000kW 及以上船舶大管轮
8402：750～3 000kW 船舶大管轮
8403：3 000kW 及以上船舶二/三管轮
8404：750～3 000kW 船舶二/三管轮
8405：未满 750kW 船舶大管轮
8406：未满 750kW 船舶二/三管轮

考 试 大 纲	适 用 对 象					
	8401	8402	8403	8404	8405	8406
2　船舶电机与电力拖动系统						
2.1　直流电机的结构、励磁方式与运行特性						
2.1.1　直流电机的工作原理			◎	◎	○	○
2.1.2　直流电机的构造、励磁方式			◎	◎	○	○
2.1.3　直流电机的运行特性			◎	◎		
2.1.4　直流电机的起动、调速及反转			◎	◎		
2.2　变压器						
2.2.1　变压器的基本结构与工作原理	●	●	◎	◎	○	○
2.2.2　三相变压器的组成与应用	●	●				
2.2.3　电压、电流互感器的应用与要求	●	●	◎	◎	○	○
2.3　交流异步电动机						
2.3.1　三相异步电动机的结构和铭牌参数	●	●	◎	◎	○	○
2.3.2　三相异步电动机的工作原理	●	●	◎	◎	○	○
2.3.3　三相异步电动机的工作特性	●	●	◎	◎	○	○
2.3.4　三相异步电动机的起动	●	●	○	○	○	○
2.3.5　三相异步电动机的调速	●	●	○	○		
2.3.6　三相异步电动机的制动	●	●	○	○		
2.3.7　单相异步电动机	●	●	◎	◎	○	○
2.4　控制电机及在船舶上的应用						

续上表

考 试 大 纲	适 用 对 象					
	8401	8402	8403	8404	8405	8406
2.4.1 伺服电动机	●	●	◎	◎	○	○
2.4.2 测速发电机及应用	●	●	◎	◎	○	○
2.4.3 自整角机及舵角指示器、电车钟	●	●	◎	◎		
2.5 船舶常用控制电器						
2.5.1 常用控制电器的种类及其电路符号			◎	◎		○
2.5.2 常用控制电器的结构原理和功用			◎	◎		○
2.5.3 继电器、电磁制动器的参数整定						
2.5.3.1 压力继电器、温度继电器、速度继电器设定值与幅差值的测试和调整	●	●	◎	◎	○	
2.5.3.2 时间继电器的整定	●	●			○	
2.5.3.3 热继电器的整定	●	●			○	
2.5.3.4 电磁制动器间隙的调整	●	●				
2.6 异步电动机常用控制电路						
2.6.1 电动机的基本保护环节	●	●	○	○	◎	○
2.6.2 电动机控制电路的基本控制环节	●	●	○	○	◎	○
2.6.3 异步电动机的典型控制电路与电路图识图方法						
2.6.3.1 电动机正反转控制电路	●	◎	○	○	○	○
2.6.3.2 压力水柜水位自动控制电路	●	◎	○	○	○	○
2.6.3.3 空压机自动控制电路	●	◎	○	○	○	○
2.6.3.4 异步电动机Y—△换接起动控制电路	●	◎	○	○	○	○
2.6.3.5 电动机互为备用自动切换控制电路	●	◎	○	○	○	○
2.7 锚机、绞缆机电力拖动控制系统						
2.7.1 锚机、绞缆机的运行特点			○	○	○	
2.7.2 锚机、绞缆机对电力拖动控制的要求			○	○		○
2.7.3 交流三速电动锚机控制电路原理	○	○			○	
2.8 起货机电力拖动控制系统						
2.8.1 起货机的运行特点和对电力拖动控制的要求			○	○		
2.8.2 起货机控制电路的基本环节	○	○				
2.9 船舶舵机控制系统						
2.9.1 船舶舵机控制系统的基本要求	●	◎				
2.9.2 舵机的操纵方式	○	○				
2.9.3 舵机控制系统的结构组成	○	○				
2.9.4 舵机控制系统的工作原理	○	○				
3 船舶发电机和配电系统						

续上表

考试大纲	适用对象					
	8401	8402	8403	8404	8405	8406
3.1 三相交流同步发电机						
3.1.1 三相交流同步发电机的构造与工作原理	●	●	○	○	○	○
3.1.2 同步发电机的空载运行及空载特性	●	●	○	○	○	○
3.1.3 同步发电机的负载运行及电枢反应	◎	○	○	○		
3.1.4 同步发电机的外特性及调节特性	●	●	○	○		
3.12 船舶照明系统						
3.12.1 船舶照明系统的分类和特点			○	○		○
3.12.2 船舶常用灯具和电光源			○	○		○
3.12.3 常用船舶照明控制线路			○	○		○
3.12.4 船舶照明系统的维护保养			○	○		○
4 船舶电气、电子设备的维护与修理、故障诊断与功能测试						
4.1 船舶电气系统的工作安全要求						
4.1.1 船舶安全用电基本知识			○	○		○
4.1.2 船舶电气火灾的预防			○	○		○
4.1.3 船舶电气设备的船用条件及船检规定			○	○		○
4.1.4 电缆的安全使用与维护			○	○		○
4.1.5 船舶电气设备的接地的意义和要求			○	○		○
4.1.6 电气设备绝缘的意义和要求			○	○		○
4.1.7 常用电工绝缘材料的类型和等级			○	○		○
4.1.8 船舶常用电工仪表的结构和使用方法	●	●	●	●	●	●
4.2 电气控制线路识图与控制线路装配						
4.2.1 电气控制线路识图	◎	◎	○	○	○	○
4.2.2 电气控制线路装配	◎	◎	○	○	○	○
4.4 电气控制箱的常见故障查找与排除						
4.4.1 根据故障现象判断故障性质和故障可能存在的环节	●	●	◎	◎	○	○
4.4.2 运用断电或带电查线法寻找故障点,并排除故障	●	●	◎	◎	○	○
4.5 船用电机的维修						
4.5.1 交流电动机解体维修的方法与操作			○	○	○	○
4.5.2 交流电动机装配并恢复功能的方法与操作	◎	◎	○	○	○	○
4.5.3 电机受潮、绕组绝缘值降低时的处理方法	◎	◎	○	○	○	○
4.5.4 三相异步电动机常见故障的判断方法与故障排除	◎	◎	○	○	○	○

附 录 二

海船电子电气员《船舶电气考试大纲》中船舶电气与控制系统的相关内容

7011:750kW 及以上船舶电子员

考试大纲	适用对象
	7011
1 船舶电气基础知识	
1.1 电机与拖动基础	
1.1.1 变压器	
1.1.1.1 变压器的结构、类型及电参量变比关系	◎
1.1.1.2 变压器的同名端判别方法	◎
1.1.1.3 三相电力变压器的常用连接组别	○
1.1.2 异步电动机	
1.1.2.1 三相异步电动机的分类和结构	●
1.1.2.2 三相异步电动机的铭牌及基本参数(同步转速、极对数、转差率、额定功率、额定电压、额定电流、额定转速、绝缘等级、温升、工作制和负载持续率、防护等级)	●
1.1.2.3 三相异步电动机的机械特性及其特征参数	◎
1.1.2.4 单相异步电动机的特点和起动原理	◎
1.1.2.5 交流电动机常见故障诊断与恢复运行	◎
1.1.3 控制电机	
1.1.3.1 测速发电机的种类和用途	○
1.1.3.2 伺服电机的种类和用途	◎
1.1.3.3 步进电机的分配方式、步距角和控制方法	○
1.1.3.4 自整角机的种类和用途	◎
1.1.4 电力拖动系统负荷性质及典型生产机械	
1.1.4.1 位能性负载的特点、反抗性负载的特点	○
1.1.4.2 恒转矩负载的特点、特性曲线及典型机械	○
1.1.4.3 恒功率负载的特点、特性曲线及典型机械	○
1.1.4.4 通风机类型负载的特点、特性曲线及典型机械	○
1.1.5 交流异步电动机的起动、制动、调速及机械特性	

续上表

考 试 大 纲	适用对象
	7011
1.1.5.1　根据船舶电站容量限制,对直接起动电动机的容量要求	○
1.1.5.2　鼠笼式交流异步电动机的 Y—△降压起动	◎
1.1.5.3　鼠笼式交流异步电动机的软起动	○
1.1.5.4　交流电动机再生制动原理及机械特性	○
1.1.5.5　交流电动机能耗制动原理及机械特性	○
1.1.5.6　交流电动机电源反接制动原理及机械特性	○
1.1.5.7　交流电动机倒拉反接制动原理及机械特性	○
1.1.5.8　交流电动机变频调速原理及机械特性	◎
1.1.5.9　交流电动机变极调速原理及机械特性	◎
1.1.5.10　交流电动机调压调速原理及机械特性	◎
2　电力拖动	
2.1　交流电动机的继电接触器控制	
2.1.1　短路保护与过载保护的实现及器件选择,失、欠电压保护及实现方法	●
2.1.2　延时控制(时间继电器的使用),通、断电延时控制	◎
2.1.3　多地点控制(遥控)	◎
2.1.4　正、反转控制及互锁保护	◎
2.1.5　主令控制及零位保护	◎
2.1.6　电动机的顺序控制(手动与自动)	◎
2.1.7　点动控制与限位控制	◎
2.1.8　电动机的自动切换原理	◎
2.1.9　交流电动机的继电接触器控制系统的故障排除与恢复运行	◎
2.3　甲板机械及船用电梯的电力拖动	
2.3.1　船用三速交流变极起货机逐级延时起动;逆转矩控制;三级联合制动基本原理	○
2.3.2　电-液起货机	
2.3.2.1　电-液起货机系统中的电气元件	◎
2.3.2.2　液压泵、液压马达、电动液压阀件基本知识	○
2.3.3　电动液压锚机、绞缆机对电力拖动与控制的基本要求	7011
2.3.4　电动液压系统故障排除与恢复运行	◎
2.3.5　船用电梯安全保护系统及维护	◎
2.4　舵机电力拖动与控制	
2.4.1　船舶航行对舵机动力与控制的基本要求	●
2.4.2　常规自动舵的基本类型及其调节规律	◎
2.4.3　相敏整流电路的概念及在自动舵电路中的作用	◎
2.4.4　船舶自适应舵输入参量及提供参量的设备	○

续上表

考 试 大 纲	适 用 对 象
	7011
2.4.5 自适应自动舵的组成及单元功能(船舶动态特性的估计;最优控制;自适应卡尔曼滤波;输入输出单元)	○
2.4.6 变量泵液压舵机结构特点及执行机构	○
2.4.7 定量泵液压舵机结构特点及执行机构	○
2.4.8 阀控型转叶舵机结构特点及控制阀件	○
2.4.9 电动调速型液压转叶舵机结构特点及控制阀件	○
2.4.10 自动舵系统常见故障诊断与排除	◎
3 船舶电源	
3.1 船舶同步发电机结构、原理、特性	◎

附 录 三

常用控制电器图形符号

序号	符 号	名 称 与 说 明
1	—	直流 注：电压可标注在符号右边，系统类型可标注在左边
2	⚌	直流 注：若上述符号可能引起混乱，也可采用本符号
3	∼	交流 频率或频率范围以及电压的数值应标注在符号的右边，系统类型应标注在符号的左边
	∼ 50Hz	示例1：交流50Hz
	∼100～600Hz	示例2：交流频率范围100～600Hz
	380/220V 3N ∼ 50Hz	示例3：交流，三相带中性线，50Hz，380V（中性线与相线之间为220V）。3N可用3+N代替
	3N ∼ 50Hz/TN-S	示例4：交流，三相，50Hz，具有一个直接接地点且中性线与保护导线全部分开的系统
4	∼	低频（工频或亚音频）
5	≈	中频（音频）
6	≋	高频（超音频，载频或射频）
7	∼	交直流
8	∼	具有交流分量的整流电流 注：当需要与稳定直流相区别时使用
9	N	中性（中性线）
10	M	中间线
11	+	正极
12	−	负极
13	⌐⌐	热效应
14		电磁效应 过电流保护的电磁操作

续上表

序号	符 号	名 称 与 说 明
15		电磁执行器操作
16		热执行器操作(如热继电器、热过电流保护)
17		电动机操作
18		正脉冲
19		负脉冲
20		交流脉冲
21		正阶跃函数
22		负阶跃函数
23		锯齿波
24		接地一般符合
25		无噪声接地(抗干扰接地)
26		保护接地
27		接机壳或接底板
28		等电位
29		理想电流源
30		理想电压源
31		理想回转器
32		故障(用以表示假定故障位置)
33		闪绕、击穿
34		永久磁铁
35		动触点 注:如滑动触点
36		测试点指示 示例点,导线上的测试
37		交换器一般符号/转换器一般符号 注:①若变换方向不明显,可用箭头表示在符号轮廓上

续上表

序号	符号	名 称 与 说 明
38	☆	电机一般符号,符号内的星号必须用下述字母代替 C 同步交流机　　　　G 发电机 G_s 同步发电机　　　M 电动机 MG 拟作为发电机或电动机使用的电机 MS 同步电动机　注:可以加上符号"—"或"∽" SM 伺服电机　　　　TG 测速发电机 TM 力矩电动机　　　IS 感应同步器
39		三相笼式异步电动机
40		三相线绕转子异步电动机
41		并励三相同步变速机
42		直流力矩电动机 步进电机一般符号
43		电机示例: 短分路复励直流发电机示出接线端子和电刷
44		串励直流电动机
45		并励直流电动机
46		单相笼式有分相扇子的异步电动机
47		单相交流串励电动机
48		单向同步电动机

续上表

序号	符号	名称与说明
49		单向磁滞同步电动机 自整角机一般符号 符号内的星号必须用下列字母代替： CX 控制式自整角发送机　CT 控制式自整角变压器　TX 力矩式自整角发送机　TR 力矩式自整角接收机
50		手动开关一般符号
51		按钮开关（不闭锁）
52		拉拔开关（不闭锁）
53		旋钮开关、旋转开关（闭锁）
54		位置开关　动合触点 限制开关　动合触点
55		位置开关　动断触点 限制开关　动断触点
56		热敏自动开关　动断触点
57		热继电器　动断触点
58		接触器触点（在非动作位置断开）
59		接触器触点（在非动作位置闭合）
60		操作器件一般符号 注：具有几个绕组的操作器件,可由适当数值的斜线或重复本符号来表示
61		缓慢释放（缓放）继电器的线圈
62		缓慢吸合（缓吸）继电器的线圈
63		缓吸和缓放继电器的线圈
64		快速继电器（快吸和快放）的线圈

续上表

序号	符号	名称与说明
65		对交流不敏感继电器的线圈
66		交流继电器的线圈
67		热继电器的驱动器件
68		熔断器一般符号
69		熔断器式开关
70		熔断器式隔离开关
71		熔断器式负荷开关
72		火花间隙
73		双火花间隙
74		动合(常开)触点注:本符号也可以用作开关一般符号
75		动断(常闭)触点
76		先断后合的转换触点
77		中间断开的双向触点
78		先合后断的转换触点(桥接)
79		当操作器件被吸合时延时闭合的动合触点
80		有弹性返回的动合触点

续上表

序号	符号	名称与说明
81		无弹性返回的动合触点
82		有弹性返回的动断触点
83		左边弹性返回,右边无弹性返回的中间断开的双向触点
84	☆	指示仪表的一般符号　星号须用有关符合替代,如 A 代表电流表等
85	☆	记录仪表一般符号　星号须用有关符合替代,如 W 代表功率表等
86	Ⓥ	指示仪表示例:电压表
87	Ⓐ	电流表
88	$\text{Ⓐ}_{I\sin}$	无功电流表
89	Ⓥar	无功功率表
90	$\text{Ⓒ}_{\cos\varphi}$	功率因数表
91	Ⓥ	相位表
92	Ⓗz	频率表
93	↑	检流计
94	Ⓝ	示波器
95	Ⓝ	转速表
96	Ⓦ	记录仪表示例:记录式功率表
97	W | Var	组合式记录功率表和无功功率表
98	N	记录式示波器
99	Wh	电度表(瓦特小时计)
100	Vh	无功电度表

续上表

序号	符号	名 称 与 说 明
101	⊗	灯一般符号　信号灯一般符号 注：①如果要求指示颜色则在靠近符号处标出下列字母：RD 红、YE 黄、GN 绿、BU 蓝、WH 白 ②如要指出灯的类型，则在靠近符号处标出下列字母：Ne 氖、Xc 氙、Na 钠、Hg 汞、I 碘、IN 白炽、EL 电发光、ARC 弧光、FL 荧光、IR 红外线、UV 紫外线、LED 发光二极管
102		闪光型信号灯
103		电警笛　报警器
104	优选型 其他型	蜂鸣器
105		电动器箱
106		电喇叭
107	优选型 其他型	电铃
108		可调压的单向自耦变压器
109		绕组间有屏蔽的双绕组单向变压器
110		在一个绕组上有中心点抽头的变压器
111		耦合可变的变压器
112		三相变压器 星形—三角形联结

续上表

序号	符号	名称与说明
113		三相自耦变压器 星形连接
114		单相自耦变压器
115		双绕组变压器 注:瞬时电压的极性可以在形式 Z 中表示 示例:示出瞬时电压极性标记的双绕组变压器 流入绕组标记端的瞬时电流产生辅助磁通
116		三绕组变压器
117		自耦变压器
118		电抗器 扼流圈
119	优选型 其他型	电阻器一般符号
120		可变电阻器 可调电阻器
121		压敏电阻器、变阻器 注:U 可以用 V 代替
122		滑线式变阻器
123		带滑动触点和断开位置的电阻器
124		滑动触点电位器
125	优选型 其他型	电容器一般符号 注:如果必须分辨同一电容器的电极时,弧形的极板表示: ①在圈定的纸介质和陶瓷介质电容器中表示外电极;②在可调和可变的电容器中表示动片电极;③在穿心电容器中表示纸电位电极

续上表

序号	符号	名称与说明
126	优选型 其他型	极性电容器
127	优选型 其他型	可变电容器 可调电容器
128	优选型 其他型	微调电容器
129		电感器　线圈　线组　扼流圈

参 考 文 献

[1] 孙旭清. 船舶电气设备[M]. 1版. 大连：大连海事大学出版社，2007.
[2] 中国海事服务中心. 船舶电气[M]. 1版. 大连：大连海事大学出版社，2012.
[3] 中国海事服务中心. 船舶电气与自动化(船舶电气分册)[M]. 1版. 大连：大连海事大学出版社，2012.
[4] 孙旭清，何吉庆. 船舶电机与电气控制系统[M]. 1版. 大连：大连海事大学出版社，2005.
[5] 汤蕴璆，罗应立，梁艳萍. 电机学[M]. 3版. 北京：机械工业出版社，2008.
[6] Fitzgeraid A E, Charles Kingslery Jr, Stephen D Umans. Electric machinery[M]. 6版. 北京：清华大学出版社，2003.
[7] Stephen J Chapman. 电机原理及驱动—电机学基础[M]. 4版. 满永奎，编译. 北京：清华大学出版社，2008.
[8] 张桂臣. 复合误差模型自适应船舶控制系统的应用研究[D]. 大连：大连海事大学，2009.
[9] 薛士龙. 船舶电力系统及其自动控制[M]. 1版. 北京：电子工业出版社，2012.
[10] 陈刚. 船舶电气[M]. 1版. 北京：人民交通出版社，2011.
[11] 林华峰，李华，赵克威. 船舶电站及电力拖动[M]. 1版. 哈尔滨：哈尔滨工程大学，2006.
[12] Asgeir J S, θyvind N S. Torque and power control of electrically driven marine propellers [J]. Control Engineering Practice，2009，17(9)：1 053-1 064.
[13] Terry E, Narain H, Yuri K. Power electronics and future marine electrical system [J]. IEEE Transactions on Industry Applications，2006，42(1)：155-163.
[14] 中国船级社. 钢质海船入级规范(第4分册)[M]. 北京：人民交通出版社，2009.
[15] 中国海事服务中心考试中心. 船舶电气考试大纲[EB/OL]. 2011.03.04. http://exam.cmaritime.com.cn
[16] 中国海事服务中心考试中心. 船舶电气与自动化(大管轮及三管轮)考试大纲[EB/OL]. 2011.03.04. http://exam.cmaritime.com.cn
[17] http://industrysolutions.siemens.com.cn
[18] http://www.terasaki.cn
[19] http://www.rolls-royce.com
[20] http://www.converteam.cn
[21] http://www.abb.com.cn